Hans Jecht, Peter Limpke, Rainer Tegeler, Marcel Kunze

Handeln im Handel

Arbeitsbuch mit Lernsituationen
3. Ausbildungsjahr für die Ausbildung im Einzelhandel: Lernfelder 11-14

4. Auflage

Bestellnummer 222278

Die in diesem Produkt gemachten Angaben zu Unternehmen (Namen, Internet- und E-Mail-Adressen, Handelsregistereintragungen, Bankverbindungen, Steuer-, Telefon- und Faxnummern und alle weiteren Angaben) sind i. d. R. fiktiv, d. h., sie stehen in keinem Zusammenhang mit einem real existierenden Unternehmen in der dargestellten oder einer ähnlichen Form. Dies gilt auch für alle Kunden, Lieferanten und sonstigen Geschäftspartner der Unternehmen wie z. B. Kreditinstitute, Versicherungsunternehmen und andere Dienstleistungsunternehmen. Ausschließlich zum Zwecke der Authentizität werden die Namen real existierender Unternehmen und z. B. im Fall von Kreditinstituten auch deren IBANs und BICs verwendet.

Die in diesem Werk aufgeführten Internetadressen sind auf dem Stand zum Zeitpunkt der Drucklegung. Die ständige Aktualität der Adressen kann vonseiten des Verlages nicht gewährleistet werden. Darüber hinaus übernimmt der Verlag keine Verantwortung für die Inhalte dieser Seiten.

Druck: westermann druck GmbH, Braunschweig

service@westermann.de
www.westermann.de

Bildungshaus Schulbuchverlage Westermann Schroedel Diesterweg Schöningh Winklers GmbH, Postfach 33 20, 38023 Braunschweig

ISBN 978-3-14-**222278**-3

westermann GRUPPE

© Copyright 2019: Bildungshaus Schulbuchverlage Westermann Schroedel Diesterweg Schöningh Winklers GmbH, Braunschweig
Das Werk und seine Teile sind urheberrechtlich geschützt. Jede Nutzung in anderen als den gesetzlich zugelassenen Fällen bedarf der vorherigen schriftlichen Einwilligung des Verlages.

VORWORT

Der Unterricht in der Berufsschule soll die Schülerinnen und Schüler zur Mitgestaltung ihrer Berufs- und Arbeitswelt befähigen. Um diesem Anspruch gerecht zu werden, muss im schulischen Handeln von **beruflichen Handlungssituationen** ausgegangen werden. Dies sind relevante *berufs*typische Aufgabenstellungen und Handlungsabläufe, die die Auszubildenden in ihrem späteren Berufsleben antreffen werden.

Im Unterricht wird daher die Arbeit mit entsprechend strukturierten **Lernsituationen** erforderlich. Sie konkretisieren die Lernfelder in Form von **komplexen Lehr-/Lernarrangements.** Dies geschieht durch didaktische Reflexion von beruflichen Handlungssituationen.

Im vorliegenden Arbeitsbuch wurden Handlungssituationen für das 3. Ausbildungsjahr der Ausbildungsberufe **Kaufmann im Einzelhandel und Kauffrau im Einzelhandel** sowie **Verkäufer und Verkäuferin** konzipiert, die auf die Durchführung eines handlungsorientierten Unterrichts ausgerichtet sind. Für den optimalen Einsatz dieses Werkes wird das Lehrbuch „Handeln im Handel, 3. Ausbildungsjahr" (Bestell-Nr. 222270) empfohlen.

Als Ausgangspunkt haben wir Situationen konzipiert, die für die Berufsausübung im Einzelhandel bedeutsam sind. Daraus ergeben sich Handlungen, die gedanklich nachvollzogen oder möglichst selbst ausgeführt werden müssen (**Lernen durch Handeln**). Der Unterrichtsverlauf und die Lerninhalte sind an die Struktur der jeweiligen Handlungssituation angelehnt. Die Schülerinnen und Schüler sollen zunächst ihr weiteres Vorgehen bei der Bearbeitung selbstständig planen, bevor sie die erforderlichen Handlungen aufgrund der eigenen Planung ebenfalls in eigener Verantwortung durchführen und kontrollieren – soweit dies aufgrund der jeweiligen Klassensituation möglich ist.

Bei der Konzipierung der Lernsituationen wurde Wert darauf gelegt, dass darin eine Problemstellung (**Handlungssituation**) enthalten ist, die einen klaren Bezug zu einer oder mehreren typischen beruflichen Handlungssituationen aufweist. Wir haben darauf geachtet, dass die **Handlungsaufgaben**, die zur Problemlösung bearbeitet werden sollen, eine ausreichend hohe, aber nicht überfordernde Komplexität aufweisen. Im Rahmen der ersten Handlungsaufgabe jeder Lernsituation erfolgt zunächst eine Reflexion und Erarbeitung der Problemstellung und die Planung des weiteren Vorgehens zum Lösen der aufgeworfenen Probleme. Diese erste Handlungsaufgabe sollte daher im Klassenverband gemeinsam bearbeitet werden.

Zur Problemlösung müssen mithilfe des Lehrbuches zunächst theoretische Lerninhalte erarbeitet werden. Die darauf aufbauende Problemlösung führt zu einem Handlungsprodukt. Dies ist das geistige oder materielle Ergebnis des Unterrichts. Daran kann der Erfolg des individuellen Lösungsweges gemessen werden. Es kann Folgendes kontrolliert werden:

- Ist die anfängliche Problemstellung erfolgreich gelöst worden?
- Welche Fehler (z. B. Informationsdefizite) waren die Ursachen für ein unzureichendes Handlungsprodukt?

Nach Durcharbeiten der Lernsituationen sollte Zeit eingeplant werden für Übungs-, Anwendungs- und Transferphasen, in denen das neu erworbene Wissen reorganisiert und gesichert werden kann. Im Rahmen der **Vertiefungs- und Anwendungsaufgaben** zu vielen Handlungssituationen haben wir derartige Übungs- und Wiederholungsaufgaben konzipiert. Darüber hinaus werden in den Vertiefungs- und Anwendungsaufgaben auch Inhalte bearbeitet, die aufgrund der Wahrung des Handlungsstrangs der Lernsituation nicht im Rahmen der Handlungsaufgaben bearbeitet werden konnten. Ferner stehen **im Lehrbuch** eine Vielzahl von Aufgaben (zum Wiederholen und Üben) und Aktionen (zur Anwendung und zum Transfer) zur Verfügung.

Wir bedanken uns bei Daniel Teyke für wertvolle Anregungen!

Für Verbesserungsvorschläge und Anregungen sind Verlag und Autoren stets dankbar.

BILDQUELLENVERZEICHNIS

| BilderBox Bildagentur GmbH, Breitbrunn/Hörsching: E. Wodicka 99. | Druwe & Polastri, Cremlingen/Weddel: 182. | fotolia.com, New York: contrastwerkstatt 48; Flamingo Images Titel; FM2 138; fovito 126; Gähme, Ulf 192; jummie 174; Marco2811 84; Sanders, Gina 21; sonne07 7; Stauke 39; Thaut Images 28. | Görmann, Felix, Rossdorf: 56, 93, 130, 146, 201, 208. | Hild, Claudia, Angelburg: 202, 203. | hoffstadt, marcus/korrekt medien, Neuwied: 8, 8, 8, 8, 15, 15, 53 1, 53 2, 61, 66, 66, 68, 75, 99, 153, 175, 175, 175, 193, 206, 214. | iStockphoto.com, Calgary: Bartel, Marina 164. | Picture-Alliance GmbH, Frankfurt/M.: dpa/Schierenbeck, Jens 113; Jens Schierenbeck 118. | stock.adobe.com, Dublin: contrastwerkstatt 90; Raths, Alexander 1.

Wir arbeiten sehr sorgfältig daran, für alle verwendeten Abbildungen die Rechteinhaberinnen und Rechteinhaber zu ermitteln. Sollte uns dies im Einzelfall nicht vollständig gelungen sein, werden berechtigte Ansprüche selbstverständlich im Rahmen der üblichen Vereinbarungen abgegolten.

INHALTSVERZEICHNIS

11 Geschäftsprozesse erfolgsorientiert steuern ... 7
1 Wir schließen die Warenkonten ab und berücksichtigen Veränderungen des Warenbestands ... 7
2 Wir ermitteln die Zahllast unseres Unternehmens ... 15
3 Wir weisen die Zahllast oder den Vorsteuerüberhang in der Bilanz aus ... 21
4 Wir erfassen Wertminderungen des Anlagevermögens als Abschreibungen ... 28
5 Wir nutzen die Kosten- und Leistungsrechnung zur Ermittlung des Betriebsergebnisses ... 39
6 Wir ermitteln Kennzahlen, vergleichen diese mit anderen Betrieben und entwickeln Maßnahmen zur Verbesserung des Unternehmenserfolgs ... 48
7 Wir werten Geschäftsprozesse mithilfe EDV-gestützter Warenwirtschaftssysteme aus ... 56
8 Wir treffen absatzpolitische Entscheidungen auf der Grundlage der Deckungsbeitragsrechnung ... 61

12 Mit Marketingkonzepten Kunden gewinnen und binden ... 66
1 Wir setzen Marketingmaßnahmen systematisch auf dem Absatzmarkt ein ... 66
2 Wir erforschen den Absatzmarkt ... 70
3 Wir wenden unterschiedliche Marketingmaßnahmen an ... 75
4 Wir nutzen im Rahmen von Multichannel-Strategien das Internet ... 84

13 Den Personaleinsatz planen und Mitarbeiter führen ... 90
1 Wir führen eine quantitative Personalplanung durch ... 90
2 Wir gestalten eine Stellenanzeige für eine neu zu besetzende Stelle ... 93
3 Wir wählen Stellenbewerberinnen und -bewerber für ein Vorstellungsgespräch aus ... 99
4 Wir treffen eine Auswahlentscheidung für die ausgeschriebene Stelle ... 113
5 Wir bereiten die Einstellung eines neuen Mitarbeiters vor ... 118
6 Wir erstellen die Gehaltsabrechnung für den neuen Mitarbeiter ... 126
7 Wir schützen Daten vor Missbrauch, Verlust oder Beschädigung ... 130
8 Wir kündigen Mitarbeitern aus betrieblichen Gründen ... 138

14 Ein Unternehmen gründen und entwickeln ... 146
1 Wir gründen ein Unternehmen ... 146
2 Wir informieren uns über Investitions- und Finanzierungsanlässe sowie über die Bedeutung von Finanzierungsgrundsätzen ... 153
3 Wir suchen für betriebliche Investitionen geeignete Möglichkeiten der Kapitalbeschaffung ... 164
4 Wir prüfen besondere Finanzierungsformen (Finanzierungshilfen) ... 174
5 Wir informieren uns über die Sicherung von Bankkrediten ... 182
6 Wir überwachen den Zahlungseingang zur Sicherung unserer Liquidität und wenden das außergerichtliche (kaufmännische) Mahnverfahren bei Zahlungsverzug an ... 192
7 Wir informieren uns über das gerichtliche Mahnverfahren bei nicht rechtzeitiger Zahlung ... 201
8 Wir wirken bei der Lösung von Unternehmenskrisen mit ... 208

WIR SCHLIEẞEN DIE WARENKONTEN AB UND BERÜCKSICHTIGEN VERÄNDERUNGEN DES WARENBESTANDS

1 Wir schließen die Warenkonten ab und berücksichtigen Veränderungen des Warenbestands

HANDLUNGSSITUATION

Der Funktionsbereichsleiter Rechnungswesen, Herr Martin Freiberg, hat von Herrn Rischmüller den Auftrag bekommen, die „Renner" des Hauses 2 der Ambiente-Warenhaus-AG-Filiale in Schönstadt für den Monat Juli genauer zu analysieren. Damit sind die Produkte

- Espressomaschine „Enzo Galvani" sowie
- der Blumentopf „Madeira" gemeint.

Herr Freiberg: „Guten Morgen, Frau Runge, guten Morgen, Britta."

Frau Runge: „Guten Morgen, Herr Freiberg."

Herr Freiberg: „Sie haben mir doch vor einiger Zeit die Umsatzstatistiken und Analysen von unseren ‚Rennern', der Espressomaschine ‚Enzo Galvani' sowie dem Blumentopf ‚Madeira', gegeben."

Frau Runge: „Ja, das haben wir. Gibt es da noch Probleme?"

Herr Freiberg: „Probleme nicht. Ich benötige nun eine Aufstellung der beiden Artikel hinsichtlich des Rohgewinns für den Monat Juli. Vor allem will ich genau wissen, wie Sie die Buchungen vorgenommen und den Monatsabschluss ausgewiesen haben."

Britta Krombach: „Gibt es denn da besondere Regelungen zu beachten?"

Herr Freiberg: „Ja, die Bestandsveränderungen bei den Waren müssen auch berücksichtigt werden. Aber das kann Ihnen sicherlich Frau Runge erklären. Ich möchte, dass Sie mir die Daten schnellstmöglich bereitstellen."

Frau Runge: „Das werden wir erledigen, Herr Freiberg. Komm, Britta, wir werden direkt mit der Aufgabe beginnen ..."

Informationen zum Lösen der folgenden Handlungsaufgaben finden Sie im Lehrbuch „Handeln im Handel, 3. Ausbildungsjahr" in Kapitel 1 des Lernfeldes 11 (Wir schließen die Warenkonten ab und berücksichtigen Veränderungen des Warenbestands).

HANDLUNGSAUFGABEN

1. Welche Probleme müssen Britta und Frau Runge zur Bearbeitung der Aufgabe klären?

LERNFELD 11

GESCHÄFTSPROZESSE ERFOLGSORIENTIERT STEUERN

2. Britta und Frau Runge haben alle Belege und Daten, die für die Lösung der Aufgaben notwendig sind, zusammengetragen. Es wurde jeweils ein Einkauf getätigt.

Blumentopf „Madeira"

Einkauf

Heinrich Paulmann
Inhaber M. Happe
Elektrische Licht- und Kraftanlagen
PAULMANN KG

Paulmann KG · Ruhrstraße 198 · 45219 Essen

Ruhrstraße 198
45219 Essen
Tel. 0201 3198
Fax 0201 31008
Internet: www.paulmann-kg-wvd.de
E-Mail: info@paulmann-kg-wvd.de

Ambiente Warenhaus
Groner Straße 22 – 24
34567 Schönstadt

Ihr Zeichen, bestellung Nr. vom: 00-13459 AW/96 LW 2107/20xx-07-08
Kundennummer: 2588 SDE
Datum: 08.07.20..

Rechnung Nr. 158 LW

Pos.	Artikel-Nr.	Beschreibung	Menge/Einheit	Einzelpreis/€	Betrag/€
001	1700	Blumentopf „Madeira"	500 St.	12,40	6.200,00
		Mengenrabatt		10 %	620,00
		Gesamtbetrag			5.580,00
		+ 19 % USt			1.060,20
		Rechnungsbetrag			**6.640,20**

Zahlbar innerhalb von 14 Tagen ohne Abzug

EINGEGANGEN 09. Juli 20..
sachlich richtig: Rin, 09.07.20..
rechnerisch richtig: Kro, 09.07.2013

Bestände Blumentopf „Madeira" lt. Inventur

Anfangsbestand (01.07.): 94 Stück

Schlussbestand (31.07.): 136 Stück

Hinweis: Die Bestände werden mit den Einkaufspreisen (Einstandspreis) der Firma Paulmann KG bewertet (Listenpreis abzgl. Rabatt).

Barverkauf

```
      Ambiente Warenhaus AG
    Gronerstr. 22-24 | 34567 Schönstadt
      Tel.: 05121 839-001 | Fax: -002
          USt-IdNr. DE 164 882 465
------------------------------------
1909 BAR-1      2875 0015 091
Blumentopf „Madeira"
         VK 1A                  27,73

         SUMME EUR              27,73
xxxxxxxxxxxxxxxxxxxxxxxxxxxxxxxxxxxx
inklusive 19 % USt                4,43
xxxxxxxxxxxxxxxxxxxxxxxxxxxxxxxxxxxx
         BAR                    30,00
         RÜCKGELD                2,27

    VIELEN DANK FÜR IHREN EINKAUF
  KENNEN SIE SCHON UNSERE AABI-CARD?

   26.07.20..        14:15:48
```

Espressomaschine „Enzo Galvani"

Einkauf

TANKERT AG München

Tankert AG · Heerstraße 109 · 81247 München

Heerstraße 109
81247 München
Tel. 089 8109
Fax 089 8111
Internet: www.tankert-ag-wvd.de
E-Mail: info@tankert-ag-wvd.de

Ambiente Warenhaus
Groner Str. 22 – 24
34567 Schönstadt

Ihr Zeichen, bestellung Nr. vom: 00-17438 AW/156 RT 2107/20xx-07-12
Kundennummer: 238-3
Datum: 12.07.20..

Rechnung Nr. 156 RT

Pos.	Artikel-Nr.	Beschreibung	Menge/Einheit	Einzelpreis/€	Betrag/€
001	5001	Espressomaschine „Enzo Galvani"	300 St.	23,00	6.900,00
		Mengenrabatt		15 %	1.035,00
		Gesamtbetrag			5.865,00
		+ 19 % USt			1.114,35
		Rechnungsbetrag			**6.979,35**

Zahlbar innerhalb von 30 Tagen ohne Abzug

EINGEGANGEN 13. Juli 20..
sachlich richtig: Bod, 13.07.20..
rechnerisch richtig: Run, 13.07.2013

Bestände Espressomaschine „Enzo Galvani" lt. Inventur

Anfangsbestand (01.07.): 125 Stück

Schlussbestand (31.07.): 85 Stück

Hinweis: Die Bestände werden mit den Einkaufspreisen (Einstandspreis) der Firma Tankert AG bewertet (Listenpreis abzgl. Rabatt).

Barverkauf

```
      Ambiente Warenhaus AG
    Gronerstr. 22-24 | 34567 Schönstadt
      Tel.: 05121 839-001 | Fax: -002
          USt-IdNr. DE 164 882 465
------------------------------------
1909 BAR-1      2875 0015 095
Espressomaschine „Enzo Galvani"
         VK 7B                  55,61

         SUMME EUR              55,61
xxxxxxxxxxxxxxxxxxxxxxxxxxxxxxxxxxxx
inklusive 19 % USt                8,88
xxxxxxxxxxxxxxxxxxxxxxxxxxxxxxxxxxxx
         BAR                    60,00
         RÜCKGELD                4,39

    VIELEN DANK FÜR IHREN EINKAUF
  KENNEN SIE SCHON UNSERE AABI-CARD?

   26.07.20..        14:16:57
```

WIR SCHLIEßEN DIE WARENKONTEN AB UND BERÜCKSICHTIGEN VERÄNDERUNGEN DES WARENBESTANDS

Frau Runge: „Bevor wir die Buchungen auf den entsprechenden Konten vornehmen können, müssen wir zunächst die relevanten Daten aus den vorliegenden Belegen und Informationen bestimmen."

a) **Wie groß sind die Anfangsbestände und die Schlussbestände des Monats Juli für den Blumentopf und die Espressomaschine in Euro, bewertet zu Einkaufspreisen?**[1]

Blumentopf „Madeira"	Espressomaschine „Enzo Galvani"
Rechnung: Preis: 12,4 · 0,9 = 11,16 € AB = 94 Stk · 11,16 = 1049,04 € SB 136 Stk · 11,16 = 1517,76	Rechnung: Preis: 23 · 0,85 = 19,55 € AB 125

b) Frau Runge erklärt Britta, dass die Wareneinkäufe als Aufwand auf einem Extrakonto gebucht werden, dem Konto „Aufwendungen für Waren". Außerdem erklärt sie Britta, dass die Bestandsveränderungen im laufenden Monat berücksichtigt werden müssen. Bestandsminderungen wirken hierbei wie ein Aufwand, werden zu den Einkäufen also hinzugezählt, und Bestandsmehrungen wirken hier wie ein Ertrag, werden von dem Einkauf also abgezogen.

Wie hoch sind die Aufwendungen der beiden Artikel für den Monat Juli?

Blumentopf „Madeira"	Espressomaschine „Enzo Galvani"
Rechnung: EK: 5580,00 Bestandsmehrung: 468,72 € Aufwendungen: 5580 − 468,72 5111,28	Rechnung: EK: 5865 Bestandsminderung = 782,00 Aufwand: 5865 + 782 = 6647,00 €

c) Es müssen neben den Einkäufen natürlich auch die Verkäufe gebucht werden. Dazu, so erklärt Frau Runge, müssen der Absatz und der Umsatz der einzelnen Waren für den Monat Juli festgestellt werden.

Wie hoch sind der Absatz und der Nettoumsatz der beiden Artikel?

Blumentopf „Madeira"	Espressomaschine „Enzo Galvani"
Rechnung: AB + EK − VK = SB 94 + 500 − 136 = 458 458 · 23,30 € = 10671,40	Rechnung:

---

[1] In der Realität würden die Werte aller Artikel am Ende zu einem Warenkonto zusammengefasst werden. Darauf wird hier verzichtet, um Veränderungen der Warenbestände gegenüberzustellen und zu verdeutlichen.

LERNFELD 11

GESCHÄFTSPROZESSE ERFOLGSORIENTIERT STEUERN

3. Nachdem Frau Runge und Britta die wichtigen Daten aus den Informationen zusammengetragen und berechnet haben, sollen die Geschäftsvorgänge nun gebucht werden. Wie von Herrn Freiberg gefordert, sollen alle Konten zum Ende des Monats Juli abgeschlossen werden. Es sollen nur die unten stehenden Konten aufgeführt werden.

a) **Buchen Sie die Angaben aus Aufgabe 2 auf die unten stehenden Konten.**

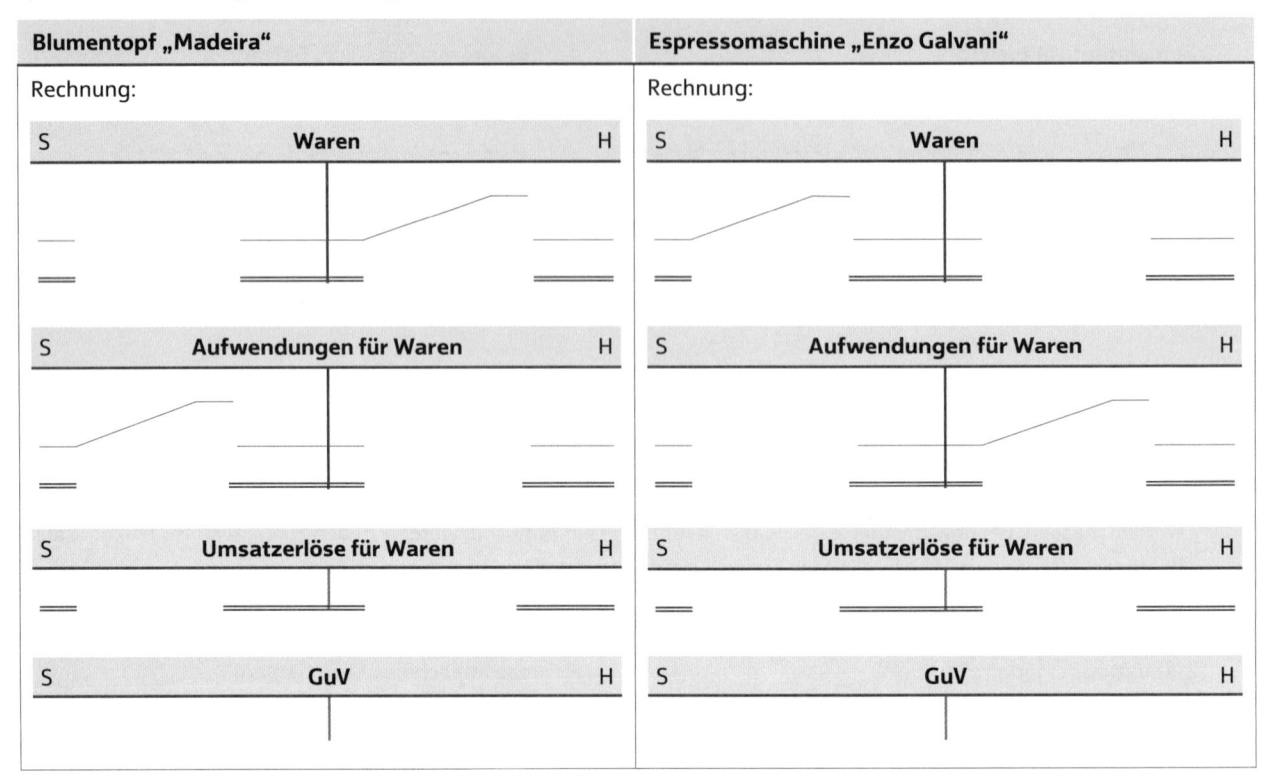

Blumentopf „Madeira"	Espressomaschine „Enzo Galvani"
Rechnung:	Rechnung:
S — Waren — H	S — Waren — H
S — Aufwendungen für Waren — H	S — Aufwendungen für Waren — H
S — Umsatzerlöse für Waren — H	S — Umsatzerlöse für Waren — H
S — GuV — H	S — GuV — H

b) Am 31. Juli werden die Konten abgeschlossen. Damit verbunden sind mehrere Abschlussbuchungen.

Erstellen Sie zu den folgenden Fragen die Abschlussbuchung/den Buchungssatz.

Blumentopf „Madeira"			Espressomaschine „Enzo Galvani"		
Buchungssatz	Soll	Haben	Buchungssatz	Soll	Haben
1. Wie lautet die Abschlussbuchung für den Warenendbestand?					
2. Liegt eine Bestandsminderung oder eine Bestandsmehrung vor und wie lautet der Buchungssatz zur Umbuchung der Bestandsminderung/Bestandsmehrung?					
3. Wie lautet die Abschlussbuchung für das Konto „Aufwendungen für Waren"?					
4. Wie lautet die Abschlussbuchung für das Konto „Umsatzerlöse für Waren"?					

c) Wenn Sie sich Ihre Buchungssätze zu b) ansehen: Welche Gemeinsamkeiten und welche Unterschiede können Sie bei einer Bestandsminderung und einer Bestandsmehrung des Warenbestands feststellen?
Erläutern Sie auch die Unterschiede.

4. Eine wichtige Kennzahl ist für Herrn Freiberg der Rohgewinn.

a) **Was verstehen Sie unter dem Rohgewinn?**

b) **Ermitteln Sie den Rohgewinn für die beiden Artikel Blumentopf „Madeira" sowie Espressomaschine „Enzo Galvani". Stellen Sie dabei auch die allgemeinen Rechenformeln für den Wareneinsatz und den Rohgewinn auf.**

Blumentopf „Madeira"	Espressomaschine „Enzo Galvani"
Rechnung Wareneinsatz:	Rechnung Wareneinsatz:
Rechnung Rohgewinn:	Rechnung Rohgewinn:

c) **Herr Freiberg möchte abschließend wissen, wie hoch der Rohgewinn pro Stück ist. Berechnen Sie diese Kennzahl.**

Blumentopf „Madeira"	Espressomaschine „Enzo Galvani"
Rechnung:	Rechnung:

d) **Warum ist mit diesem positiven Rohgewinn noch nicht klar, ob die Ambiente Warenhaus AG tatsächlich Gewinn mit den jeweiligen Artikeln macht?**

LERNFELD 11 — GESCHÄFTSPROZESSE ERFOLGSORIENTIERT STEUERN

VERTIEFUNGS- UND ANWENDUNGSAUFGABEN

1. Definieren Sie den Begriff Wareneinsatz.

2. Wie wirken sich Bestandsmehrungen und wie wirken sich Bestandsminderungen auf den Unternehmenserfolg aus?

3.
a) Erstellen Sie die Eröffnungsbilanz.
b) Richten Sie die Bestands- und Erfolgskonten ein.
c) Buchen Sie die Geschäftsfälle und übertragen Sie die Buchungssätze auf die Bestands- und Erfolgskonten (Hauptbuch).
d) Schließen Sie die Erfolgskonten über das GuV-Konto ab und übertragen Sie den Gewinn oder Verlust auf das Eigenkapitalkonto.
e) Schließen Sie die Bestandskonten über das SBK ab.

Anfangsbestände	€		€
BGA	195.000,00	Bank	21.000,00
Waren	79.500,00	Eigenkapital	?
Forderungen a. LL	15.000,00	Verbindlichkeiten a. LL	15.000,00
Kasse	9.000,00		

Erfolgskonten/GuV: Aufwendungen für Waren, Löhne, Fremdinstandhaltung, Büromaterial, Umsatzerlöse für Waren, Provisionserträge, GuV-Konto

Abschlusskonten: Gewinn- und Verlustkonto, Schlussbilanzkonto

Geschäftsfälle:
1. Zieleinkauf von Waren lt. ER .... 13.500,00 €
2. Zahlung der Löhne durch Banküberweisung .... 6.200,00 €
3. Warenverkauf   bar .... 5.800,00 €
                    gegen Girocard .... 6.600,00 €
4. Reparatur des Laufbandes gegen Rechnung .... 450,00 €
5. Barkauf von Büromaterial .... 150,00 €
6. Kauf von Waren bar .... 1.400,00 €
7. Kunde zahlt Rechnung durch Banküberweisung .... 8.500,00 €
8. Verkauf von Waren auf Ziel .... 25.900,00 €
9. Wir erhalten Provision für ein vermitteltes Geschäft .... 3.800,00 €

Abschlussangaben
1. Warenschlussbestand lt. Inventur .... 71.400,00 €
2. Die Schlussbestände der übrigen Bestandskonten stimmen mit den Werten der Inventur überein.

WIR SCHLIEßEN DIE WARENKONTEN AB UND BERÜCKSICHTIGEN VERÄNDERUNGEN DES WARENBESTANDS

Buchungssatz	Soll	Haben

| A | Eröffnungsbilanz | P | | S | BGA | H |

| S | Waren | H | | S | Forderungen | H |

| S | Kasse | H | | S | Bank | H |

| S | Eigenkapital | H | | S | Verbindlichkeiten | H |

LERNFELD 11

GESCHÄFTSPROZESSE ERFOLGSORIENTIERT STEUERN

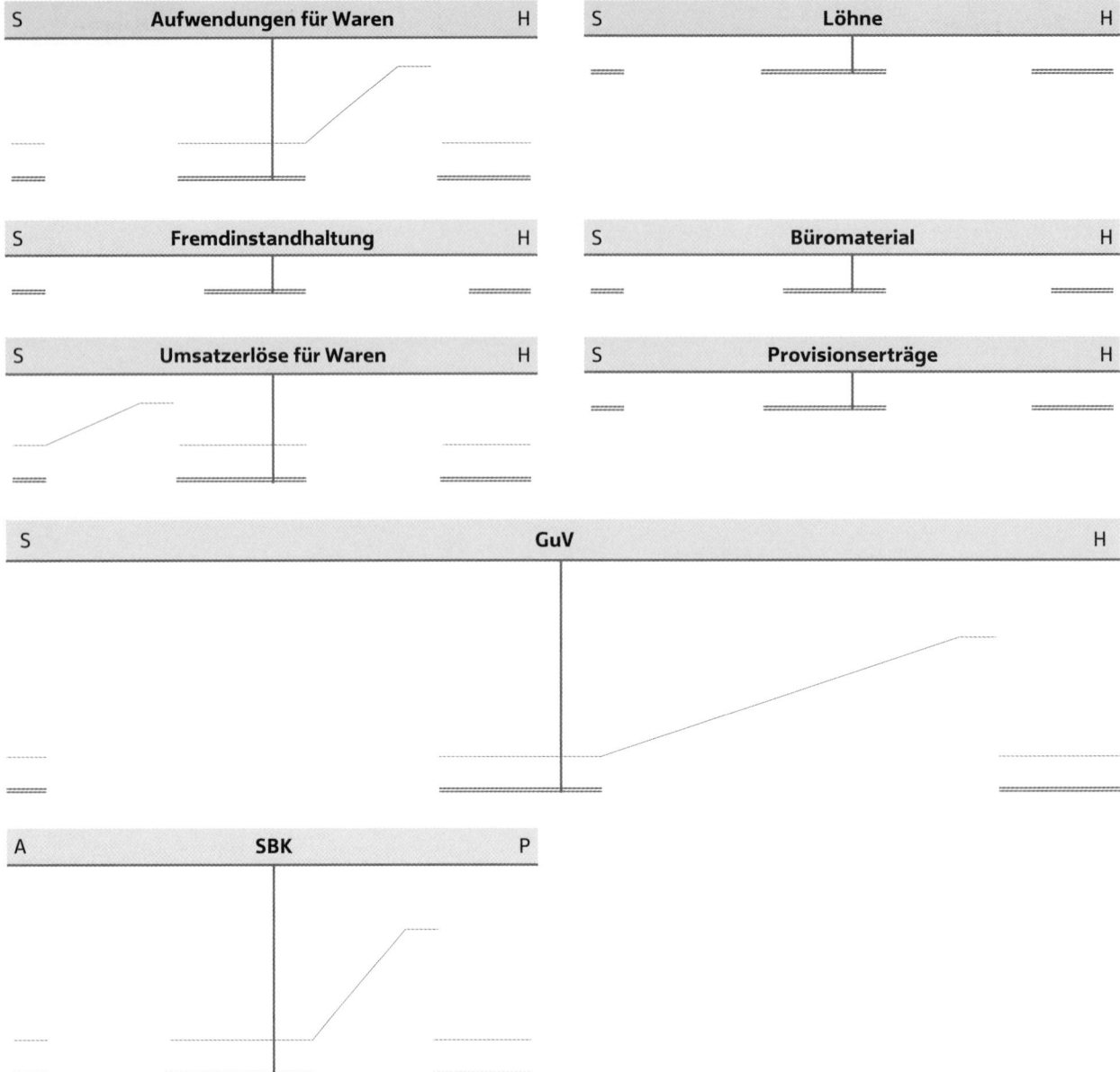

Zur weiteren Vertiefung der Lerninhalte und Sicherung der Lernergebnisse empfehlen wir die Bearbeitung der Aufgaben und Aktionen in Kapitel 1 des Lernfeldes 11 (Wir schließen die Warenkonten ab und berücksichtigen Veränderungen des Warenbestands) Ihres Lehrbuches „Handeln im Handel, 3. Ausbildungsjahr".

2 Wir ermitteln die Zahllast unseres Unternehmens

HANDLUNGSSITUATION

Herr Freiberg ist mit den Umsatzstatistiken und Analysen zu den „Rennern", der Espressomaschine „Enzo Galvani" sowie dem Blumentopf „Madeira", sehr zufrieden.

Herrn Freiberg ist aber aufgefallen, dass die Umsatzsteuer bei den bisherigen Analysen noch nicht berücksichtigt wurde.

Er möchte gern wissen, wie hoch die Zahllast für die Ambiente Warenhaus AG im Monat Juli bezogen auf diese beiden Artikel ist.

Daher sollen Frau Runge und Britta Krombach diese Werte aus den vorliegenden Informationen aufstellen:

Blumentopf „Madeira"

1. Rechnung der Firma Paulmann

Heinrich Paulmann
Inhaber M. Happe
Elektrische Licht- und Kraftanlagen
PAULMANN KG

Paulmann KG · Ruhrstraße 198 · 45219 Essen

Ruhrstraße 198
45219 Essen
Tel. 0201 3198
Fax 0201 31008
Internet: www.paulmann-kg-wvd.de
E-Mail: info@paulmann-kg-wvd.de

Ambiente Warenhaus
Groner Straße 22 – 24
34567 Schönstadt

Ihr Zeichen, bestellung Nr. vom: 00-13459 AW/96 LW 2107/20xx-07-08
Kundennummer: 2588 SDE
Datum: 08.07.20..

Rechnung Nr. 158 LW

Pos.	Artikel-Nr.	Beschreibung	Menge/Einheit	Einzelpreis/€	Betrag/€
001	1700	Blumentopf „Madeira" Mengenrabatt	500 St.	12,40 10 %	6.200,00 620,00
		Gesamtbetrag			5.580,00
		+ 19 % USt			1.060,20
		Rechnungsbetrag			**6.640,20**

Zahlbar innerhalb von 14 Tagen ohne Abzug

EINGEGANGEN
09. Juli. 20..
sachlich richtig: Rin, 09.07.20..
rechnerisch richtig: Kro, 09.07.2013

Hinweis: Das sind alle Einkäufe.

3. Barverkäufe Blumentöpfe „Madeira": 458 Stück

   Stückpreis brutto (inkl. 19 % Umsatzsteuer): 33,00 €

Espressomaschine „Enzo Galvani"

2. Rechnung der Firma Tankert

TANKERT AG München

Tankert AG · Heerstraße 109 · 81247 München

Heerstraße 109
81247 München
Tel. 089 8109
Fax 089 8111
Internet: www.tankert-ag-wvd.de
E-Mail: info@tankert-ag-wvd.de

Ambiente Warenhaus
Groner Str. 22 – 24
34567 Schönstadt

Ihr Zeichen, bestellung Nr. vom: 00-17438 AW/156 RT 2107/20xx-07-12
Kundennummer: 238-3
Datum: 12.07.20..

Rechnung Nr. 156 RT

Pos.	Artikel-Nr.	Beschreibung	Menge/Einheit	Einzelpreis/€	Betrag/€
001	5001	Espressomaschine „Enzo Galvani" Mengenrabatt	300 St.	23,00 15 %	6.900,00 1.035,00
		Gesamtbetrag			5.865,00
		+ 19 % USt			1.114,35
		Rechnungsbetrag			**6.979,35**

Zahlbar innerhalb von 30 Tagen ohne Abzug

EINGEGANGEN
13. Juli. 20..
sachlich richtig: Bod, 13.07.20..
rechnerisch richtig: Run, 13.07.2013

4. Barverkäufe Espressomaschine „Enzo Galvani": 340 Stück

   Stückpreis brutto (inkl. 19 % Umsatzsteuer): 66,18 €

Britta fragt sich, warum die Ambiente Warenhaus AG überhaupt Umsatzsteuer einnimmt bzw. bezahlen muss und was die Zahllast zu bedeuten hat, die Herr Freiberg genannt hat.

Informationen zum Lösen der folgenden Handlungsaufgaben finden Sie im Lehrbuch „Handeln im Handel, 3. Ausbildungsjahr" in Kapitel 2 des Lernfeldes 11 (Wir ermitteln die Umsatzsteuerschuld unseres Unternehmens).

LERNFELD 11

GESCHÄFTSPROZESSE ERFOLGSORIENTIERT STEUERN

HANDLUNGSAUFGABEN

1. Welche Fragen muss Britta klären?

2. Frau Runge erklärt Britta, dass es nach dem Umsatzsteuergesetz steuerbare Umsätze gibt, die wiederum in steuerpflichtige und steuerfreie Umsätze unterteilt sind.

   a) Nennen Sie drei mögliche Umsatzarten, die steuerpflichtig sind (nach § 1 UStG).

   b) Nennen Sie drei mögliche Umsatzarten, die steuerfrei sind (nach § 4 UStG).

WIR ERMITTELN DIE ZAHLLAST UNSERES UNTERNEHMENS

c) **Es gibt einen Umsatzsteuersatz von 7 % und einen von 19 %. Nennen Sie zu jedem Umsatzsteuersatz drei Beispiele.**

d) **Warum ist die Ambiente Warenhaus AG umsatzsteuerpflichtig?**

3. Frau Runge erklärt Britta, dass der Umsatzsteuersatz auf den Warenwert, d. h. den Nettowarenwert bzw. den Nettoverkaufspreis, aufgeschlagen wird. So ist auf der Eingangsrechnung des Lieferers Paulmann der Warenwert (Gesamtbetrag) von 5.580,00 € aufgeführt, die Umsatzsteuer von 19 % mit einem Betrag von 1.060,20 € und der Bruttobetrag (= Rechnungsbetrag) von 6.640,20 €.

Bestimmen Sie für alle Verkäufe im Monat Juli den Warenwert, den Umsatzsteuerbetrag und den Bruttobetrag für die beiden Artikel.

	Blumentopf „Madeira"	Espressomaschine „Enzo Galvani"
Bruttobetrag		
Warenwert		
Umsatzsteuer 19 %		

4. Bei der Buchung der Umsatzsteuer muss Britta zwischen den Konten „Vorsteuer" und „Umsatzsteuer" unterscheiden.

a) **Wann wird das Konto Vorsteuer und wann wird das Konto Umsatzsteuer verwendet?**

b) **Formulieren Sie zu den Belegen und Informationen der Ambiente Warenhaus AG aus der Ausgangssituation die entsprechenden Geschäftsfälle und stellen Sie den entsprechenden Buchungssatz auf.**

	Soll	Haben
1. Rechnung der Firma Paulmann Text:		

LERNFELD 11

GESCHÄFTSPROZESSE ERFOLGSORIENTIERT STEUERN

	Soll	Haben
2. Rechnung der Firma Tankert Text:		
3. Verkaufte Blumentöpfe „Madeira": 458 Stück Text:		
4. Verkaufte Espressomaschine „Enzo Galvani": 340 Stück Text:		

5. Frau Runge beauftragt Britta nun mit dem Buchen der aufgestellten Buchungssätze auf die unten stehenden Konten.[1]

a) **Tragen Sie die Buchungen in die Konten ein.**

b) **Schließen Sie die Konten ab und ermitteln Sie die Zahllast aus diesen Daten.**

c) Die Zahllast wird am 10. August an das Finanzamt vom Bankkonto der Ambiente Warenhaus AG überwiesen. **Stellen Sie zu diesem Geschäftsfall den Buchungssatz auf und übertragen Sie die Daten entsprechend auf das Konto.**

S	Vorsteuer	H	S	Umsatzsteuer	H

Buchungssatz zu c)	Soll	Haben

d) Frau Runge fragt Britta nun, was sie unter der Zahllast versteht.

Erläutern Sie, was Sie unter der Zahllast verstehen.

---

1 Es sollen hier nur die Konten „Vorsteuer" und „Umsatzsteuer" betrachtet werden. Alle anderen Konteneinträge werden hier nicht berücksichtigt.

WIR ERMITTELN DIE ZAHLLAST UNSERES UNTERNEHMENS

e) Britta fragt Frau Runge, wie sich die Zahllast auf den Unternehmenserfolg der Ambiente Warenhaus AG auswirkt.

Helfen Sie Frau Runge bei der Antwort und begründen Sie diese.

VERTIEFUNGS- UND ANWENDUNGSAUFGABEN

1. a) **Schließen Sie die beiden Konten ab.**

S	Vorsteuerkonto	H
1 Bank	1.100,00 €	
2 Verbindl.	5.500,00 €	
3 Kasse	2.200,00 €	
4 Verbindl.	550,00 €	
5 Bank	4.400,00 €	
6 Verbindl.	22.200,00 €	

S	Umsatzsteuerkonto	H
1 Ford.		4.400,00 €
2 Bank		2.200,00 €
3 Ford.		11.000,00 €
4 Kasse		16.500,00 €
5 Ford.		550,00 €
6 Ford.		5.500,00 €
7 Bank		1.650,00 €

b) **Nennen Sie die Buchungssätze zum Abschluss der Konten sowie zum Zahlungsausgang bei Banküberweisung der Zahllast.**

Nr.	Buchungssatz	Soll	Haben
1.			
2.			

c) **Wie groß ist also die Zahllast?**

Zahllast =

2. Die Gartenabteilung der Ambiente Warenhaus AG hat sich vom Großhandel, der Firma Gardenia KG, eine edle Holzbank zum Nettopreis von 300,00 € gegen Rechnung gekauft. Der Endverbraucher Herr Pautsch kauft diese Holzbank bar von der Ambiente Warenhaus AG zum Ladenpreis (brutto) von 535,50 €.

a) **Wie lauten die beiden Buchungssätze aus Sicht der Ambiente Warenhaus AG?**

Nr.	Buchungssatz	Soll	Haben
1.			
2.			

LERNFELD 11

GESCHÄFTSPROZESSE ERFOLGSORIENTIERT STEUERN

b) **Wie hoch wäre die Zahllast der Ambiente Warenhaus AG, wenn dies die einzigen Aktivitäten im Geschäftsjahr wären?**

c) Die Gardenia KG wiederum kauft die Holzbank bei der Holzverarbeitung H & U GmbH zum Nettopreis von 220,00 €. Der Holzverarbeitungsbetrieb hat das Holz vor der Verarbeitung zur Holzbank bei einem Forstbetrieb zum Nettopreis von 50,00 € eingekauft.

Tragen Sie die Angaben in die unten stehende Liste ein und berechnen Sie die fehlenden Werte. Berechnen Sie auch die Werte und Summen für die Umsatzsteuer, Vorsteuer und die Zahllast in der jeweiligen Umsatzstufe.

Umsatzstufen	Ausgangsrechnung	Umsatzsteuer	Vorsteuer	Zahllast
Forstbetrieb	Nettopreis .... + 19 % USt. .... Bruttopreis			
Holzverarbeitung H & U GmbH	Nettopreis .... + 19 % USt. .... Bruttopreis			
Gardenia KG (Großhandel)	Nettopreis .... + 19 % USt. .... Bruttopreis			
Einzelhandel	Nettopreis .... + 19 % USt. .... Bruttopreis			
Summe				

d) **Welchen Umsatzsteueranteil hat der Endverbraucher Herr Pautsch für die Holzbank zu zahlen?**

e) Die Umsatzsteuerlast trägt der Endverbraucher, während die Umsatzsteuer für die Unternehmen ein „durchlaufender Posten" ist. **Erläutern Sie diesen Begriff unter Berücksichtigung der Tabelle.**

Zur weiteren Vertiefung der Lerninhalte und Sicherung der Lernergebnisse empfehlen wir die Bearbeitung der Aufgaben und Aktionen in Kapitel 2 des Lernfeldes 11 (Wir ermitteln die Umsatzsteuerschuld unseres Unternehmens) Ihres Lehrbuches „Handeln im Handel, 3. Ausbildungsjahr".

3 Wir weisen die Zahllast oder den Vorsteuerüberhang in der Bilanz aus

HANDLUNGSSITUATION

Im Dezember, dem letzten Monat des Abrechnungszeitraums der Ambiente Warenhaus AG, sollen die noch ausstehenden Geschäftsfälle in den Abteilungen Gartenmöbel und Elektronik gebucht werden.

Frau Runge und Britta haben die Belege zu folgenden Geschäftsfällen vor sich liegen:

Geschäftsfälle Abteilung Gartenmöbel	€
1. Die Barverkäufe für den Monat Dezember betragen insgesamt	8.330,00
2. Kauf von Gartentischen (Holz) bei Firma Gardenia KG auf Ziel (Nettopreis)	5.200,00
3. Kunden zahlen im Monat Dezember mit Girocard insgesamt	11.305,00
4. Zielkauf von Gartenstühlen bei der Firma Dettmann KG für eine geplante Aktion im Frühjahr (Bruttopreis)	17.850,00

Geschäftsfälle Abteilung Elektronik	€
1. Die Barverkäufe für den Monat Dezember betragen insgesamt	99.960,00
2. Kauf von Laptops bei Firma Zonie auf Ziel (Nettopreis)	101.150,00
3. Kunden zahlen im Monat Dezember mit Girocard insgesamt	124.950,00
4. Reparatur einer Ladentür (Bruttopreis)	4.998,00

Frau Runge beauftragt Britta damit, diese letzten Buchungen für die Abteilung auszuführen und die Passivierung der Zahllast bzw. die Aktivierung des Vorsteuerüberhangs vorzunehmen. Britta soll abschließend einen Bericht verfassen, in dem die wesentlichen Arbeitsschritte und Besonderheiten dieser Aufgabe festgehalten sind.

Informationen zum Lösen der folgenden Handlungsaufgaben finden Sie im Lehrbuch „Handeln im Handel, 3. Ausbildungsjahr" in Kapitel 2 des Lernfeldes 11 (Wir ermitteln die Umsatzsteuerschuld unseres Unternehmens).

HANDLUNGSAUFGABEN

1. Welche Fragen muss Britta klären?

LERNFELD 11

GESCHÄFTSPROZESSE ERFOLGSORIENTIERT STEUERN

2. Bevor Britta mit den Buchungen der Geschäftsfälle beginnt, bekommt sie von Frau Runge den Auftrag, einige Begriffe zu definieren bzw. zu erläutern.

a) **Worin liegt der Unterschied zwischen der Zahllast und dem Vorsteuerüberhang?**

b) **Erläutern Sie kurz, wie es bei der Ambiente Warenhaus AG aus Buchhaltungssicht zu einer Zahllast und wie es zu einem Vorsteuerüberhang kommen kann.**

Zahllast:

Vorsteuerüberhang:

3. Frau Runge hat bereits die meisten Daten für die Schlussbilanzen bzw. die jeweiligen SBK der beiden Abteilungen Gartenmöbel und Elektronik gesammelt. Die letzten Aufgaben, um das SBK abzuschließen, soll nun Britta erledigen.

a) **Wie lauten die Buchungssätze zu den in der Ausgangssituation dargestellten Geschäftsfällen für die Abteilungen Gartenmöbel und Elektronik, die Britta aufstellen muss?**

	Buchungssätze Abteilung Gartenmöbel	Soll	Haben
1.			
2.			
3.			
4.			

WIR WEISEN DIE ZAHLLAST ODER DEN VORSTEUERÜBERHANG IN DER BILANZ AUS

	Buchungssätze Abteilung Elektronik	Soll	Haben
1.			
2.			
3.			
4.			

b) **Britta soll nun die Zahllast oder den Vorsteuerüberhang ermitteln, indem sie die Daten aus den Buchungssätzen in die entsprechenden unten stehenden Konten überträgt.**[1]

I. Vor- und Umsatzsteuerkonto der Abteilung Gartenmöbel

| S | Vorsteuer | H | S | Umsatzsteuer | H |

II. Vor- und Umsatzsteuerkonto der Abteilung Elektronik

| S | Vorsteuer | H | S | Umsatzsteuer | H |

c) Die Zahllast muss passiviert oder der Vorsteuerüberhang muss aktiviert werden am Ende eines Geschäftsjahres. Schließen Sie die oben stehenden Konten der Ambiente Warenhaus AG ab. **Stellen Sie den jeweiligen Buchungssatz auf.**

	Abschlussbuchungen der Abteilung Gartenmöbel	Soll	Haben
1.			
2.			

	Abschlussbuchungen der Abteilung Elektronik	Soll	Haben
1.			
2.			

---

1 Es sollen hier nur die Konten „Vorsteuer" und „Umsatzsteuer" betrachtet werden. Alle anderen Konteneinträge werden hier nicht berücksichtigt.

LERNFELD 11

GESCHÄFTSPROZESSE ERFOLGSORIENTIERT STEUERN

d) Frau Runge gibt Britta nun die beiden SBK der Abteilung Gartenmöbel und der Abteilung Elektronik. **Britta soll die fehlenden Werte zur Passivierung der Zahllast bzw. zur Aktivierung des Vorsteuerüberhangs im SBK ergänzen.** (Bitte die nicht relevante Position „Vorsteuer" oder „Umsatzsteuer" entsprechend streichen.)

S	SBK (Gartenmöbel)		H
Gebäude	320.000,00 €	EK	
BGA	86.000,00 €	Darlehen	150.000,00 €
Waren	72.000,00 €	Verbindlichkeiten	122.000,00 €
Forderungen	33.000,00 €	Umsatzsteuer	
Vorsteuer			
Bank	21.543,00 €		
Kasse	8.412,00 €		
	541.658,00 €		541.658,00 €

S	SBK (Elektronik)		H
Gebäude	240.000,00 €	EK	
BGA	69.000,00 €	Darlehen	184.000,00 €
Waren	145.000,00 €	Verbindlichkeiten	156.435,00 €
Forderungen	23.000,00 €	Umsatzsteuer	
Vorsteuer			
Bank	12.453,00 €		
Kasse	16.534,00 €		
	505.987,00 €		505.987,00 €

4. Britta will nun über die wesentlichen Punkte zur Passivierung der Zahllast und der Aktivierung des Vorsteuerüberhangs einen kleinen Bericht verfassen.

Ergänzen Sie folgende Begriffe im nachfolgenden Lückentext.

> 3.838,00 – 3.135,00 – 703,00 – 18.962,00 – Schulden – aktiviert – Kontenseiten – niedrigeren – passiviert – Schlussbilanzkonto – Soll – Finanzamt – Aktivierung – Umsatzsteuerkonto – Haben – höheren – Umsatzsteuer – Einkäufen – Vorsteuer – Passivierung – Verkäufen – Haben-Seite – Vorsteuerüberhang – eingenommen – Vorsteuerkonto – Buchungen – ausgegeben – Zahllast

Sehr geehrte Frau Runge,

nachfolgend werde ich Ihnen darstellen, was bei der _____ der Zahllast und der _____ des Vorsteuerüberhangs zu beachten ist.

I. Das Buchen von Umsatzsteuer und Vorsteuer

Bei der Aufstellung von Buchungssätzen ist Folgendes zu beachten: Die Steuer, die bei _____ und sonstigen Käufen (z. B. eine Handwerkerrechnung) zu zahlen ist, wird auf dem _____ gebucht. Bei _____ und sonstigen Verkäufen wird ebenfalls eine Steuer berücksichtigt, die auf dem _____ eingetragen wird.

Man kann sich Folgendes merken:

– Vorsteuer immer im _____ und

– Umsatzsteuer immer im _____

(Ausnahme sind Stornobuchungen oder Retourbuchungen).

WIR WEISEN DIE ZAHLLAST ODER DEN VORSTEUERÜBERHANG IN DER BILANZ AUS

II. Ermittlung der Zahllast/des Vorsteuerüberhangs

Wenn alle _____ eines Monats getätigt wurden, werden das Vorsteuerkonto und das Umsatzsteuerkonto abgeschlossen. Es werden erst einmal die _____ beider Konten addiert. Das Konto mit dem _____ Gesamtwert wird über das Konto mit dem _____ Gesamtwert abgeschlossen. Beispielsweise beträgt in der Abteilung Gartenmöbel der Gesamtwert des Kontos „Vorsteuer" _____ € und der Gesamtwert des Kontos „Umsatzsteuer" _____ €. Daher wird das _____ -Konto über das _____ -Konto abgeschlossen. Die Differenz auf der _____ des Vorsteuerkontos beträgt _____ €. Dies ist der _____ des Monats Dezember für die Abteilung Gartenmöbel. Umgekehrt sieht es in der Abteilung Elektronik aus. Da mehr Umsatzsteuer _____ als _____ wurde, liegt eine _____ in Höhe von _____ € vor. Die Zahllast sind _____ gegenüber dem Finanzamt.

III. Passivierung der Zahllast/Aktivierung des Vorsteuerüberhangs

Wenn die Zahllast oder der Vorsteuerüberhang festgestellt wurde, muss diese(r) am Jahresende _____ oder _____ werden. Das bedeutet, dass die entsprechenden Werte auf dem _____ ausgewiesen werden müssen. Die Zahlung ans oder vom _____ erfolgt hier in der Regel erst im nächsten Monat, d. h. im nächsten Geschäftsjahr. Die Abteilung Gartenmöbel muss einen Vorsteuerüberhang ausweisen und die Abteilung Elektronik eine Zahllast.

Mit freundlichen Grüßen

Britta Krombach

VERTIEFUNGS- UND ANWENDUNGSAUFGABEN

1. Entscheiden Sie, ob die folgenden Aussagen richtig oder falsch sind.

Aussagen	richtig	falsch
Das Vorsteuerkonto ist ein aktives Bestandskonto.		
Bei jedem Einkauf von Gütern und Dienstleistungen fällt Umsatzsteuer an.		
Die Bemessungsgrundlage für die Umsatzsteuer ist der Warenwert.		
Der Verkauf von Grundstücken ist umsatzsteuerfrei.		
Beim Kauf von Kinokarten wird der ermäßigte Umsatzsteuersatz berechnet.		
Das Umsatzsteuerkonto ist ein Erfolgskonto.		
Das Umsatzsteuerkonto ist ein aktives Bestandskonto.		
Die gebuchte Vorsteuer stellt eine Schuld gegenüber dem Finanzamt dar.		
Jedes Unternehmen einer Produktions- und Handelsstufe trägt die Umsatzsteuer.		
Einen Vorsteuerüberhang muss ein Unternehmen am 10. des Folgemonats an das Finanzamt überweisen.		

LERNFELD 11

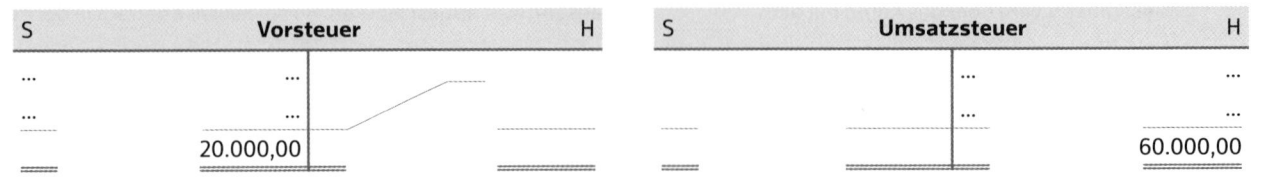

GESCHÄFTSPROZESSE ERFOLGSORIENTIERT STEUERN

2. Zum 31. Dezember 20.. weisen die Konten „Vorsteuer" und „Umsatzsteuer" der Ambiente Warenhaus AG folgende Beträge aus.

a) **Schließen Sie die Konten ab.**

S	Vorsteuer	H	S	Umsatzsteuer	H
...	...			...	...
...	...			...	...
	20.000,00				60.000,00

b) **Nennen Sie die Buchungssätze.**

Nr.	Buchungssatz	Soll	Haben
1.			
2.			

c) **Was passiert mit der Zahllast/dem Vorsteuerüberhang?**

---

3. Zum 31. Dezember des Folgejahres weisen die Konten „Vorsteuer" und „Umsatzsteuer" der Ambiente Warenhaus AG folgende Beträge aus.

a) **Schließen Sie die Konten ab.**

S	Vorsteuer	H	S	Umsatzsteuer	H
...	...			...	...
...	...			...	...
	45.000,00				20.000,00

b) **Nennen Sie die Buchungssätze.**

Nr.	Buchungssatz	Soll	Haben
1.			
2.			

c) **Was passiert mit der Zahllast/dem Vorsteuerüberhang?**

4.

Britta Krombach bekommt von Frau Herzberg aus der Textilabteilung am Abend des 10. Oktobers den Tages-Kassenbestand von 2.450,00 € auf ihren Schreibtisch.

Frau Herzberg: „Hallo Britta. Hier sind 2.450,00 €, der gesamte Kassenbestand von heute. Du musst noch berücksichtigen, dass wir heute früh bei Ladeneröffnung mit 500,00 € Kassenbestand gestartet sind. Für die Paketzustellung sind außerdem noch 23,80 € an Gebühren bezahlt worden. Nachmittags ist Lars Panning zur Bank gegangen und hat dort bereits 4.000,00 € bar eingezahlt."

a) **Warum ist der Kassenbestand in der Regel nicht mit der Summe aller Bareinnahmen aus dem Warenverkauf eines Tages identisch?**

b) **Bestimmen Sie die Summe der Barverkäufe der Textilabteilung für den 10. Oktober.**

Kassenbericht vom 10. Oktober 20..	€
Kassenendbestand	2.450,00
+ Bareinzahlung Bank	4.000,00
+ Paketgebühren	23,80
= Zwischensumme	6.473,80
− Anfangsbestand	500,00
= Barverkäufe	5.973,80

5.

Entscheiden Sie, ob die folgenden Aussagen richtig oder falsch sind. Nehmen Sie dazu auch die Kapitel 11.1 bis 11.3 des Lehrbuches zur Hilfe.

Aussagen	richtig	falsch
Eine Bestandsmehrung liegt vor, wenn der Schlussbestand kleiner ist als der Anfangsbestand.		
Das Konto *Aufwendungen für Waren* wird über das Schlussbilanzkonto abgeschlossen.		
Das Konto *Waren* wird mit dem Inventurbestand über das Schlussbilanzkonto abgeschlossen.		
Der Wareneinsatz sind die verkauften Waren bewertet zum Bezugspreis (Einstandspreis).		
Die Umsatzsteuer ist kein durchlaufender Posten.		
Die Zahllast ist die Umsatzsteuerschuld an das Finanzamt.		
Auf das Konto *Aufwendungen für Waren* wird der Bruttowert der Ware gebucht.		
Passivierung der Zahllast bedeutet die Buchung der Zahllast am Bilanzstichtag auf der Haben-Seite des Schlussbilanzkontos.		
Natürliche Belege müssen eigens für die Buchführung angefertigt werden.		
Jeder Geschäftsfall muss nachgewiesen werden, entweder mündlich oder schriftlich.		
Einzelbelege erfassen einen Geschäftsfall.		
Keine Buchung ohne Beleg.		

Zur weiteren Vertiefung der Lerninhalte und Sicherung der Lernergebnisse empfehlen wir die Bearbeitung der Aufgaben und Aktionen in Kapitel 2 des Lernfeldes 11 (Wir ermitteln die Umsatzsteuerschuld unseres Unternehmens) Ihres Lehrbuches „Handeln im Handel, 3. Ausbildungsjahr".

LERNFELD 11

GESCHÄFTSPROZESSE ERFOLGSORIENTIERT STEUERN

4 Wir erfassen Wertminderungen des Anlagevermögens als Abschreibungen

HANDLUNGSSITUATION

Die Ambiente Warenhaus AG hat sich zu Beginn des Jahres einen großen Lkw gekauft, mit dem sie die vielen Filialen in ganz Deutschland beliefern will. Herr Rischmüller hat diese Entscheidung getroffen, um unabhängiger von den Frachtführern zu sein und um flexibler auf spontane Entwicklungen im Unternehmen reagieren zu können.

Außerdem sind zu Beginn des Jahres noch weitere Wirtschaftsgüter angeschafft worden, die nachfolgend aufgeführt sind.

1. Rechnung für einen Lkw, Nettopreis 360.000,00 € (vom 07.01.20..)
2. Rechnung für zwei neue Notebooks zu je 750,00 € netto (vom 15.01.20..)
3. Rechnung für eine neue Schreibtischlampe, 95,00 € netto (vom 18.01.20..)
4. Ein neuer Schreibtisch, Nettopreis 580,00 € (vom 22.01.20..)
5. Vier neue Schreibtischstühle zu je 180,00 € (vom 24.01.20..)

Frau Runge und Britta Krombach aus der Abteilung Rechnungswesen bekommen diese Rechnungen auf den Tisch. Diese sollen jeweils per Banküberweisung beglichen werden.

Britta Krombach: „Frau Runge, hier sind viele Rechnungen, die wir noch buchen müssen. Vor allem ist eine Rechnung über einen Lkw von 428.400,00 € brutto dabei. Das ist ja sehr viel. Da werden wir in diesem Geschäftsjahr wohl einen hohen Verlust einfahren."

Frau Runge: „Das ist in der Tat viel Geld. Aber daraus kann man nicht schließen, dass die Ambiente Warenhaus AG Verlust machen wird. Der Lkw geht erstens als Anlagevermögen in die Bilanz ein und zweitens werden die Aufwendungen jährlich als Abschreibungen verbucht."

Britta Krombach: „Abschreibungen? Was soll das sein?"

Frau Runge: „Da gibt es gesetzliche Bestimmungen bei den Abschreibungssätzen und der Nutzungsdauer. Außerdem muss man zwischen Anlagevermögen und geringwertigen Wirtschaftsgütern unterscheiden. Am besten erstellen wir erst einmal einen Abschreibungsplan und dann gucken wir, wie wir diese Geschäftsfälle buchen können …"

Informationen zum Lösen der folgenden Handlungsaufgaben finden Sie im Lehrbuch „Handeln im Handel, 3. Ausbildungsjahr" in Kapitel 4 des Lernfeldes 11 (Wir erfassen Wertminderungen des Anlagevermögens als Abschreibungen).

HANDLUNGSAUFGABEN

1. Welche Fragen muss Britta klären?

WIR ERFASSEN WERTMINDERUNGEN DES ANLAGEVERMÖGENS ALS ABSCHREIBUNGEN

2. „Abschreibungen berücksichtigen die Wertminderung einer Sachanlage", sagt Frau Runge.

a) **Erläutern Sie diese Aussage am Beispiel des Einkaufs eines neuen Lkw der Ambiente Warenhaus AG.**

b) **Nennen Sie drei Bewertungsmaßstäbe, die für die Abnutzung einer Sachanlage herangezogen werden können.**

3. Frau Runge erklärt Britta, dass es auch geringwertige Wirtschaftsgüter gibt, die nach anderen Kriterien abgeschrieben werden.

a) **Was ist der Unterschied zwischen den „normalen" Sachanlagen und den geringwertigen Wirtschaftsgütern?**

b) Bei den geringwertigen Wirtschaftsgütern wird zwischen der Sofortabschreibungsmethode, der Poolabschreibungsmethode und der Regelabschreibungsmethode unterschieden. **Erläutern Sie diese drei Methoden kurz.**

Abschreibungsmethode	Erläuterung
Sofortaufwand-/Sofortabschreibungsmethode	
Poolabschreibungsmethode	
Regelabschreibungsmethode	

LERNFELD 11

GESCHÄFTSPROZESSE ERFOLGSORIENTIERT STEUERN

c) **Britta soll nun die fünf im Ausgangsfall dargestellten abnutzbaren Wirtschaftsgüter den Erläuterungen zuordnen. Außerdem soll sie die Anschaffungswerte für die dargestellten Abschreibungsmöglichkeiten festlegen.**

Anschaffungswert				
Abschreibungs-möglichkeit	Regelabschreibung	Regelabschreibung oder Sofortabschreibung	Regelabschreibung oder Poolabschreibung	Regelabschreibung oder Sofortabschreibung oder Poolabschreibung
Wirtschaftsgut (Ausgangslage)				

4. Britta bekommt von Frau Runge den Auftrag, für den Lkw einen Abschreibungsplan für die gesamte Nutzungsdauer zu erstellen.

a) **Erstellen Sie einen Abschreibungsplan für den Lkw bei einer Nutzungsdauer von 9 Jahren, indem Sie den jährlichen AfA-Satz berechnen (AfA = Absetzung für Abnutzung) und den buchhalterischen Restwert bestimmen.**

Jahr	AfA	Buchwert/Restwert
Anschaffung 07.01.01 (01 = 1. Jahr)		
31.12. Jahr 01		
31.12. Jahr 02		
31.12. Jahr 03		
31.12. Jahr 04		
31.12. Jahr 05		
31.12. Jahr 06		
31.12. Jahr 07		
31.12. Jahr 08		
31.12. Jahr 09		

b) **Wie wird ein komplett abgeschriebenes Wirtschaftsgut grundsätzlich buchhalterisch erfasst?**

c) Im Januar Jahr 01 soll Britta die Eingangsrechnung für den Lkw buchen. **Wie lautet der entsprechende Buchungssatz?**

Buchungssatz bei Anschaffung	Soll	Haben

d) Am 31.12. Jahr 01 soll Britta nun die Buchung für die erste Abschreibung des Lkw vornehmen. **Wie lautet der entsprechende Buchungssatz?**

Buchungssatz zum Jahresende	Soll	Haben

e) **Wie lautet der Buchungssatz zur Buchung des Fuhrparks auf das SBK am Jahresende des Jahres 01?**

Buchungssatz zum Jahresende	Soll	Haben

5. Die Schreibtischlampe zum Nettopreis von 95,00 € soll von Britta nach Rechnungseingang direkt als Aufwand gebucht werden.

a) **Wovon ist es abhängig, ob die Ambiente Warenhaus AG die Sofortabschreibungsmethode oder die Regelabschreibungsmethode wählt?**

b) **Buchen Sie die per Banküberweisung bezahlte Schreibtischlampe direkt als Aufwand.**

Buchungssatz bei Anschaffung	Soll	Haben

6. Die Notebooks zu je 750,00 € und den Schreibtisch zu 580,00 € soll Britta nach einer Unternehmensentscheidung jahrgangsbezogen als Sammelposten abschreiben.

a) **Ermitteln Sie die Höhe des Sammelpostens und die entsprechende jährliche Abschreibung.**

b) **Wie lauten die Buchungssätze dieser beiden Artikel am Tag der Anschaffung?**

Buchungssatz bei Anschaffung	Soll	Haben

LERNFELD 11

GESCHÄFTSPROZESSE ERFOLGSORIENTIERT STEUERN

c) Am 31.12. Jahr 01 soll Britta nun die Buchung für die erste Abschreibung des Sammelpostens vornehmen. **Wie lautet der entsprechende Buchungssatz?**

Buchungssatz zum Jahresende	Soll	Haben

d) **Wie lautet der Buchungssatz zur Buchung des Sammelpostens auf das SBK am Jahresende des Jahres 01?**

Buchungssatz zum Jahresende	Soll	Haben

7. Britta bekommt von Frau Runge nun den Auftrag, die vier neuen Schreibtischstühle zu je 180,00 € sofort abzuschreiben.

a) **Wie lautet der Buchungssatz bei Anschaffung der Schreibtischstühle?**

Buchungssatz bei Anschaffung	Soll	Haben

b) Am 31.12. Jahr 01 soll Britta nun die sofortige Abschreibung der Schreibtischstühle vornehmen. **Wie lautet der entsprechende Buchungssatz?**

Buchungssatz zum Jahresende	Soll	Haben

c) **Wie hoch ist nun also der buchhalterische Schlussbestand am Jahresende für die Schreibtischstühle?**

VERTIEFUNGS- UND ANWENDUNGSAUFGABEN

1. Anlagegüter (keine Leistungsabschreibungen), die während des Wirtschaftsjahres angeschafft werden oder im Laufe des Wirtschaftsjahres veräußert werden, werden in der Praxis häufig nach Nutzungsmonaten abgeschrieben.

a) **Ermitteln Sie für nachfolgende Anlagegüter den Abschreibungsbetrag.**

Nr.	Anlagegut	angeschafft am	Anschaffungswert	Nutzungsdauer	Abschreibungsbetrag
1.	Lkw	25.03…	270.000,00 €	9 Jahre	
2.	Registrierkasse/ Kassensystem	07.07…	2.250,00 €	6 Jahre	
3.	Reißwolf	19.10…	3.200,00 €	8 Jahre	
4.	Kopiergerät	20.04…	14.000,00 €	7 Jahre	

WIR ERFASSEN WERTMINDERUNGEN DES ANLAGEVERMÖGENS ALS ABSCHREIBUNGEN

Nr.	Anlagegut	verkauft am	Anschaffungswert	Nutzungsdauer[1]	Abschreibungsbetrag
5.	Fertigungsmaschine	17.06…	156.000,00 €	13 Jahre	
6.	Pkw	19.09…	45.000,00 €	6 Jahre	
7.	Reißwolf	17.10…	2.800,00 €	8 Jahre	
8.	Kopiergerät	15.04…	8.400,00 €	7 Jahre	

b) **Wie lauten die Abschlussbuchungen (Buchungssätze) für die Abschreibungen der entsprechenden Anschaffungen bzw. Verkäufe?**

Nr.	Buchungssatz bei Anschaffung	Soll	Haben
1.			
2.			
3.			
4.			
5.			
6.			
7.			
8.			

2. **Wie wirken sich die am Jahresende durchgeführten Abschreibungen auf die Ambiente Warenhaus AG aus?**

	Durch die Abschreibung werden die Kosten der Ambiente Warenhaus AG gesenkt und der Gewinn erhöht.
	Die Anschaffungskosten eines Anlagegutes werden durch die Abschreibung auf die vorgesehenen Nutzungsjahre verteilt.
	Durch den Abschreibungsprozentsatz werden die Nutzungsjahre eines Anlagegutes festgelegt.
	Durch die Abschreibung werden die Kosten und der Gewinn der Ambiente Warenhaus AG gesenkt.
	Durch die Abschreibung werden die Kosten und der Gewinn der Ambiente Warenhaus AG erhöht.

---

[1] Es wird davon ausgegangen, dass am Veräußerungstag noch eine Restnutzungsdauer vorhanden ist.

LERNFELD 11

GESCHÄFTSPROZESSE ERFOLGSORIENTIERT STEUERN

3. Eine Maschine der Ambiente Warenhaus AG wurde im letzten Jahr komplett abgeschrieben, wodurch sich die gesamten Abschreibungsbeträge in diesem Jahr um 10.000,00 € verringern. **Welche Auswirkungen hat dies auf die Ambiente Warenhaus AG, wenn alle übrigen Aufwendungen und Erträge gleich bleiben?**

	Der Wert der Anlagegüter der Ambiente Warenhaus AG erhöht sich.
	Der Gewinn der Ambiente Warenhaus AG wird niedriger.
	Die Maschine der Ambiente Warenhaus AG muss stillgelegt werden.
	Der Gewinn der Ambiente Warenhaus AG wird höher.
	Die Bilanzsumme der Ambiente Warenhaus AG wird höher.

4. Für mehrere Anlagegüter hat sich die Nutzungsdauer laut AfA-Tabelle des Finanzministeriums verlängert. **Welche Auswirkungen haben sich hierdurch für die davon betroffene Ambiente Warenhaus AG ergeben?**

	Die Handlungskosten der Ambiente Warenhaus AG sind gestiegen.
	Die möglichen jährlichen Abschreibungsbeträge sind gesunken.
	Die Kreditwürdigkeit der Ambiente Warenhaus AG ist gestiegen.
	Der zu versteuernde Gewinn der Ambiente Warenhaus AG ist gesunken.
	Die finanziellen Mittel für Neu-Investitionen sind gestiegen.

5. Nehmen Sie für die Aktion 2 des Kapitels 11.4 im Lehrbuch in den folgenden Vorlagen die notwendigen Eintragungen vor.

Lfd. Nr.	Buchungssätze	Soll (€)	Haben (€)
II. Geschäftsfälle			
1.			
2.			
3.			
4.			
5.			
6.			
7.			
8.			

WIR ERFASSEN WERTMINDERUNGEN DES ANLAGEVERMÖGENS ALS ABSCHREIBUNGEN

Lfd. Nr.	Buchungssätze	Soll (€)	Haben (€)
9.			
10.			
11.			
12.			
13.			
14.			
15.			
16.			
17.			
18.			
19.			

LERNFELD 11

GESCHÄFTSPROZESSE ERFOLGSORIENTIERT STEUERN

Lfd. Nr.	Buchungssätze	Soll (€)	Haben (€)
	III. Abschlussangaben		
1.			
2.			
3.			
4.			

Buchungen – Hauptbuch

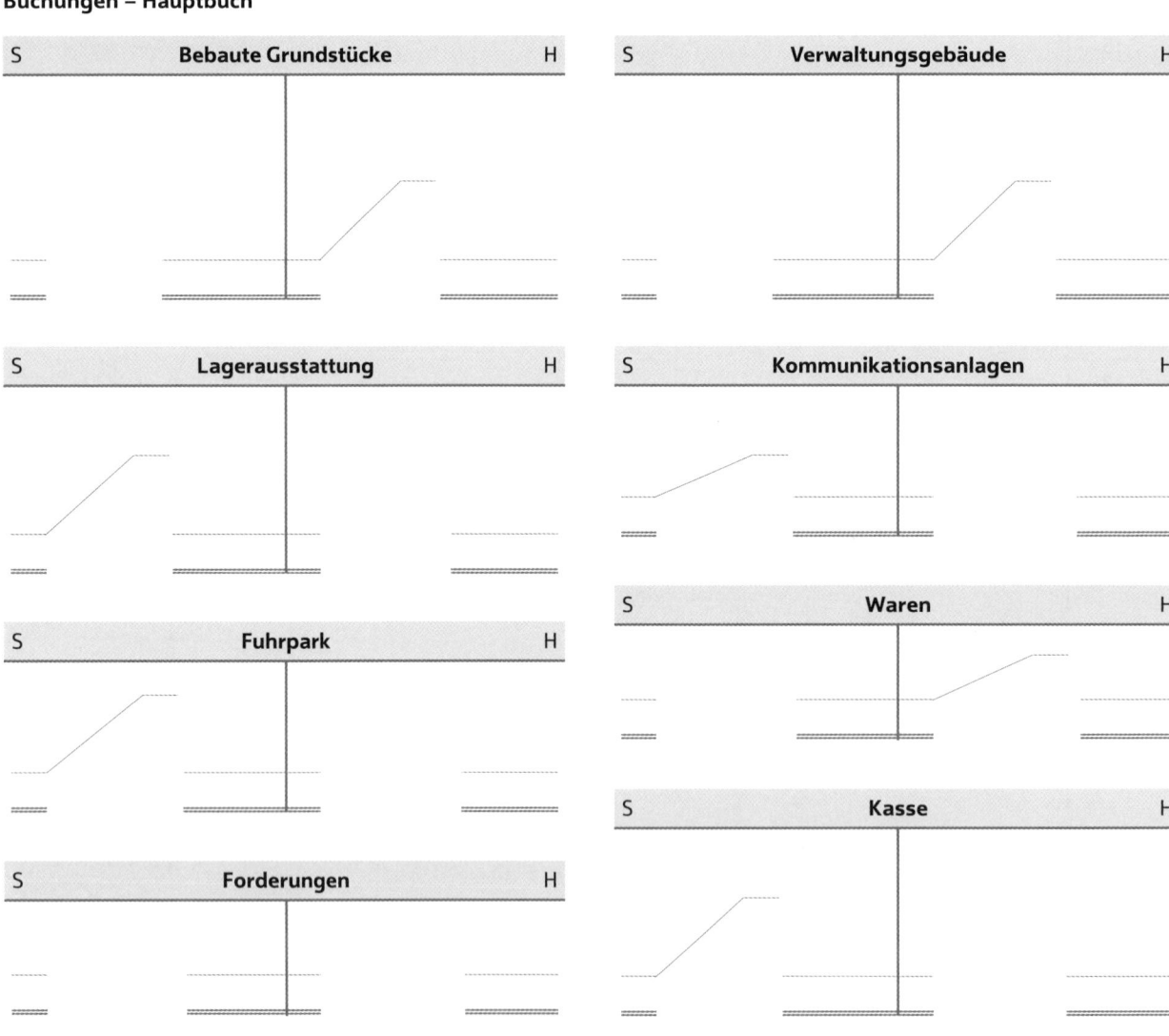

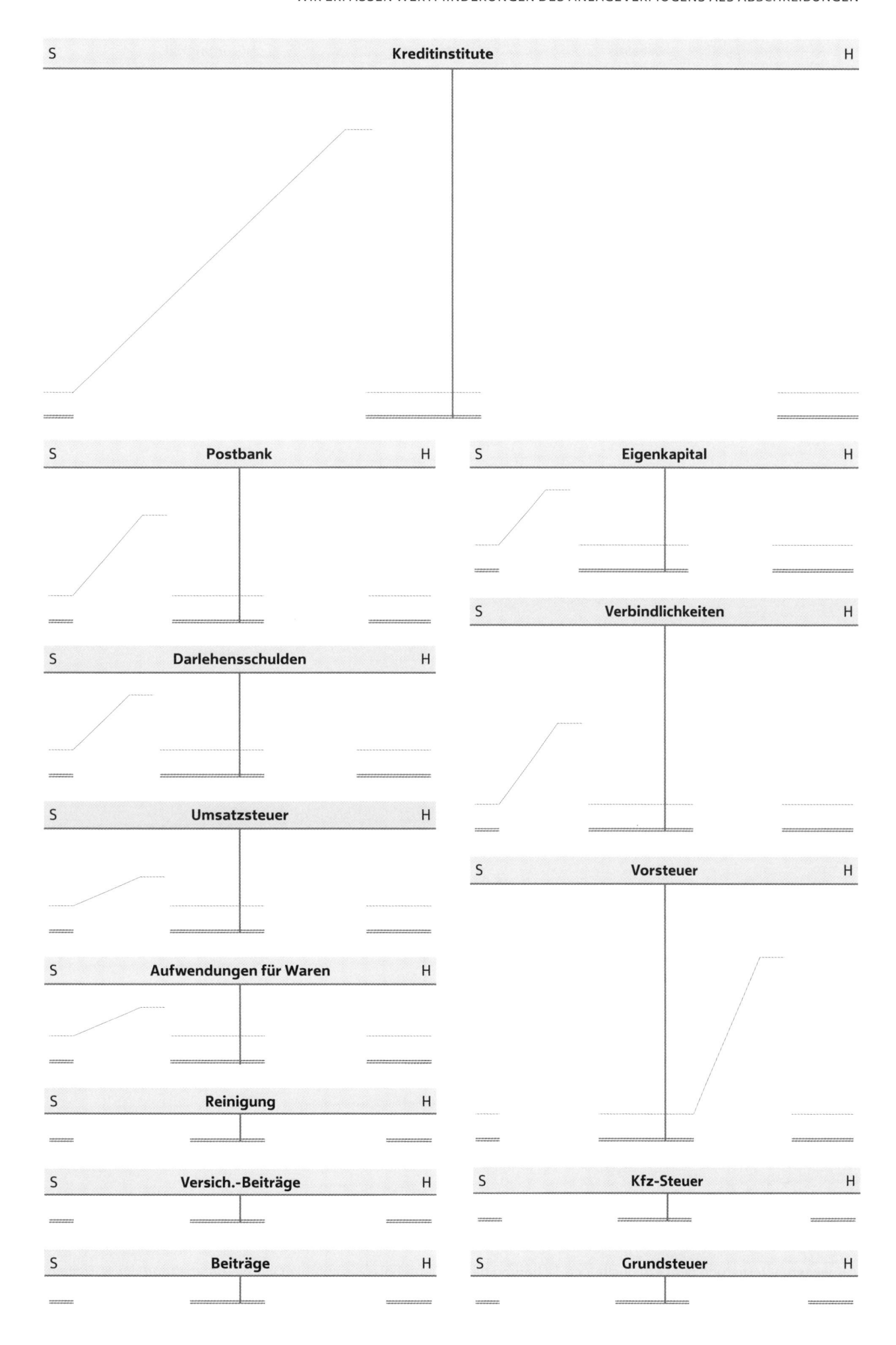

WIR ERFASSEN WERTMINDERUNGEN DES ANLAGEVERMÖGENS ALS ABSCHREIBUNGEN

S	Kreditinstitute	H

S	Postbank	H

S	Eigenkapital	H

S	Darlehensschulden	H

S	Verbindlichkeiten	H

S	Umsatzsteuer	H

S	Vorsteuer	H

S	Aufwendungen für Waren	H

S	Reinigung	H

S	Versich.-Beiträge	H

S	Kfz-Steuer	H

S	Beiträge	H

S	Grundsteuer	H

LERNFELD 11

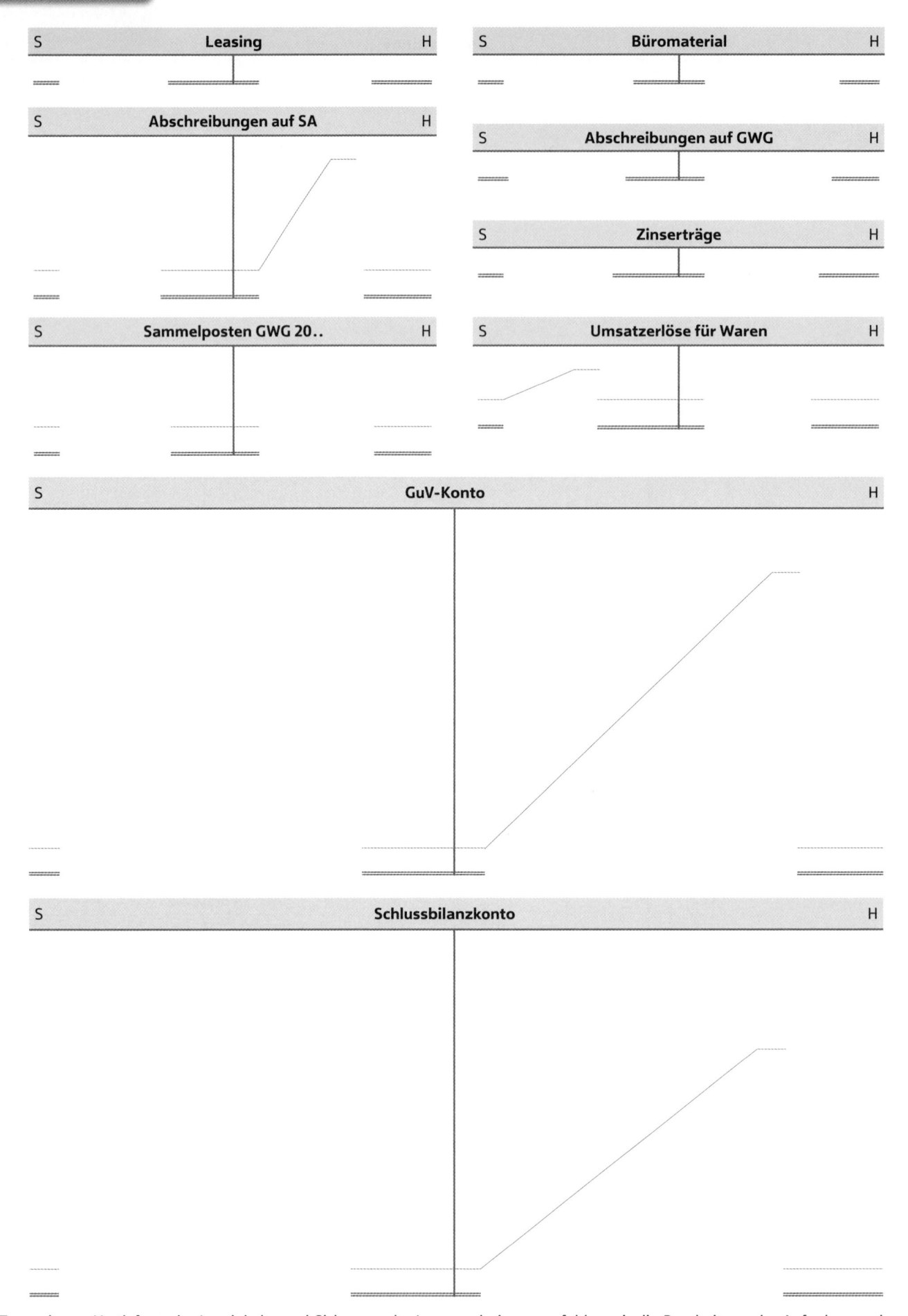

GESCHÄFTSPROZESSE ERFOLGSORIENTIERT STEUERN

| S | Leasing | H | | S | Büromaterial | H |

| S | Abschreibungen auf SA | H | | S | Abschreibungen auf GWG | H |

| S | Zinserträge | H |

| S | Sammelposten GWG 20.. | H | | S | Umsatzerlöse für Waren | H |

| S | GuV-Konto | H |

| S | Schlussbilanzkonto | H |

Zur weiteren Vertiefung der Lerninhalte und Sicherung der Lernergebnisse empfehlen wir die Bearbeitung der Aufgaben und Aktionen in Kapitel 4 des Lernfeldes 11 (Wir erfassen Wertminderungen des Anlagevermögens als Abschreibungen) Ihres Lehrbuches „Handeln im Handel, 3. Ausbildungsjahr".

5 Wir nutzen die Kosten- und Leistungsrechnung zur Ermittlung des Betriebsergebnisses

HANDLUNGSSITUATION

Die Gewinn- und Verlustrechnung (GuV) für das Jahr 20.. in der Abteilung „Warenwelt Elektronik" der Ambiente Warenhaus AG, Filiale in Schönstadt, hat Britta Krombach gerade erstellt. Stolz präsentiert Britta Frau Runge ihre Ergebnisse:

S	GuV		H
Aufwendungen für Waren	1.600.000,00 €	Umsatzerlöse für Waren	2.500.000,00 €
Löhne und Gehälter	430.000,00 €	Erträge aus Beteiligungen	34.000,00 €
Reparaturaufwand	93.960,00 €	sonstige Zinserträge	8.200,00 €
Mietaufwendungen	90.000,00 €		
Betriebliche Steuern	8.000,00 €		
Zinsaufwendungen	29.380,00 €		
Aufwendungen für Werbung	66.500,00 €		
Abschreibungen	21.000,00 €		
Aufwendungen für Treibstoff	30.000,00 €		
Aufwendungen für Energie	17.000,00 €		
Sonstige betr. Aufwendungen	50.000,00 €		
Spenden	36.000,00 €		
Reingewinn (Saldo)	70.360,00 €		
	2.542.200,00 €		2.542.200,00 €

Frau Runge: „Sehr schön, Britta. Das sieht gut aus, damit können wir den steuerlichen Reingewinn ausweisen. Was wir aber noch ermitteln müssen, ist der Erfolg unserer betrieblichen Tätigkeit."

Britta Krombach: „Gehören die Positionen der GuV denn nicht alle zu den betrieblichen Tätigkeiten?"

Frau Runge: „Nein. Mittels der Kosten- und Leistungsrechnung werden in einer rein betriebsbezogenen Sichtweise nur die betrieblichen Tätigkeiten genauer untersucht. Es gibt beispielsweise einen Unterschied zwischen Aufwendungen und Kosten sowie zwischen Erträgen und Leistungen. Außerdem ist in der Abteilung ‚Warenwelt Elektronik' der Erfolg zwischen den Produktgruppen 1 (Unterhaltungselektronik) und 2 (Haushaltselektronik) getrennt auszuweisen. Dies geschieht bei der Kosten- und Leistungsrechnung mittels der Kostenstellenrechnung."

Britta Krombach: „Kosten, Leistungen, Kostenstellenrechnung, … Das sind viele neue Begriffe."

Frau Runge: „Das werden wir jetzt Schritt für Schritt erarbeiten. Erst einmal werden wir die Ziele der Kosten- und Leistungsrechnung herausarbeiten, dann die betrieblichen und betriebsneutralen Ergebnisse bestimmen und abschließend mithilfe der Kostenstellenrechnung Ergebnisse für die beiden Produktgruppen berechnen."

Informationen zum Lösen der folgenden Handlungsaufgaben finden Sie im Lehrbuch „Handeln im Handel, 3. Ausbildungsjahr" in Kapitel 5 des Lernfeldes 11 (Wir verschaffen uns einen Überblick über den Aufbau der Kosten- und Leistungsrechnung).

LERNFELD 11

GESCHÄFTSPROZESSE ERFOLGSORIENTIERT STEUERN

HANDLUNGSAUFGABEN

1. Welche Fragen muss Britta klären?

2. Britta soll sich zunächst einmal grundlegend mit der Kosten- und Leistungsrechnung (KLR) auseinandersetzen.

   a) **Erklären Sie mit eigenen Worten, was unter der KLR zu verstehen ist und warum sie durchgeführt wird.**

   b) **Nennen Sie drei Unterschiede der KLR zur Finanzbuchführung.**

3. Frau Runge legt Britta nun noch einmal die erstellte GuV vor. Frau Runge: „Es ist wichtig, dass wir aus der Gewinn- und Verlustrechnung die Kosten und die Leistungen unseres Unternehmens erkennen."

   a) **Worin unterscheiden sich die Kosten von Aufwendungen und die Leistungen von Erträgen?**

b) **Welche Positionen aus der GuV der Ambiente Warenhaus AG werden den Kosten zugeordnet und welche den Leistungen? Nehmen Sie die Zuordnung „Kosten", „Leistungen", „neutrale Aufwendungen" und „neutrale Erträge" vor. Finden Sie außerdem einen geeigneten Begriff für die KLR.**

GuV-Position	Zuordnung	Begriff für die KLR
Aufwendungen für Waren		
Löhne und Gehälter		
Reparaturaufwand		
Mietaufwendungen		
Betriebliche Steuern		
Zinsaufwendungen		
Aufwendungen für Werbung		
Abschreibungen		
Aufwendungen für Treibstoffe		
Aufwendungen für Energie		
Sonstige betr. Aufwendungen		
Spenden		
Umsatzerlöse für Waren		
Erträge aus Beteiligungen		
sonstige Zinserträge		

c) Nachdem Britta die betrieblichen und die neutralen Aufwendungen und Erträge ermittelt hat, soll nun das Betriebsergebnis sowie das neutrale Ergebnis festgestellt werden.
Ermitteln Sie das Betriebsergebnis sowie das neutrale Ergebnis.

Betriebsergebnis	Neutrales Ergebnis

4. Frau Runge möchte das Betriebsergebnis für die beiden Produktgruppen Unterhaltungselektronik und Haushaltselektronik gesondert ausweisen, da dies von der Unternehmensleitung verlangt wird. Hierzu soll eine Kostenstellenrechnung durchgeführt werden.

a) **Was ist eine Kostenstelle?**

b) **Welche Aufgaben hat die Kostenstellenrechnung?**

LERNFELD 11

GESCHÄFTSPROZESSE ERFOLGSORIENTIERT STEUERN

c) Frau Runge hat den Verteilungsschlüssel für die Gemeinkosten der Abteilung „Warenwelt Elektronik" mitgebracht. Nach diesem Verteilungsschlüssel sollen die Gemeinkosten, aber auch die Leistungen (Umsatzerlöse) verteilt werden und das Ergebnis ermittelt werden.

Es muss beachtet werden, dass die Summe der Verwaltungskosten ebenfalls auf die beiden Kostenstellen Produktgruppe 1 „Unterhaltungselektronik" und Produktgruppe 2 „Haushaltselektronik" verteilt werden muss.

Schlüsselgrößen	Kostenstelle/Abteilung			Gesamt
	Verwaltung	Produktgruppe 1	Produktgruppe 2	
Anteil am Umsatz	0,00 %	60,00 %	40,00 %	100,00 %
Anteil am Wareneinsatz	0,00 %	53,00 %	47,00 %	100,00 %
Mitarbeiterzahl	26	40	20	86
Fläche in m^2	80 m^2	200 m^2	120 m^2	400 m^2
Fahrkilometer	4.000 km	5.000 km	11.000 km	20.000 km

Verteilen Sie die Leistungen und die Gemeinkosten entsprechend dem oben stehenden Verteilungsschlüssel auf die unten stehenden Kosten und Leistungen der Abteilung „Warenwelt Elektronik" und bestimmen Sie das Betriebsergebnis der verschiedenen Kostenstellen.

Kosten/Leistungen	Verteilungs-schlüssel	Bereiche			
		Betrieb (gesamt in €)	Abteilungen		
			Verwaltung in €	Produktgruppe 1 in €	Produktgruppe 2 in €
Leistung (Umsatz)	%	2.500.000,00			
Kosten					
Wareneinsatz	%	1.600.000,00			
Personalkosten	Mitarbeiter	430.000,00			
Reparaturkosten	Umsatz	93.960,00			
Raumkosten	m^2	90.000,00			
Betriebssteuern	Umsatz	8.000,00			
Zinsen	Wareneinsatz	29.380,00			
Werbekosten	Umsatz	66.500,00			
Fuhrparkkosten	Fahrkilometer	30.000,00			
Abschreibungen	m^2	21.000,00			
Energiekosten	Mitarbeiter	17.000,00			
sonstige Kosten	Umsatz	50.000,00			
Summe (primäre) Kosten		2.435.840,00			
Verteilung Verwaltungskosten	Mitarbeiter				
Kosten Produktgruppen					
Ergebnis		64.160,00			

d) Britta Krombach hat die Betriebsergebnisse für Produktgruppe 1 „Unterhaltungselektronik" und Produktgruppe 2 „Haushaltselektronik" ermittelt. Frau Runge möchte von Britta nun wissen, wie diese Ergebnisse zu interpretieren sind bzw. welche Konsequenzen die Ergebnisse haben können.

Interpretieren Sie die Betriebsergebnisse für Produktgruppe 1 „Unterhaltungselektronik" und Produktgruppe 2 „Haushaltselektronik".

5. Frau Runge erklärt Britta, dass die Ambiente Warenhaus AG jährlich den Handlungskostenzuschlagssatz für jede Abteilung neu berechnet.

> Die Gemeinkosten (= Handlungskosten) werden mit dem Handlungskostenzuschlagssatz dem jeweiligen Kostenträger zugerechnet. Der Handlungskostenzuschlagssatz ist das prozentuale Verhältnis von Handlungskosten zu Wareneinsatz (Wareneinsatz → 100 %).

a) **Bestimmen Sie die Handlungskosten und den Handlungskostenzuschlagssatz für die Produktgruppen 1 und 2.**

	Produktgruppe 1	Produktgruppe 2
Summe der Handlungskosten		
Wareneinsatz		
Handlungskostenzuschlagssatz		

b) **Für welche Berechnungen ist der Handlungskostenzuschlagssatz für die Ambiente Warenhaus AG von Bedeutung?**

LERNFELD 11

GESCHÄFTSPROZESSE ERFOLGSORIENTIERT STEUERN

VERTIEFUNGS- UND ANWENDUNGSAUFGABEN

1. Im Folgenden finden Sie Vorlagen für die Aktion 1 des Kapitels 11.5 im Lehrbuch.

a) **Erstellen Sie für die Aktion 1a) das Gewinn- und Verlustkonto.**

S	Gewinn- und Verlustkonto	H

Unternehmensergebnis: _____

b) **Nehmen Sie die in Aktion 1c) geforderten Berechnungen vor.**

Kosten

	€
Aufwendungen für Waren	420.000,00
+	
+	
+	
+	
+	
+	
+	
+	
+	
gesamt	

Leistungen: gesamt _____

Neutrale Aufwendungen

| | € |

+

+

+

+

gesamt

Neutrale Erträge

| | € |

+

+

+

+

gesamt

⬇

| S | Gewinn- und Verlustkonto | H |

- Betriebsergebnis (in €):

- Neutrales Ergebnis (in €):

LERNFELD 11

GESCHÄFTSPROZESSE ERFOLGSORIENTIERT STEUERN

2. Nehmen Sie für Aktion 2 a), b), c) und e) des Kapitels 11.5 im Lehrbuch die notwendigen Eintragungen vor.

	Abrechnungsperioden		
	1	2	3
Aufwendungen			
Kosten			
Erträge			
Leistungen			
Reingewinn (Erträge ./. Aufwendungen)			
Betriebsergebnis (Leistungen ./. Kosten)			
Warenrohgewinn *Veränderungen* *– in Euro* *– in Prozent*			
Anteil Personalkosten an Gesamtaufwendungen			

3. Welche Aufgabe hat die Kosten- und Leistungsrechnung bei der Ambiente Warenhaus AG?

	Es werden streng die handelsrechtlichen Vorschriften, z. B. des HGBs, berücksichtigt.
	Es werden fortlaufend und lückenlos alle Geschäftsfälle aufgezeichnet.
	Es wird das Betriebsergebnis ermittelt.
	Sie gibt einen Überblick über Vermögen, Schulden und Erfolgslage.
	Die KLR dient der Information von Eigentümern, Kreditinstituten und der Öffentlichkeit.

4. Sie erstellen eine Ergebnistabelle für die Ambiente Warenhaus AG. Welcher Posten der Buchhaltung wird bei der Kosten- und Leistungsrechnung als Kostenart berücksichtigt?

	Der Wareneinsatz
	Privatentnahme in Geld
	Die Umsatzsteuerzahllast
	Die Rückzahlung eines Darlehens
	Die Anschaffungskosten für einen Lkw

WIR NUTZEN DIE KOSTEN- UND LEISTUNGSRECHNUNG ZUR ERMITTLUNG DES BETRIEBSERGEBNISSES

5. Welche Aufwendungen der Ambiente Warenhaus AG sind Kosten?

	Periodenfremde Aufwendungen für frühere Jahre
	Betriebsfremde Aufwendungen
	Außerordentliche Aufwendungen i. S. § 277 HGB
	Gesetzliche soziale Aufwendungen
	Zinsen und ähnliche Aufwendungen

6. Welche Aussage zur Kosten- und Leistungsrechnung der Ambiente Warenhaus AG ist richtig?

	Ein Betriebsgewinn wird erzielt, wenn die Leistungen eines Einzelhandelsbetriebs kleiner sind als die Kosten.
	Neutrale Aufwendungen sind Kosten.
	Eigenverbrauch ist eine Kostenart im Sinne der Kosten- und Leistungsrechnung.
	Kosten sind der wertmäßige Verbrauch an Gütern und Dienstleistungen eines Betriebs während einer Abrechnungsperiode.
	Betriebsfremde Aufwendungen sind Kosten.
	Neutrale Erträge werden in die Kosten- und Leistungsrechnung übernommen, da es sich um Leistungen handelt.

7. Erläutern Sie den Unterschied zwischen Einzelkosten und Gemeinkosten mit eigenen Worten.

	Erläuterung
Einzelkosten	
Gemeinkosten	

8. Die Ambiente Warenhaus AG will betriebliche Kennzahlen verschiedener Warengruppen vergleichen.
Wie hoch sind die einzelnen Handlungskostenzuschlagssätze in Prozent?

Bestellmenge	Warengruppe 1	Warengruppe 2	Warengruppe 3
Lagerbestand	75.000,00 €	75.000,00 €	75.000,00 €
Wareneinsatz	375.000,00 €	475.000,00 €	550.000,00 €
Handlungskosten	275.000,00 €	275.000,00 €	275.000,00 €
Handlungskostensatz			

Zur weiteren Vertiefung der Lerninhalte und Sicherung der Lernergebnisse empfehlen wir die Bearbeitung der Aufgaben und Aktionen in Kapitel 5 des Lernfeldes 11 (Wir verschaffen uns einen Überblick über den Aufbau der Kosten- und Leistungsrechnung) Ihres Lehrbuches „Handeln im Handel, 3. Ausbildungsjahr".

LERNFELD 11

GESCHÄFTSPROZESSE ERFOLGSORIENTIERT STEUERN

6 Wir ermitteln Kennzahlen, vergleichen diese mit anderen Betrieben und entwickeln Maßnahmen zur Verbesserung des Unternehmenserfolgs

HANDLUNGSSITUATION

Herr Rischmüller, Vorstandsvorsitzender der Ambiente Warenhaus AG, ist in der Vorbereitung auf das Jahresgespräch mit den Leitern der anderen Filialen des Konzerns. Bei diesem Treffen soll es vor allem darum gehen, wie die schnelllebige Entwicklung auf dem Elektronikmarkt für die Ambiente Warenhaus AG genutzt werden kann.

Daher hat Herr Rischmüller der Abteilung Rechnungswesen den Auftrag gegeben, verschiedene Kennzahlen der Abteilung „Warenwelt Elektronik" aus dem vergangenen Jahr aufzubereiten. Es ist das Ziel, Unternehmensvergleiche zu anderen Filialen und zur gesamten Branche durchzuführen.

Frau Runge hat bereits die relevanten Daten aus dem vergangenen Jahr herausgesucht. Neben den Daten der „Warenwelt Elektronik" der Filiale in Schönstadt sind das auch noch die Daten der „Warenwelt Gartenmöbel" der Filiale Schönstadt, der „Warenwelt Elektronik" der Filiale in Berlin und die veröffentlichten Daten der Firma Elektronika AG, dem Hauptmitbewerber im Bereich Elektronikhandel.

	Filiale Schönstadt		Filiale Berlin	Elektronik AG
	Elektronik	Gartenmöbel	Elektronik	Elektronik
Umsatzerlöse	2.500.000,00 €	475.000,00 €	12.350.000,00 €	22.145.000,00 €
Wareneinsatz	1.600.000,00 €	225.000,00 €	8.235.000,00 €	16.442.000,00 €
Übrige betriebliche Aufwendungen	835.840,00 €	192.000,00 €	3.983.000,00 €	5.268.000,00 €
darin enthalten				
– Zinsaufwendungen	29.380,00 €	12.450,00 €	125.000,00 €	335.000,00 €
– Abschreibungen	21.000,00 €	8.500,00 €	89.250,00 €	210.450,00 €
Fremdkapital	1.475.000,00 €	834.500,00 €	6.745.000,00 €	17.885.000,00 €
Eigenkapital	585.000,00 €	245.000,00 €	1.350.000,00 €	6.050.000,00 €
Anzahl der Mitarbeiter	34	12	185	386

Herr Rischmüller möchte folgende Kennzahlen bekommen:
- Eigenkapital-, Gesamtkapital- und Umsatzrentabilität,
- Cashflow-Umsatzrate,
- Wirtschaftlichkeit und
- Arbeitsproduktivität.

Frau Runge und Britta werden mit der Aufbereitung dieser Daten beauftragt. Wichtig sind Herrn Rischmüller auch die Erläuterungen der einzelnen Kennzahlen bezüglich ihrer Bedeutung.

Informationen zum Lösen der folgenden Handlungsaufgaben finden Sie im Lehrbuch „Handeln im Handel, 3. Ausbildungsjahr" in den Kapiteln 6 (Wir suchen mithilfe von Kennzahlen nach Maßnahmen zur Verbesserung des Unternehmenserfolgs) und 7 (Wir steuern Geschäftsprozesse erfolgsorientiert mithilfe von innerbetrieblichen und zwischenbetrieblichen Vergleichen) des Lernfeldes 11.

WIR ERMITTELN KENNZAHLEN UND ENTWICKELN MAßNAHMEN ZUR VERBESSERUNG DES UNTERNEHMENSERFOLGS

HANDLUNGSAUFGABEN

1. Welche Fragen muss Britta klären?

2. Die Unternehmenskennzahlen der Ambiente Warenhaus AG sind ein Planungs- und Kontrollinstrument. **Was ist bei der Analyse der Kennzahlen zu beachten?**

3. Frau Runge und Britta wollen nun auf Basis der im Einstieg dargestellten Daten die von Herrn Rischmüller geforderten Kennzahlen berechnen.

   a) **Stellen Sie die allgemeine Formel zur Berechnung der Eigenkapitalrentabilität, der Gesamtkapitalrentabilität, der Umsatzrentabilität, der Cashflow-Umsatzrate, der Wirtschaftlichkeit und der Arbeitsproduktivität in der unten stehenden Tabelle auf.**

   b) **Bestimmen Sie die jeweiligen Kennziffern für die angegebenen Filialen bzw. Unternehmen und tragen Sie die Ergebnisse in die unten stehende Tabelle ein.**

Kennzahl	Allgemeine Formel	Filiale Schönstadt		Filiale Berlin	Elektronika AG
		Elektronik	Gartenmöbel	Elektronik	Elektronik
EK-Rentabilität					
GK-Rentabilität					
U-Rentabilität					
Cashflow-Umsatzrate					
Wirtschaftlichkeit					
Arbeitsproduktivität					

LERNFELD 11

GESCHÄFTSPROZESSE ERFOLGSORIENTIERT STEUERN

4. Herr Rischmüller ist vor allem daran interessiert, die Kennzahlen der „Warenwelt Elektronik" zwischen verschiedenen Filialen zu vergleichen, einen Vergleich zu einer anderen Branche herzustellen und auch den Vergleich mit einem relevanten Mitbewerber durchzuführen. Außerdem soll ein Zeitvergleich der „Warenwelt Elektronik" in der Filiale Schönstadt zum Vorjahr durchgeführt werden.

Kennzahl	Filiale Schönstadt Elektronik
Umsatzerlöse	2.300.000,00 €
Wareneinsatz	1.475.000,00 €
Übrige betriebliche Aufwendungen	807.380,00 €
darin enthalten	
– Zinsaufwendungen	27.900,00 €
– Abschreibungen	19.000,00 €
Fremdkapital	1.375.360,00 €
Eigenkapital	514.640,00 €
Anzahl der Mitarbeiter	29

a) **Ermitteln Sie die in der unten stehenden Tabelle angegebenen Kennzahlen des Vorjahres der „Warenwelt Elektronik" der Filiale Schönstadt.**

Kennzahl	Filiale Schönstadt Warenwelt Elektronik
EK-Rentabilität	
GK-Rentabilität	
U-Rentabilität	
Cashflow-Umsatzrate	
Wirtschaftlichkeit	
Arbeitsproduktivität	

b) **Interpretieren Sie die Bedeutung und die Ergebnisse der Eigenkapitalrentabilität.**

c) **Interpretieren Sie die Bedeutung und die Ergebnisse der Gesamtkapitalrentabilität.**

d) **Interpretieren Sie die Bedeutung und die Ergebnisse der Umsatzrentabilität.**

e) **Interpretieren Sie die Bedeutung und die Ergebnisse der Cashflow-Umsatzrate.**

LERNFELD 11

GESCHÄFTSPROZESSE ERFOLGSORIENTIERT STEUERN

f) **Interpretieren Sie die Bedeutung und die Ergebnisse der Wirtschaftlichkeit.**

g) **Interpretieren Sie die Bedeutung und die Ergebnisse der Arbeitsproduktivität.**

5. Nach der Interpretation der verschiedenen Kennzahlen wollen Frau Runge und Britta nun die wesentlichen Ergebnisse in einer kleinen Übersicht für Herrn Rischmüller zusammenfassen und darstellen.
Fassen Sie die wesentlichen Ergebnisse und mögliche Maßnahmen der vier Bereiche stichpunktartig zusammen.

Unternehmen/Filiale	Zusammenfassung
„Warenwelt Elektronik" Schönstadt	
„Warenwelt Gartenmöbel" Schönstadt	

WIR ERMITTELN KENNZAHLEN UND ENTWICKELN MAẞNAHMEN ZUR VERBESSERUNG DES UNTERNEHMENSERFOLGS

Unternehmen/Filiale	Zusammenfassung
„Warenwelt Elektronik" Berlin	
Elektronika AG	

6. Frau Runge und Britta wollen nun die Ergebnisse der Kennzahlenanalyse grafisch darstellen.

a) **Stellen Sie die drei Rentabilitätskennzahlen des vergangenen Jahres sowie die Cashflow-Umsatzrate in einem gruppierten Säulendiagramm dar.**

[Gruppiertes Säulendiagramm mit y-Achse 0,00 % bis 25,00 % und x-Achse: Elektronik Schönstadt, Gartenmöbel Schönstadt, Elektronik Berlin, Elektronika AG. Legende: EK-Rentabilität, GK-Rentabilität, U-Rentabilität, Cashflow-Umsatzrate]

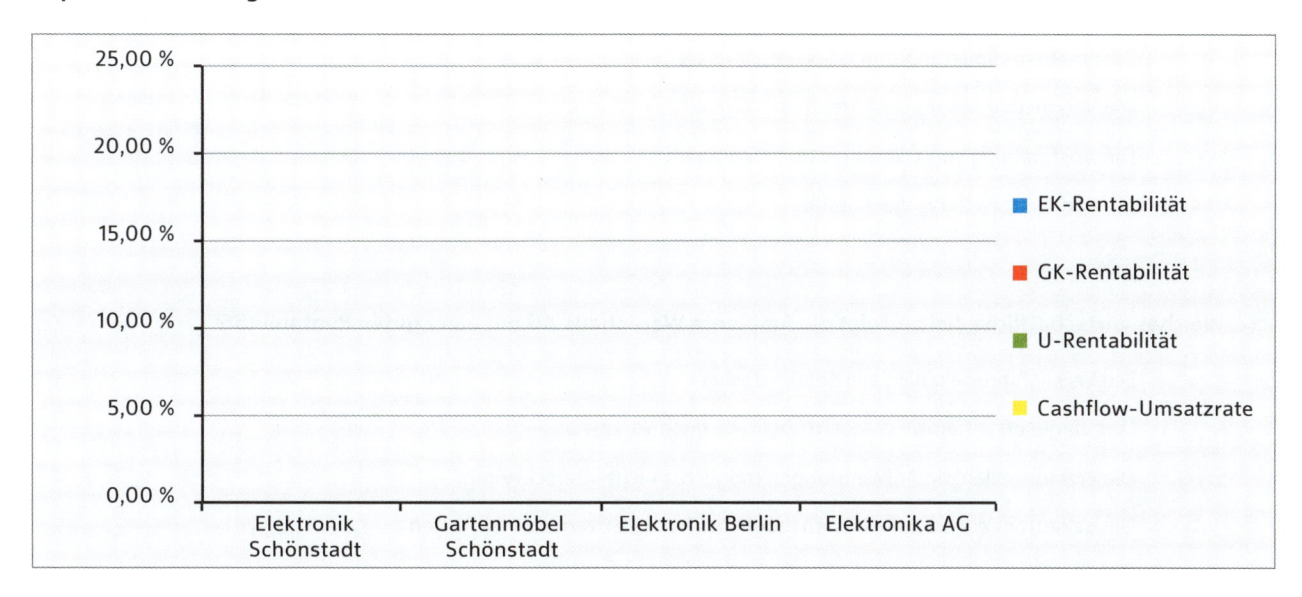

b) **Stellen Sie die drei Rentabilitätskennzahlen sowie die Cashflow-Umsatzrate des vergangenen Jahres und des Vorjahres für die „Warenwelt Elektronik" der Filiale Schönstadt in einem gruppierten Säulendiagramm dar.**

[Gruppiertes Säulendiagramm mit y-Achse 0,00 % bis 12,00 % und x-Achse: EK-Rentabilität, GK-Rentabilität, U-Rentabilität, Cashflow-Umsatzrate. Legende: Vorjahr, letztes Jahr]

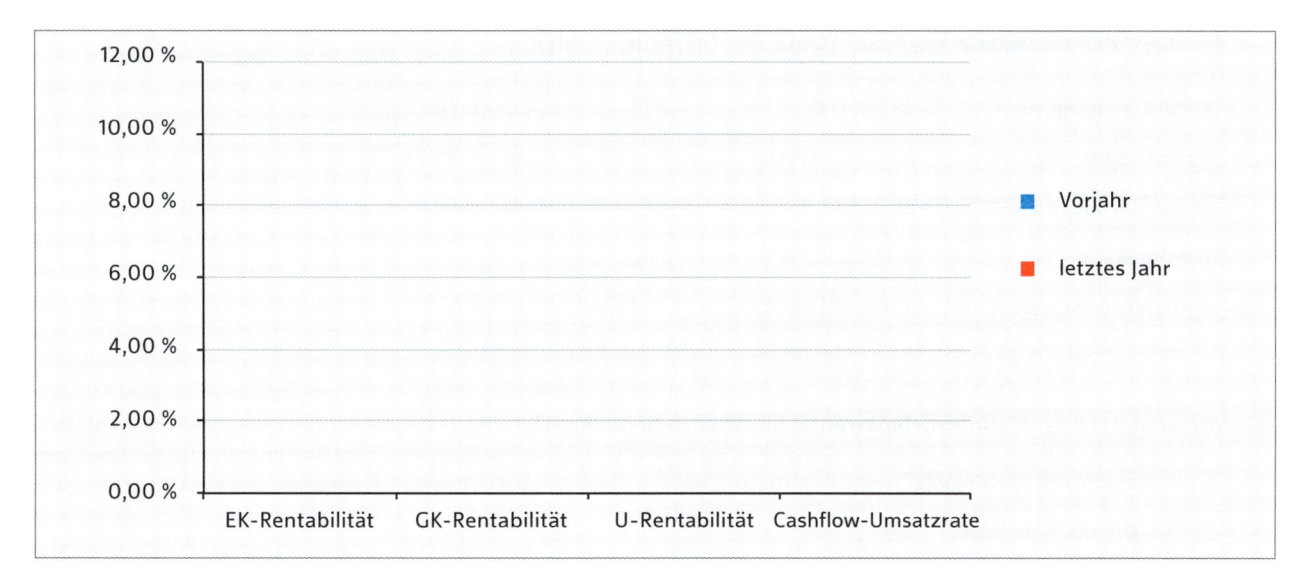

LERNFELD 11

GESCHÄFTSPROZESSE ERFOLGSORIENTIERT STEUERN

VERTIEFUNGS- UND ANWENDUNGSAUFGABEN

1. Britta will für die Ambiente Warenhaus AG mehrere betriebliche Kennzahlen berechnen. **Welche Daten benötigt sie zur Berechnung der Eigenkapitalrentabilität?**

Wareneinsatz, Gewinn
Gewinn, Eigenkapital
Warenumsatz, Eigenkapital
Aufwand, Kosten, Eigenkapital
Fremdkapital, Gewinn

2. Wie kann man den Begriff Rentabilität kurz umschreiben?

Abschluss günstiger Einkaufskonditionen
Sortimentsoptimierung durch Sortimentserweiterung
Die Verzinsung des im Unternehmen eingesetzten Kapitals
Die Abstimmung von Ökonomie und Ökologie
Effiziente Ausweitung des Kapitals

3. Welches wirtschaftliche Ziel verfolgt die Ambiente Warenhaus AG mit einer guten Rentabilität?

Die Verkaufspreise sollen alle Kosten decken.
Das eingesetzte Kapital soll sich möglichst hoch verzinsen.
Die Erträge sollen die Aufwendungen möglichst nicht überschreiten.
Die gekauften Waren sollen einen möglichst hohen Ertrag erwirtschaften.
Das Verhältnis von Kosten zu Umsatz soll möglichst hoch sein.

4. Berechnen Sie die Eigenkapitalrentabilität, die Gesamtkapitalrentabilität und die Umsatzrentabilität der „Warenwelt Textilien" der Ambiente Warenhaus AG aus den folgenden Zahlen.

Unternehmergewinn	452.000 €		EK-Rentabilität =	
Eigenkapital	3.465.000,00 €		GK-Rentabilität =	
Zinsen für Fremdkapital	35.250,00 €		U-Rentabilität =	
Fremdkapital	5.365.000,00 €			
Verkaufserlöse, netto	4.520.000,00 €			

5. Wie wird der Begriff „Unternehmerrentabilität" auch bezeichnet?

Eigenkapitalrentabilität
Unternehmerlohn
Gesamtkapitalrentabilität
Fremdkapitalrentabilität
Prozentualer Anteil des Unternehmergewinns am Gesamtumsatz

WIR ERMITTELN KENNZAHLEN UND ENTWICKELN MAßNAHMEN ZUR VERBESSERUNG DES UNTERNEHMENSERFOLGS

6. Welcher Ansatz zur Ermittlung der Gesamtkapitalrentabilität ist zutreffend?

	Reingewinn : Eigenkapital · 100
	Reingewinn : Nettoumsatz · 100
	Ertrag : Aufwand · 100
	(Reingewinn + Zinsaufwand) : (Eigenkapital + Fremdkapital · 100)
	(Reingewinn + Zinsaufwand) : (Eigenkapital + Fremdkapital) · 100

7. In der Buchhaltung der Ambiente Warenhaus AG wurden für den Jahresabschluss folgende Werte ermittelt:

Wareneinsatz	2.400 000,00 €
Kosten	1.200 000,00 €
Verkaufserlöse (netto)	3.880 000,00 €

Wie hoch ist die Unternehmerrentabilität, wenn das eingesetzte Eigenkapital 2.500 000,00 € beträgt?

U-Rentabilität =	

8. Lars Panning arbeitet gerade in der Möbelabteilung der Ambiente Warenhaus AG. Ein Lieferer, die Möbelwerke Unger aus Hannover, hat gerade seine Produktivität steigern können. **Was kann der Grund für die Produktivitätssteigerung sein?**

	Aufgrund der Urlaubszeit wurden zusätzliche Arbeitskräfte eingestellt.
	Die Zahlung eines Urlaubsgeldes hat zu einer erhöhten Mitarbeitermotivation geführt.
	Es ist weniger Kapital an das Anlagevermögen gebunden.
	Die Produktion wird durch erhöhten Maschineneinsatz bewältigt.
	Das Verlagern von Produktionsschritten auf andere Kleinbetriebe macht Arbeitsabläufe übersichtlicher.

9. Dem Jahresabschluss der Ambiente Warenhaus AG sind folgende Zahlen zu entnehmen:

	Warenwelt Textil	Warenwelt Haushaltswaren
Umsatz in Euro	4.250.000,00 €	4.800.000,00 €
Mitarbeiter	34	60
Verkaufsfläche	1.350 m²	2.800 m²

Um wie viel Euro liegt der Umsatz pro Mitarbeiter im Textilbereich höher als der in der Abteilung Haushaltswaren?

LERNFELD 11

GESCHÄFTSPROZESSE ERFOLGSORIENTIERT STEUERN

10. Wie wird der Begriff Wirtschaftlichkeit richtig dargestellt?

Wirtschaftlichkeit bedeutet, dass …

	… ein Betrieb mit geringstem Aufwand arbeitet (Minimalprinzip).
	… der erzielte Ertrag mit dem Aufwand in Beziehung gesetzt wird.
	… die Umsätze mit unbegrenzten Mitteln erreicht werden (Maximalprinzip).
	… die Sozialleistungen eines Betriebs kostenbewusst gehalten sind.
	… das Eigenkapital eines Betriebs größer ist als das Fremdkapital.

Zur weiteren Vertiefung der Lerninhalte und Sicherung der Lernergebnisse empfehlen wir die Bearbeitung der Aufgaben und Aktionen in den Kapiteln 6 (Wir suchen mithilfe von Kennzahlen nach Maßnahmen zur Verbesserung des Unternehmenserfolgs) und 7 (Wir steuern Geschäftsprozesse erfolgsorientiert mithilfe von innerbetrieblichen und zwischenbetrieblichen Vergleichen) des Lernfeldes 11 Ihres Lehrbuches „Handeln im Handel, 3. Ausbildungsjahr".

7 Wir werten Geschäftsprozesse mithilfe EDV-gestützter Warenwirtschaftssysteme aus

HANDLUNGSSITUATION

Die Leiter des Ambiente-Warenhauses in Schönstadt, Herr Heinz Rischmüller und Frau Andrea Bode, benötigen zum Ende des Jahres mehrere Auswertungen zu verschiedenen Tätigkeiten, um hieraus Strategien für die Zukunft des Unternehmens ableiten zu können. In einer Sitzung sind neben den Leitern der fünf Funktionsbereiche auch aus der Abteilung Rechnungswesen Frau Runge und die Auszubildende Britta Krombach eingeladen, damit sie die von der Geschäftsleitung geforderten Daten mithilfe des Warenwirtschaftssystems aufbereiten können.

Preiskalkulation
Herr Rischmüller hat neueste Marktforschungsberichte vorliegen, aus denen hervorgeht, dass bei besseren Angebotspreisen der Absatz bestimmter Artikel erhöht werden kann. Der Funktionsbereich Beschaffung (Herr Otte) soll sich daher um neue Lieferer bemühen, die bessere Einkaufspreise bei den aussichtsreichen Artikeln bieten können.

Einkaufsauswertung
In Kürze stehen die Jahresgespräche mit einigen Lieferern an. Herr Rischmüller und Herr Otte werden dabei mit dem Lieferer Paulmann KG Verhandlungen führen, um Preise, Lieferkonditionen und Ähnliches für das neue Jahr festzulegen. Dazu werden verschiedene Informationen benötigt.

Umsatzauswertung
Frau Bode beauftragt Sabine Sgonina, Leiterin des Funktionsbereichs Lager, sich die Umsatzstatistiken genauer anzusehen. Aus dieser Statistik soll sie der Geschäftsleitung Vorschläge machen, wie das Lager ökonomischer arbeiten kann.

Die beiden Abteilungsleiter Herr Otte (Beschaffung) und Frau Sgonina treten an Frau Runge und Britta heran, weil diese den Abteilungsleitern bei der Aufbereitung der geforderten Daten helfen sollen.

Informationen zum Lösen der folgenden Handlungsaufgaben finden Sie im Lehrbuch „Handeln im Handel, 3. Ausbildungsjahr" in Kapitel 8 (Wir werten Geschäftsprozesse mithilfe EDV-gestützter Warenwirtschaftssysteme aus) des Lernfeldes 11.

WIR WERTEN GESCHÄFTSPROZESSE MITHILFE EDV-GESTÜTZTER WARENWIRTSCHAFTSSYSTEME AUS

HANDLUNGSAUFGABEN

1. Welche Fragen muss Britta klären?

_____

_____

_____

2. Marktanalysen der Ambiente Warenhaus AG haben ergeben, dass bei einem um 10 % günstigeren Verkaufspreis deutlich mehr Verstärkungsringe abgesetzt werden können. Daher muss der Bezugspreis gesenkt werden. Die bisherigen Lieferer PAGRO AG sowie Martin Kaiser sind nicht bereit, den Angebotspreis zu senken. Es liegen noch zwei weitere Angebote von der Müller KG und von Meyermann e. K. vor.

	Müller KG	Meyermann e. K.
Listeneinkaufspreis	1,45 €	1,65 €
Mengenabh. Rabatt	8 %	20 %
Skonto	3 % innerhalb von 10 Tagen	netto Kasse

a) **Die Bezugspreise für die PAGRO AG und Martin Kaiser hat Britta bereits aus dem WWS entnommen. Kalkulieren Sie die Bezugspreise für die neuen Anbieter und ermitteln Sie den günstigsten Lieferer.**

	%	Pagro AG	%	Martin Kaiser	%	Müller KG	%	Meyermann e. K.
Listeneinkaufspreis		1,50 €		1,40 €				
– Liefererrabatt	10	0,15 €	0	– €				
Zieleinkaufspreis		1,35 €		1,40 €				
– Liefererskonto	2	0,03 €	2	0,03 €				
Bareinkaufspreis		1,32 €		1,37 €				
+ Bezugskosten		– €		– €				
= Bezugspreis		1,32 €		1,37 €				

Der günstigste Lieferer ist _____

b) **Nun soll Britta den Ladenpreis für den günstigsten Lieferer und für den bisherigen Lieferer PAGRO AG ermitteln. Ermitteln Sie auf Basis der in der nachfolgenden Tabelle stehenden Größen den neuen Ladenpreis für die Verstärkungsringe.**

	%	PAGRO AG	Müller KG
Bezugspreis		1,32 €	
+ Handlungskosten	50		
= Selbstkostenpreis			
+ Gewinn	10		
= Barverkaufspreis			
+ Kundenskonto	2		
= Zielverkaufspreis			
+ Kundenrabatt	28,57		
= Nettoverkaufspreis			
+ USt.			
= Ladenpreis			

c) **Wie hoch ist die tatsächliche Preissenkung? Ist das Ziel einer 10-prozentigen Senkung des Ladenpreises erreicht?**

3. Herr Rischmüller und Herr Otte wollen ein Jahresgespräch mit dem Lieferer Paulmann KG (Lieferer-Nr. 21003) führen. Daher haben Frau Runge und Britta von allen Artikeln, die die Paulmann KG liefert, nachfolgende Informationen aus dem Warenwirtschaftssystem zusammengestellt:

	Benötigte Menge	Eingekaufte Menge Paulmann[1]	Nettoeinkaufspreis Paulmann[1]	Nettoverkaufspreis Ambiente[1]	Umsatz mit Paulmann €	%
Besteckgarnitur „Siebeck"	950	950	44,69 €	133,34 €		
Blumentopf „Madeira"	1500	500	10,94 €	27,73 €		
Kerzenhalter „Winterstimmung"	630	0	4,12 €	9,82 €		
Papiertischdecke „Winterwunder"	1950	1950	1,21 €	4,40 €		
Reibe	5000	1400	0,98 €	2,14 €		
Stoffservietten „Country"	2000	1820	1,21 €	4,40 €		
					Gesamt %	

1 Werte des vergangenen Jahres

a) **Bestimmen Sie die mit der Firma Paulmann KG im vergangenen Jahr getätigten Umsätze, indem Sie diese in die entsprechende Spalte eintragen.**

b) **Nennen Sie stichpunktartig vier Auffälligkeiten in der oben stehenden Statistik, die Herr Rischmüller und Herr Otte beim anstehenden Jahresgespräch berücksichtigen sollten.**

c) **Welche Schlussfolgerungen/Empfehlungen würden Sie Herrn Rischmüller und Herrn Otte bezüglich Ihrer vier in b) genannten Auffälligkeiten mit auf den Weg geben?**

4. Das Warenwirtschaftssystem kann aus den Ergebnissen der Umsatzanalyse sogenannte „Renner- und Pennerlisten" erstellen. Frau Runge und Britta haben die „Renner" und die „Penner" ermittelt und in den unten stehenden Auszügen zusammengestellt:

Renner

Artikel	GTIN	Umsatz	Rohertrag	VK-Preis	EK-Preis
Verstärkungsringe	4022004141097	1.007.500,00 €	573.500,00 €	3,25 €	1,40 €
Jogginganzug	4024010404180	706.500,00 €	431.750,00 €	45,00 €	17,50 €
Blumentopf „Madeira"	4021003131061	779.213,00 €	430.773,00 €	27,73 €	12,40 €
Espressomaschine „Enzo Galvani"	4021002125016	617.271,00 €	361.971,00 €	55,61 €	23,00 €
Lego-Set „Autobahn"	4022005252068	493.768,00 €	312.768,00 €	27,28 €	10,00 €

Penner

Artikel	GTIN	Umsatz	Rohertrag	VK-Preis	EK-Preis
Marker	4002720002292	– €	– €	1,72 €	1,40 €
Radiergummi	4035641978643	– €	– €	0,76 €	0,35 €
Tipp-Ex	4045678876546	860,00 €	485,00 €	1,72 €	0,75 €
Pelikan-Etui	4023008383117	13.600,00 €	9.500,00 €	13,60 €	4,10 €
Stoffservietten „Country"	4021003131085	26.400,00 €	15.900,00 €	4,40 €	1,75 €

a) **Warum ist es wichtig, die „Penner" im Sortiment zu erkennen?**

b) **Nennen Sie drei Maßnahmen, die ergriffen werden können, um die Situation der „Penner"-Artikel zu verbessern.**

c) **Welche Maßnahmen würden Sie ganz konkret bei diesen fünf „Penner"-Artikeln ergreifen?**

LERNFELD 11

GESCHÄFTSPROZESSE ERFOLGSORIENTIERT STEUERN

VERTIEFUNGS- UND ANWENDUNGSAUFGABEN

1. Die Ambiente Warenhaus AG möchte ein neues EDV-gestütztes Warenwirtschaftssystem einführen. **Welche Vorteile ergeben sich für das Unternehmen durch dieses WWS?**

	Die Lieferzeiten werden verkürzt und Kapital gebunden.
	Wartezeiten der Kunden vor den Kassen werden verkürzt.
	Es gibt tägliche Informationen zu Inventurdifferenzen.
	Es gibt einen schnellen Zugriff auf wichtige Daten sowie artikelgenaue und aktuelle Informationen.
	Der Mindestbestand wird aktuellen Umsatzzahlen automatisch angepasst.

2. Frau Runge und Britta von der Ambiente Warenhaus AG arbeiten mit einem Warenwirtschaftssystem. **Welche Information können sie durch dieses System nicht ermitteln?**

	Kundenzufriedenheit
	Soll-Bestand eines Pullovers mit einer speziellen Farbe
	Schwer verkäufliche Artikel
	Meldebestand mit Hinweis, dass nachbestellt werden muss
	Umsatzstatistik für einen bestimmten Tag

3. Das Warenwirtschaftssystem liefert der Ambiente Warenhaus AG eine Umsatz-Rennerliste. **Welches Ziel verfolgt die Geschäftsleitung mit der Analyse dieser Daten?**

	Die Geschäftsleitung erkennt so, was sich bei den Mitbewerbern gut verkauft hat.
	Die Geschäftsleitung erkennt so direkt den Artikel mit der höchsten Handelsspanne.
	Die Geschäftsleitung sieht direkt, welcher Lieferer den günstigsten Einkaufspreis bietet.
	Die Geschäftsleitung erkennt die Konjunkturentwicklung bei bestimmten Branchenartikeln.
	Die Geschäftsleitung kann besser auf den benötigten Bedarf reagieren und rechtzeitig nachbestellen.

4. Britta Krombach von der Ambiente Warenhaus AG hat bei der Stichtagsinventur einen Ist-Bestand beim Artikel Reibe in Höhe von 20 Stück festgestellt. Das Warenwirtschaftssystem weist einen Soll-Bestand von 25 Stück aus. **Aus welchem Grund könnte der tatsächliche Bestand niedriger sein als der durch das Warenwirtschaftssystem ausgewiesene Soll-Bestand?**

	Beim Kassieren wurden versehentlich Reiben doppelt als Abgang erfasst.
	Es hat eine Änderung des Meldebestands während des Jahres gegeben.
	Es wurde versehentlich ein Wareneingang von Reiben als Schälmesser erfasst.
	Eine Retour von fehlerhaften Reiben zum Lieferer wurde nicht erfasst.
	Die Umschlagshäufigkeit des Artikels Reibe hat sich um 5 erhöht.

Zur weiteren Vertiefung der Lerninhalte und Sicherung der Lernergebnisse empfehlen wir die Bearbeitung der Aufgaben und Aktionen in Kapitel 8 (Wir werten Geschäftsprozesse mithilfe EDV-gestützter Warenwirtschaftssysteme aus) des Lernfeldes 11 Ihres Lehrbuches „Handeln im Handel, 3. Ausbildungsjahr".

WIR TREFFEN ABSATZPOLITISCHE ENTSCHEIDUNGEN AUF DER GRUNDLAGE DER DECKUNGSBEITRAGSRECHNUNG

8 Wir treffen absatzpolitische Entscheidungen auf der Grundlage der Deckungsbeitragsrechnung

HANDLUNGSSITUATION

Frau Bärbel Hauck, Leiterin des Funktionsbereichs Verkauf/Absatz, kommt in die Abteilung Rechnungswesen. Sie möchte gern eine genauere Aufstellung der Deckungsbeiträge über die vier verschiedenen Drucker, die in der „Warenwelt Elektronik" im abgelaufenen Geschäftsjahr verkauft wurden (Farblaserdrucker „Amsunk", Laserdrucker „Karnon2" sowie die beiden Tintenstrahldrucker „Piozera" und „Nexos").

Die Abteilung weist bei den Druckern zwar einen Gesamtgewinn in Höhe von 4.610,00 € aus, Frau Hauck möchte aber wissen, wie hoch die Deckungsbeiträge der einzelnen Artikel sind und ob eventuell absatzpolitische Entscheidungen getroffen werden müssen, um diesen Deckungsbeitrag zu erhöhen.

Frau Runge hat folgende Informationen bereitgestellt:

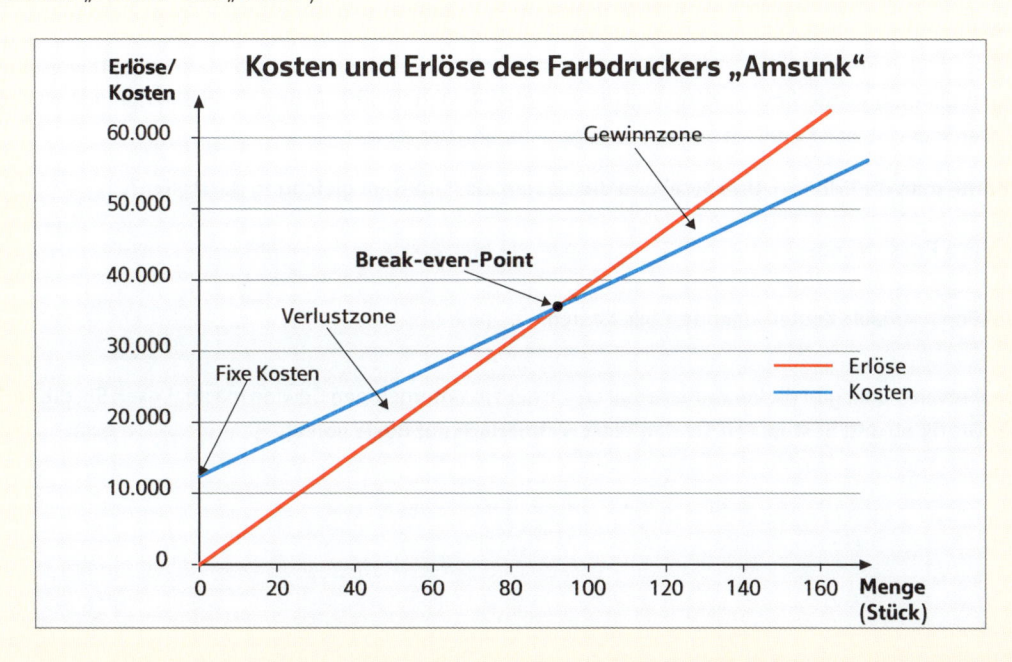

Kosten und Erlöse des Farbdruckers „Amsunk"

Verkaufs-menge	Artikel	Verkaufspreis	Wareneinsatz	variable Stückkosten	fixe Kosten
140	Farblaserdrucker Amsunk CLX 3175	395,00 €/St.	210,00 €/St.	55,00 €	12.000,00 €
540	Laserdrucker Karnon 2	175,00 €/St.	74,50 €/St.	56,50 €	19.500,00 €
650	Tintenstrahldrucker Piozera	80,00 €/St.	40,00 €/St.	24,00 €	11.500,00 €
250	Tintenstrahldrucker Nexos	50,00 €/St.	45,00 €/St.	10,00 €	3.500,00 €

Frau Runge und Britta bekommen nun den Auftrag, für Frau Hauck die oben stehende Grafik näher zu erläutern und die Deckungsbeiträge für diese vier Artikel für das vergangene Jahr aufzustellen.

Informationen zum Lösen der folgenden Handlungsaufgaben finden Sie im Lehrbuch „Handeln im Handel, 3. Ausbildungsjahr" in Kapitel 9 (Wir treffen absatzpolitische Entscheidungen auf der Grundlage der Deckungsbeitragsrechnung) des Lernfeldes 11.

LERNFELD 11

GESCHÄFTSPROZESSE ERFOLGSORIENTIERT STEUERN

HANDLUNGSAUFGABEN

1. Welche Fragen muss Britta klären?

2. Der Farblaserdrucker Amsunk ist im vergangenen Jahr zu einem Verkaufspreis von 395,00 € verkauft worden. Die fixen Kosten betrugen 12.000,00 € für diesen Artikel und die variablen Kosten (Wareneinsatz + variable Handlungskosten) insgesamt 265,00 €. Der Sachverhalt ist grafisch in der Handlungssituation dargestellt.

a) **Wie könnte man die Erlöse (= Umsätze) und die Kosten als Funktionsgleichung darstellen?**

Erlösfunktion = Preis · Menge, hier: E(x) = _____

Kostenfunktion = variable Kosten · Menge + fixe Kosten, hier: K(x) = _____

b) Der Break-even-Punkt gibt die Verkaufsmenge an, ab der ein Unternehmen Gewinn macht. **Lesen Sie die verkaufte Menge aus der Grafik ab und bestimmen Sie den Wert rechnerisch auf Basis von a).**

c) Wie hoch wäre der Verlust für den Farblaserdrucker Amsunk, wenn die Ambiente Warenhaus AG diesen Artikel gar nicht verkaufen würde?

d) **Worin unterscheiden sich grundsätzlich variable von fixen Kosten? Nennen Sie dabei auch je drei mögliche Beispiele für den Farblaserdrucker Amsunk.**

Variable Kosten _____

Fixe Kosten _____

WIR TREFFEN ABSATZPOLITISCHE ENTSCHEIDUNGEN AUF DER GRUNDLAGE DER DECKUNGSBEITRAGSRECHNUNG

3. Frau Hauck und Frau Runge wollen nun die Deckungsbeiträge für die verschiedenen Artikel berechnen.

a) **Wie würden Sie den Begriff „Deckungsbeitrag" mit eigenen Worten beschreiben?**

b) Mit einer buchtechnischen Kostenspaltung sind Fixkosten für die vier verschiedenen Drucker in Höhe von 46.500,00 € ermittelt worden.
Wie hoch sind die Deckungsbeiträge pro Stück, pro Artikel und insgesamt für das vergangene Jahr? Ermitteln Sie auch den Gewinn, indem Sie die nachfolgende Tabelle verwenden.

	Amsunk		Karnon		Piozera		Nexos		Gesamt
	Gesamt-rechnung	Stück-rechnung	Gesamt-rechnung	Stück-rechnung	Gesamt-rechnung	Stück-rechnung	Gesamt-rechnung	Stück-rechnung	
Umsatzerlöse									
– Wareneinsatz									
= Rohgewinn									
– variable Handlungskosten									
= Deckungsbeitrag									
– fixe Kosten									
= Gewinn									

4. Frau Hauck bekommt nun die Berechnung der Deckungsbeiträge auf den Tisch.

a) **Welche Beurteilungen und Empfehlungen geben Sie Frau Hauck bei den einzelnen Druckern?**

Drucker	Empfehlung
Farblaserdrucker Amsunk CLX 3175	
Laserdrucker Karnon 2	
Tintenstrahldrucker Piozera	
Tintenstrahldrucker Nexos	

LERNFELD 11

GESCHÄFTSPROZESSE ERFOLGSORIENTIERT STEUERN

b) Frau Runge erklärt Britta, dass die Deckungsbeitragsrechnung auch Probleme mit sich bringt. Sie sagt, dass kurzfristige Entscheidungen aufgrund der Deckungsbeitragsrechnung langfristig falsch sein können. **Nehmen Sie am Beispiel des Tintenstrahldruckers Piozera Stellung zu dieser Aussage.**

VERTIEFUNGS- UND ANWENDUNGSAUFGABEN

1. **Erläutern Sie zwei Probleme, die bei der Deckungsbeitragsrechnung (Teilkostenrechnung) entstehen können.**

2. Britta Krombach möchte für die Ambiente Warenhaus AG mithilfe der Deckungsbeitragsrechnung die kurzfristige Verkaufspreis-Untergrenze bestimmen. **Wie geht sie dabei vor?**

	Es werden alle variablen Kosten eines Artikels ermittelt.
	Es werden alle Kosten pro Stück eines Artikels ermittelt.
	Es werden alle Gemeinkosten eines Artikels ermittelt.
	Es werden alle fixen Kosten eines Artikels ermittelt.
	Es werden alle Einzelkosten eines Artikels ermittelt.

3. **Ordnen Sie den folgenden Begriffen eine Ziffer aus der Grafik zu.**

Begriff	Ziffer
Kostenfunktion	
Verlustzone	
Break-even-Point	
Gewinnzone	
Fixe Kosten	
Erlösfunktion	

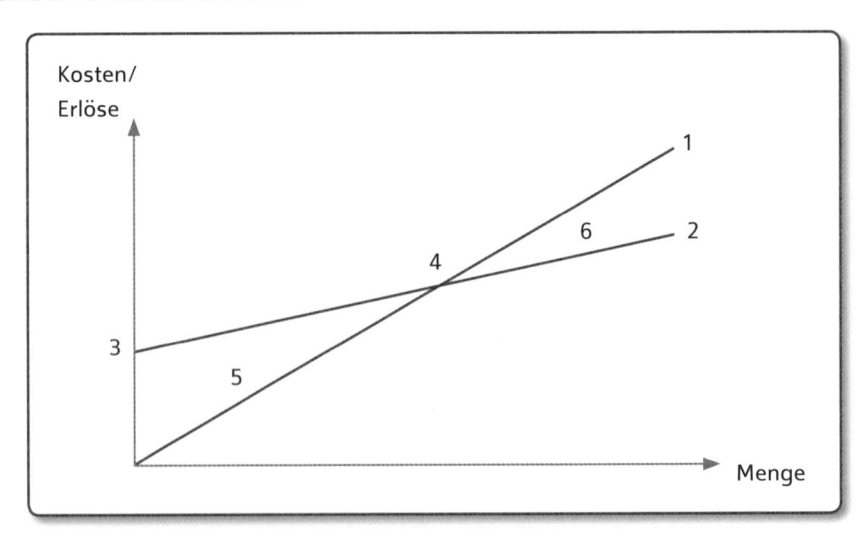

WIR TREFFEN ABSATZPOLITISCHE ENTSCHEIDUNGEN AUF DER GRUNDLAGE DER DECKUNGSBEITRAGSRECHNUNG

4. Welche Kosten sind für die Ambiente Warenhaus AG fixe Kosten?

Frachtkosten
Telefonkosten
Geschäftsraummiete
Gewerbesteuer
Einkommensteuer

5. Bei der Ambiente Warenhaus AG ist ein bestimmter Prozentsatz der Geschäftskosten unabhängig von getätigten Umsätzen und lässt sich kurz- und mittelfristig nicht vermindern. **Wie heißen diese Kosten?**

Handlungskosten
Bezugskosten
Variable Kosten
Grenzkosten
Fixe Kosten

6. Im letzten Quartal hat sich Herr Rischmüller von der Ambiente Warenhaus AG über die hohen Handlungskosten geärgert. **Wie können diese reduziert werden?**

Im Einkauf werden Boni und Skonti ausgenutzt.
Der Stromverbrauch wird reduziert.
Im Jahresgespräch mit Lieferern werden höhere Rabatte ausgehandelt.
Die Erlöse werden reduziert.
Es werden fällige Zahlungstermine nach hinten geschoben.

Zur weiteren Vertiefung der Lerninhalte und Sicherung der Lernergebnisse empfehlen wir die Bearbeitung der Aufgaben und Aktionen in Kapitel 9 (Wir treffen absatzpolitische Entscheidungen auf der Grundlage der Deckungsbeitragsrechnung) des Lernfeldes 11 Ihres Lehrbuches „Handeln im Handel, 3. Ausbildungsjahr".

LERNFELD 12

MIT MARKETINGKONZEPTEN KUNDEN GEWINNEN UND BINDEN

1 Wir setzen Marketingmaßnahmen systematisch auf dem Absatzmarkt ein

HANDLUNGSSITUATION

Anja Maibaum nimmt an einer Abteilungssitzung des Verkaufs teil. Frau Hauck, die Abteilungsleiterin, stellt gerade die Umsatzentwicklung in der Filiale Rostock mithilfe einer PowerPoint-Präsentation vor:

AMBIENTE WARENHAUS AG

Umsatzentwicklung Filiale Rostock

Vorvorletztes Jahr	Vorletztes Jahr	Letztes Jahr
70,9 Mio €	64,7 Mio €	54,3 Mio €

Im weiteren Verlauf der Sitzung macht sich Anja Maibaum einige Notizen zum Vortrag von Frau Hauck:

> Wir haben in Rostock mittlerweile jährliche Verluste in Höhe von 2,8 Millionen Euro.
> Die dortige Verkaufsabteilung ist überhaupt nicht aktiv geworden und hat nur abwartend reagiert.
> Kam ein Kunde ins Geschäft, freute man sich. Das war es dann. Es wurden überhaupt keine Maßnahmen ergriffen.
> Man hat nicht in irgendeiner Weise untersucht, was tatsächliche oder potenzielle Kunden denken …
> Wichtige Trends im Modebereich wurden nicht beachtet, um nicht zu sagen „verschlafen". Das Warenangebot dieser Filiale war damit nicht zielgruppen- und zeitgemäß.
> Versäumt wurde auch, über den Aufbau eines neuen Vertriebsweges nachzudenken, wie es einige andere Filialen mit Online-Shops oder dem Ambiente-light-Konzept erfolgreich gemacht haben.
> Im Gegensatz zu anderen Filialen wurden mehrere Warengruppen sehr großzügig kalkuliert.
> Die Verkaufspreise wurden dadurch sehr hoch.
> Es wurde weder in der Fachpresse geworben noch wurden Kunden gezielt angesprochen.
> Unser Mitbewerber Larstadt hat sein Image stark verbessert. Larstadt hat sich sehr stark engagiert in der Förderung des Jugendsports.
> Larstadt hat auch im Gegensatz zu uns verschiedene Verkostungen im Rahmen von Themenwochen für die Kunden durchgeführt. Das Verkaufspersonal wurde vorher extra geschult. Da müssen wir auch ran …
> Vor vier Jahren verließen uns mehrere gelernte Fachkräfte. Viele der verbliebenen Mitarbeiter im Verkauf können sich nur schwer von jahrelangen Gewohnheiten und alten Verkaufspraktiken lösen. Sie warten ab nach dem Motto „Irgendwann wird schon einmal ein Kunde kommen" und „Wenn er dann mal da ist, dann will er was von mir und nicht ich von ihm".
> Aus Altersgründen ab Sommer kein Mitarbeiter mehr in der Verkaufsabteilung …

Frau Hauck: „Ich sorge mich um die Rostocker Filiale. Da ist ja überhaupt kein Marketing gemacht worden. Wir müssten mal klären, was im Einzelnen schiefgelaufen ist und was man stattdessen vielleicht hätte machen können ...
Ach so, Frau Maibaum, Sie wollten nach der Ausbildung doch zurück nach Rostock. Was halten Sie denn davon, wenn wir Sie als Mitarbeiterin in der Rostocker Filiale übernehmen? Da wir die neuen Mitarbeiter in der Abteilung Verkauf dort innerbetrieblich rekrutieren, könnten Sie dem neuen Abteilungsleiter bei der Schulung helfen."

Informationen zum Lösen der folgenden Handlungsaufgaben finden Sie im Lehrbuch „Handeln im Handel, 3. Ausbildungsjahr" im Kapitel 1 (Wir erschließen Marketing als eine zentrale Aufgabe zur Sicherung bzw. Steigerung des Absatzerfolgs) des Lernfeldes 12.

HANDLUNGSAUFGABEN

1. Stellen Sie fest, vor welchem Problem die Ambiente Warenhaus AG steht.

2. Geben Sie Gründe an, wie es zu den Schwierigkeiten in der Filiale kommen konnte.

3. Machen Sie einen Vorschlag, wie die Situation in der Filiale allgemein verbessert werden kann.

4. Erläutern Sie den Begriff Marketing.

LERNFELD 12 — MIT MARKETINGKONZEPTEN KUNDEN GEWINNEN UND BINDEN

5. Anja Maibaum bereitet sich darauf vor, die neuen Mitarbeiter in Rostock zu schulen. Dazu fertigt sie für sich eine Mindmap an.
Ergänzen Sie die folgende Mindmap.

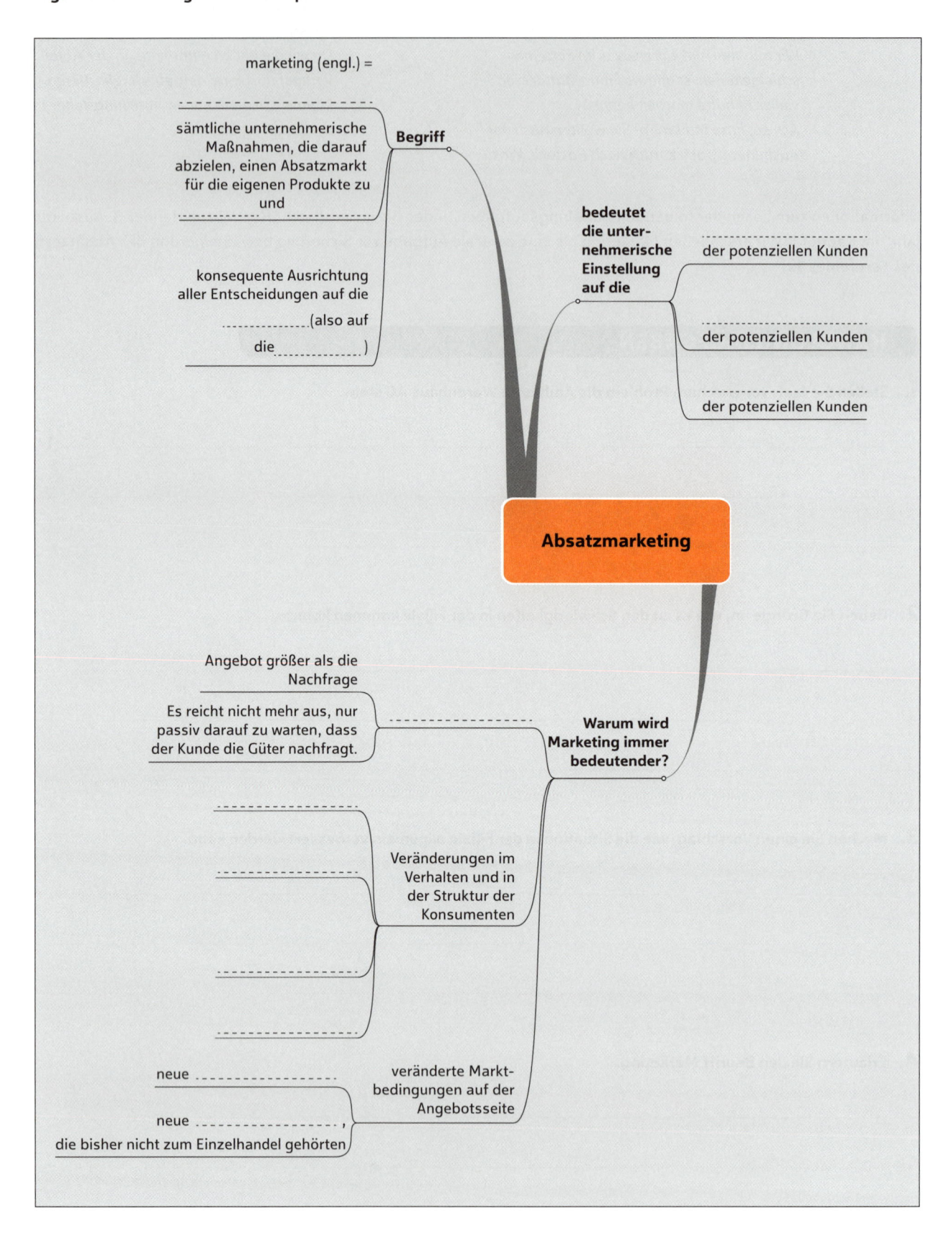

Mindmap: Absatzmarketing

Begriff
- marketing (engl.) = _____
- sämtliche unternehmerische Maßnahmen, die darauf abzielen, einen Absatzmarkt für die eigenen Produkte zu _____ und _____
- konsequente Ausrichtung aller Entscheidungen auf die _____ (also auf die _____)

bedeutet die unternehmerische Einstellung auf die
- _____ der potenziellen Kunden
- _____ der potenziellen Kunden
- _____ der potenziellen Kunden

Warum wird Marketing immer bedeutender?
- _____
  - Angebot größer als die Nachfrage
  - Es reicht nicht mehr aus, nur passiv darauf zu warten, dass der Kunde die Güter nachfragt.
- _____
  - Veränderungen im Verhalten und in der Struktur der Konsumenten
- _____
- veränderte Marktbedingungen auf der Angebotsseite
  - neue _____
  - neue _____, die bisher nicht zum Einzelhandel gehörten

VERTIEFUNGS- UND ANWENDUNGSAUFGABEN

1. Was versteht man unter einem Verkäufermarkt?

2. Erläutern Sie den Käufermarkt.

3. Ordnen Sie die folgenden Marktsituationen jeweils dem Käufer- oder Verkäufermarkt zu.

Marktsituation	Käufermarkt	Verkäufermarkt
Märkte für Grundnahrungsmittel		
Ölmarkt während einer Ölkrise		
große Teile des Automobilmarkts		
Kosmetikartikel		
der Wohnungsmarkt in einer Region mit starkem Bevölkerungszuwachs		

4. Ergänzen Sie die folgenden Aussagen zum Thema Marktsegmentierung.

Verwenden Sie die folgenden Begriffe:

> alte – Aussonderung unrentabler – einheitliche Untergruppen – gewinnen – gewinnversprechenden – neue – speziell zugeschnittene – Streuverluste – unübersichtliche

Bei der Marktsegmentierung wird der z. T. _____ Markt nach bestimmten Gesichtspunkten in nach Möglichkeit _____ eingeteilt.

LERNFELD 12 MIT MARKETINGKONZEPTEN KUNDEN GEWINNEN UND BINDEN

Eine Marktsegmentierung kann folgende Vorteile haben:
- Durch _____ Marketingmaßnahmen fällt es leichter, _____ Kunden zu _____ oder _____ Kunden zu binden.
- Durch genaue Abstimmung der jeweiligen Marketinginstrumente auf die Zielgruppe werden _____ vermieden.

Eine Marktsegmentierung kann bis zur Kundenselektion führen. Ziel einer Kundenselektion ist die Bestimmung einer Zielgruppe unter _____ Kunden. Die Marketingaktivitäten werden dann gezielt auf die _____ Kunden gelenkt.

Zur weiteren Vertiefung der Lerninhalte und Sicherung der Lernergebnisse empfehlen wir das Bearbeiten der Aufgaben und Aktionen in Kapitel 1 (Wir erschließen Marketing als eine zentrale Aufgabe zur Sicherung bzw. Steigerung des Absatzerfolgs) des Lernfeldes 12 in Ihrem Lehrbuch „Handeln im Handel, 3. Ausbildungsjahr".

2 Wir erforschen den Absatzmarkt

HANDLUNGSSITUATION

Frau Hauck: „Ich danke Ihnen erst einmal für Ihre Vorschläge. Bevor wir uns um einzelne Marketingmaßnahmen im Detail kümmern, sollten wir vorher erst in Erfahrung bringen, was die Modetrends dieser Saison sind und was unsere Kunden überhaupt so denken."

Anja Maibaum: „Zufällig habe ich heute Morgen einen passenden Artikel in der Zeitung gelesen. Wo habe ich ihn denn? Da ist er ja!"

Modetrends: Wie ein Blatt im Herbst

Der Sommer ist bald vorbei. Das sind die „Must-Haves" für diesen Herbst.

Vorbei ist's mit dem Ausschlafen und dem entspannten Genuss des Lebens. Nichts mehr mit Weggehen bis zum Geht-nicht-mehr und gemütlichem Am-Baggerweiher-Liegen. Der Sommer ist bald zu Ende. Und mit ihm die Ferien. In den Blickwinkel kommt nun auch wieder die Kleidung für einen gelungenen Start in die Arbeit. Wir haben uns nach den Must-Haves dieses Herbstes umgeschaut.

Jeans gehen immer

Hier nun zuerst einmal eine gute Nachricht: Jeans gehen immer. Und ganz allgemein: Die knalligen Farben des Sommers werden im Herbst zu gedeckten Tönen umgestimmt. Angesagt sind mehrere Outfits: Zuerst einmal ein petrolfarbener Blazer und später dann ein schwarzer, eine enge rostfarbene Hose und natürlich auch Mantel und Schal für das hoffentlich nicht allzu kalte Herbstwetter dürfen ganz klar nicht fehlen.

Farbige Hosen und Chinos sind dauer-in

Allgemein gilt hier: Für die Firma darf es gerne mal schicker sein, doch auch Mix ist dieses Jahr angesagt. Das heißt, es werden einfach mal mehrere Stile miteinander vermischt, wie etwa sportlich/lässig mit eher feminin. Auch beschichtete, farbige Hosen liegen wieder voll im Trend und gerade Chinohosen sind diesen Herbst dauer-in. Die neue Farbe heißt Rostrot. Nebenbei bemerkt: Was sind denn eigentlich die Farben dieses Herbstes? „Gewürzschattierungen", erklärt uns Karin Struck, Modeberaterin bei der Grotex GmbH. „Besonders Petrolblau, aber auch verschiedenste Rottöne, wie etwa Brombeere, Weinrot oder eben Rost, sind für das neue Arbeitsjahr genau das Richtige. Auch Tannengrün, Zimt, Maisgelb und die gängigen Farben wie Marine, Schwarz, Weiß und Creme sind auf jeden Fall zu empfehlen", sagt sie. Als besonderen Hingucker rät Karin Struck zu kurzen, weiten Strickpullis und Bikerjacken. Und die engen, etwas kürzeren Hosen mögen die meisten ja ohnehin besonders gern, denn die kann man in den kühleren Jahreszeiten einfach in die Stiefel stecken.

Schals werden nicht nur gegen die Kälte getragen

Kann die Herbstmode für die Jungs mithalten?

…

WIR ERFORSCHEN DEN ABSATZMARKT

Frau Voges: „Sehr interessant, diese Informationen aus zweiter Hand. Müssen wir nicht evtl. auch selber Informationen gewinnen? Wie können wir das machen? Welche Möglichkeiten gibt es denn insgesamt?"

Frau Hauck: „Frau Voges, Sie haben recht! Wenn wir wirklich ab jetzt systematisch Marketing betreiben wollen, brauchen wir tatsächlich viele Kenntnisse über den Markt. Wir müssen uns zunächst einmal klarmachen, welche Informationen wir brauchen, um absatzfördernde Maßnahmen einzusetzen. Geklärt werden muss dann, mit welchen Methoden wir diese Informationen gewinnen können."

Frau Voges: „Wie besprochen wollen wir ja verstärkt auch Berufskleidung anbieten. Hier sollten wir als Erstes Marktforschung betreiben. Über diesen Markt wissen wir noch sehr wenig."

Informationen zum Lösen der folgenden Handlungsaufgaben finden Sie im Lehrbuch „Handeln im Handel, 3. Ausbildungsjahr" im Kapitel 2 (Wir beschaffen uns die für unsere marketingpolitischen Entscheidungen notwendigen Informationen) des Lernfeldes 12.

HANDLUNGSAUFGABEN

1. Erklären Sie den Begriff Marktforschung.

2. Unterscheiden Sie zwischen Markterkundung und Marktforschung.

3. Führen Sie Ziele der Marktforschung auf.

LERNFELD 12

MIT MARKETINGKONZEPTEN KUNDEN GEWINNEN UND BINDEN

4. Geben Sie Untersuchungsgegenstände der Marktforschung an.

5. Erläutern Sie den Unterschied zwischen primärer und sekundärer Marktforschung.

6. Füllen Sie die folgende Tabelle aus.

Methoden der Marktforschung	
Methoden im Hinblick auf den ausgewerteten Zeitraum (Bereiche der Marktforschung)	Methoden im Hinblick auf die verwendeten Informationsquellen

7. Entscheiden Sie, welche Methode die Auswertung des Zeitungsartikels „Modetrends. Wie in Blatt im Herbst" darstellt.

_____

_____

8. Stellen Sie fest, welche Fragen eine Marktforschung zur verstärkten Einführung von Berufskleidung in das Sortiment der Ambiente Warenhaus AG beantworten sollte.

_____

_____

_____

_____

_____

_____

VERTIEFUNGS- UND ANWENDUNGSAUFGABEN

Bitte bearbeiten Sie die folgenden Multiple-Choice-Aufgaben.

1. Welche Eigenschaft trifft auf eine Marktbeobachtung zu?

   1 zukunftsbezogen

   2 zeitraumbezogen

   3 zeitpunktbezogen

   4 absatzbezogen

   5 keine Alternative ist richtig

2. In der Marktforschung unterscheidet man bei der Erschließung von Informationsquellen zwischen Primär- und Sekundärforschung. **Was wird zur Sekundärerhebung gezählt?**

   1 Ein Panel ist eine repräsentative Stichprobe, bei der ein gleichbleibender Personenkreis über einen längeren Zeitraum befragt wird.

   2 Bei einem Experiment werden neue Produkte vor ihrer Einführung erprobt.

   3 Mit Beobachtungen werden eigene Daten erhoben.

   4 Auswertung der Branchenkennzahlen eines Einzelhandelsverbands.

   5 Durchführung von Verbraucherinterviews.

LERNFELD 12

MIT MARKETINGKONZEPTEN KUNDEN GEWINNEN UND BINDEN

3. Ein Marktforschungsinstitut schlägt der Ambiente Warenhaus AG verschiedene Maßnahmen zur Gewinnung von Informationen vor. **Welche der Maßnahmen gehören zur Primärerhebung?**

1 Auswertung von Prospekten und Preislisten der Wettbewerber

2 Sichtung von Fachzeitschriften

3 Durchführen von Kundeninterviews

4 Veröffentlichungen des Statistischen Bundesamtes

5 Analyse von Geschäftsberichten der Wettbewerber

6 Auswertung von Informationsmaterialien von Branchenverbänden

4. Bei der Ambiente Warenhaus AG ist der Umsatz in der Abteilung für Kfz-Ersatzteile stark zurückgegangen. Die Geschäftsleitung macht sich Gedanken darüber, ob sich der Umsatzrückgang künftig fortsetzen wird. **Welche Maßnahme wird sie ergreifen?**

1 Eine Marktanalyse

2 Eine ABC-Analyse

3 Eine Marktprognose

4 Eine Marktsegmentierung

5 Eine Analyse des Produktlebenszyklus

5. Welches Ziel verfolgt die Marktsegmentierung?

1 neue Produkte und Güter in das Warensortiment aufnehmen, um so das Angebot für die Kunden zu vergrößern

2 Kostensenkung durch Kürzung der Löhne und Gehälter

3 ins Ausland expandieren, um größtmöglichen Gewinn zu erzielen

4 Aufteilung des Gesamtmarktes in einheitliche Käufergruppen, um so eine bestmögliche Marktbearbeitung zu gewährleisten

5 Verkäufermärkte langfristig in Käufermärkte umwandeln

Zur weiteren Vertiefung der Lerninhalte und Sicherung der Lernergebnisse empfehlen wir das Bearbeiten der Aufgaben und Aktionen in Kapitel 2 (Wir beschaffen uns die für unsere marketingpolitischen Entscheidungen notwendigen Informationen) des Lernfeldes 12 Ihres Lehrbuches „Handeln im Handel, 3. Ausbildungsjahr".

3 Wir wenden unterschiedliche Marketingmaßnahmen an

HANDLUNGSSITUATION

Frau Hauck: „Ja, liebe Kolleginnen und Kollegen. Ich hatte Sie eben gebeten, sich Marketingmaßnahmen für unsere Filiale in Rostock zu überlegen und auf Karten zu schreiben. Ich sehe, da ist eine ganze Menge zusammengekommen. Wir müssen die Maßnahmen jetzt noch den verschiedenen Bereichen des Marketings zuordnen…"

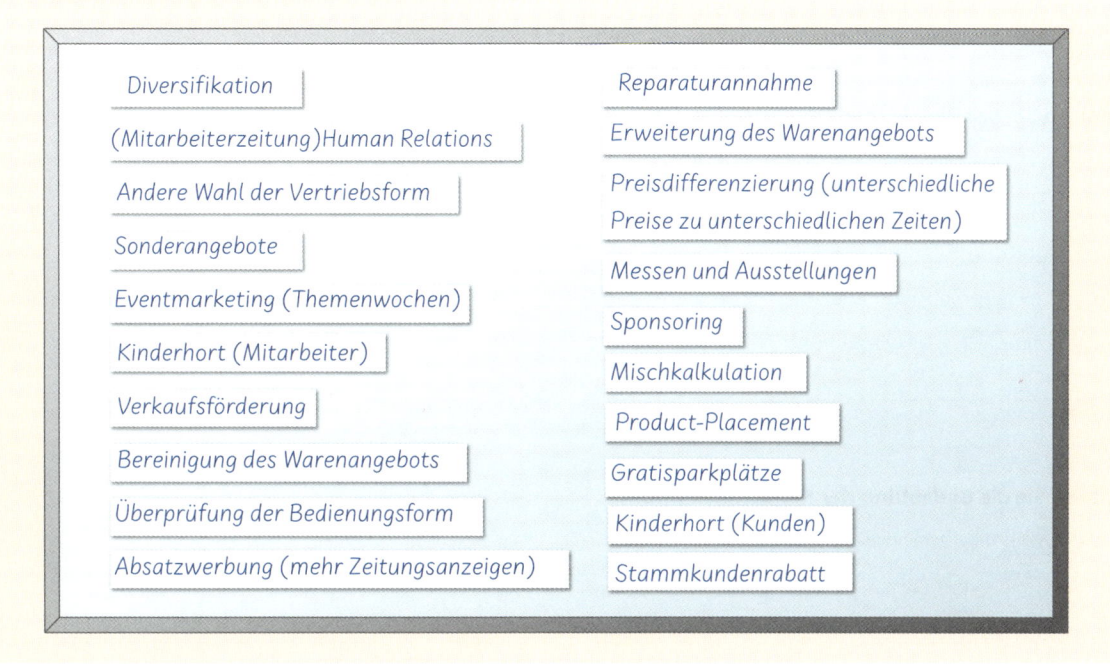

- Diversifikation
- (Mitarbeiterzeitung) Human Relations
- Andere Wahl der Vertriebsform
- Sonderangebote
- Eventmarketing (Themenwochen)
- Kinderhort (Mitarbeiter)
- Verkaufsförderung
- Bereinigung des Warenangebots
- Überprüfung der Bedienungsform
- Absatzwerbung (mehr Zeitungsanzeigen)
- Reparaturannahme
- Erweiterung des Warenangebots
- Preisdifferenzierung (unterschiedliche Preise zu unterschiedlichen Zeiten)
- Messen und Ausstellungen
- Sponsoring
- Mischkalkulation
- Product-Placement
- Gratisparkplätze
- Kinderhort (Kunden)
- Stammkundenrabatt

Informationen zum Lösen der folgenden Handlungsaufgaben finden Sie im Lehrbuch „Handeln im Handel, 3. Ausbildungsjahr" im Kapitel 5 (Mit dem optimalen Marketingmix wollen wir ein bestimmtes Marketingziel bestmöglich erreichen) des Lernfeldes 12.

HANDLUNGSAUFGABEN

1. Erläutern Sie die Aufgabe der Sortimentspolitik.

LERNFELD 12

MIT MARKETINGKONZEPTEN KUNDEN GEWINNEN UND BINDEN

2. Stellen Sie fest, was zur Preispolitik gehört.

3. Führen Sie auf, was Fragestellung der Distributionspolitik ist.

4. Erläutern Sie das Ziel der Kommunikationspolitik.

5. Erklären Sie die Bedeutung der Kundendienstpolitik.

6. Ordnen Sie die Maßnahmen auf den Metaplankarten von Seite 75 den einzelnen Marketingbereichen zu.

Marketingbereiche				
Kundendienstpolitik	Sortimentspolitik	Distributionspolitik	Kommunikations-politik	Preispolitik

WIR WENDEN UNTERSCHIEDLICHE MARKETINGMAßNAHMEN AN

VERTIEFUNGS- UND ANWENDUNGSAUFGABEN

1. Lösen Sie das folgende Kreuzworträtsel:

LERNFELD 12

MIT MARKETINGKONZEPTEN KUNDEN GEWINNEN UND BINDEN

Waagerecht:
2. Auswertung bereits vorhandenen Zahlenmaterials
4. Versuch, die zukünftige Marktentwicklung abzuschätzen
9. wichtigste Erhebungsmethode zur Beschaffung von Informationen
10. Unterstützung einer Organisation, Gruppe oder Person der Öffentlichkeit durch Geld- oder Sachmittel, um damit bestimmte Marketingziele zu erreichen
13. Öffentlichkeitsarbeit
15. Zeitraumuntersuchung des Marktes (über eine längere Zeitspanne hinweg)
16. Erprobung einer neuen Maßnahme vor ihrer Einführung
17. optimale Kombination aller Marketinginstrumente

Senkrecht:
1. anderes Wort für Preis- und Konditionenpolitik
3. Marketingbereich, der sich mit der Frage befasst, auf welchen Wegen sowie auf welche Art und Weise Waren zu den Konsumenten gelangen
5. In den Massenmedien wird der Name, das Logo, das Produkt selbst untergebracht zu Werbezwecken.
6. die systematische Planung von Veranstaltungen; wird auch Livemarketing genannt
7. systematisches Sammeln von Informationen für ein erfolgreiches Marketing
8. gelegentliche und unsystematische Untersuchung eines Marktes
11. Kommunikation innerhalb des Unternehmens
12. einmalige Untersuchung des Marktes zu einem bestimmten Zeitpunkt
14. Ein gleichbleibender repräsentativer Personenkreis wird über einen längeren Zeitraum hinweg befragt.

2. Lösen Sie das folgende Wortsuchrätsel:

C	C	U	H	B	H	J	H	Y	Z	K	H	E	E	Q	K	K	S	I	Q	F	E	P	C	L
X	G	U		H	X	Q	Q	L	C	O	S	X	V	A	O	X	L	R	N	N	M	J	K	H
B	G	Z		K	J	M	E	M	G	Q	O	E	Y	R	N	K	C	U	L	T	P	V	A	F
B	C	I		A	N	R	O		C	E	R	L									K	M	M	F
I	C	P		Y	C		H		T	H	R	G		C	A	I	U	H	G	M	G	G	I	
B	M	F		P	T		I		C	Q	K	Y		C	Y	Q	J	D	M	F	Z	V	D	
A	I			X	N		W		R	S	Z	I		M	K	S	E	K	O	V	O	S	L	
N	F			M	R																		X	
J	H			D	N		F		K	J	W	M		E	R	T	P	U	P	E	A	O	V	
F	J			B	B		U		U	M	D	D		E	B	S	N	O		F		M	M	
T	H			K	X		T		M	Q	S	A		L	K	H	Z	U		E		L	S	K
T	L			H	J	L		Y		L	Q	J	C		E	C	L	Y	O		L		V	M	Z
I	P			F	J	K		H	N	E	D	N	Z		O	X	R	L	S		A		B	T	S
G	J			M	E	F		I							Z	U	R		F		X	W	K	
E	H			D	Y	U	H	S	K	T	A	E	E		N	K	C	H	Q		Y		W	M	E
S	L			X					J	L	G	W		P	J	K	W	P		N		Y	N	I	
N	M			W	G	G	E	E	J	I	A	T	V		H	S	K	V	T		N		L	C	K
I	S			D	I	U	D	P	Y	G	G	Y	C	Z		Q	P	X	O	G		H		W	B	L
T	G			A	J	K	S										G	Y	W	L		M		V	J	F
I	K			D	Q	C	F	S	N	E	Z	M	A		L	H	T	X	V		C	A	D	J	E
Z	W			P	S	D	G	A	V	U	U	I	L		O	U	O	F	F	J		O	I	N	L	O
B	O			F	Z	Y	Z	V														K	O	I	H
V	I			J	K	V	K	S	R	K	A	B	W		G	R	E	U	H	Y	Q	N	F	P	T
L	X			H	R	X	H	J	A	H	C	R	G	D	V	O	R	Z	I	N	G	A	R	Z	T
P	P			G	N	U	W	C	O	K	B	L	S	M	K	Y	Z	P	N	P	C	E	H	A	D

WIR WENDEN UNTERSCHIEDLICHE MARKETINGMAßNAHMEN AN

In diesem Suchrätsel sind 15 Wörter versteckt.
Die Wörter bedeuten:

1 Marketinginstrument, das versucht, Kundenbindung zu erzielen: _____

2 anderes Wort für Kundenmagazin: _____

3 Ziel von CRM: _____

4 Zahlungsmöglichkeit im E-Commerce: _____

5 Instrument des CRM in der Größe einer Girocard: _____

6 Verkaufsstelle im Internet: _____

7 Zahlungsmöglichkeit im Internet per Lastschrift: _____

8 Ist man dort Mitglied, wird man vom Unternehmen häufig besonders behandelt: _____

9 Veranstaltungen zur Kundenbindung sollten immer einzigartig sein und diese ansprechen: _____

10 Zahlungsmöglichkeit im Internet. Der Kunde muss dabei bei der Lieferung zahlen: _____

11 Gutscheine, die einen Rabatt auf ein Produkt gewähren, machen dieses _____

12 engl. für Kunde: _____

13 Beim One-to-one-Marketing erfolgt die Kundenansprache so: _____

14 Gutschein: _____

15 Ereignis zur Kundenbindung: _____

3. Der folgende komplexe Test beinhaltet die verschiedenen Aspekte des Marketings, die Sie bisher in Ihrer Ausbildung kennengelernt haben. **Tragen Sie die richtigen Antworten in die Lösungskästchen ein.**

1 Wie wird die Gesamtheit aller absatzfördernden Maßnahmen bezeichnet?

a) Verkaufsförderung
b) Marktanalyse
c) Marktbearbeitung
d) Marketing
e) Public Relations

2 Der Geschäftsführer der Ambiente Warenhaus AG gibt der Marketingabteilung den Auftrag, eine Standortanalyse zu erstellen. Was ist das?

a) die Untersuchung der Verkäufe an besonderen Tischen in den Verkaufsräumen
b) der Vergleich der Umsatzzahlen mehrerer Jahre
c) die Untersuchung der Marktchancen für ein Absatzgebiet
d) der Vergleich der Sortimente mehrerer Geschäfte unterschiedlicher Branchen
e) die amtliche Genehmigung zur Geschäftseröffnung

LERNFELD 12 — MIT MARKETINGKONZEPTEN KUNDEN GEWINNEN UND BINDEN

3 Die Marketingabteilung der Ambiente Warenhaus AG versucht, Informationen über Käufergewohnheiten und deren Veränderungen zu gewinnen. Wie wird diese Art der Informationsgewinnung genannt?

a) Absatzplanung
b) Imageberatung
c) Umsatzkontrolle
d) Marktforschung
e) Public Relations

4 Ordnen Sie zu, indem Sie die Kennziffern von zwei der insgesamt sieben Definitionen bei den zugehörigen Begriffen eintragen.

Definitionen
a) die Erlaubnis zur Auswertung eines fremden Rechts
b) der Schutz von Wörtern und Bildern, durch die ein Unternehmen seine Waren von fremden unterscheiden will
c) die Bestrebung der Unternehmer, ihre Beziehung zur breiten Öffentlichkeit zu verbessern
d) der planmäßige Einsatz von Mitteln, um den Absatz zu fördern
e) die laufende Untersuchung der Veränderung des Marktes mit wissenschaftlichen Methoden
f) die Übertragung des Eigentumsrechts an einer Erfindung auf andere Personen und Firmen
g) das Recht am eigenen Bild

zugehörige Begriffe

Marktbeobachtung

Werbung

5 Die Ambiente Warenhaus AG hat ein Marktforschungsinstitut beauftragt, einen Markt zu untersuchen. Bei welcher der durchgeführten Maßnahmen handelt es sich um eine Primärerhebung?

a) Durchführen von Kundeninterviews
b) Auswertung von Prospekten und Preislisten der Wettbewerber
c) Sichtung der Kundenstatistik
d) Veröffentlichungen des Statistischen Bundesamtes
e) Analyse von Geschäftsberichten der Larstadt AG
f) Auswertung von Informationsmaterial der Hauptgemeinschaft des deutschen Einzelhandels

6 Welche der folgenden Maßnahmen ist eine Maßnahme der Verkaufsförderung (Salespromotion)?

a) Schaltung einer Anzeige im Schönstädter Tageblatt
b) Mailingaktion zur Neueinführung von Artikeln
c) Ausgabe von Proben
d) Gewährung eines Jubliäumsrabatts
e) Herausgabe der Mitarbeiterzeitung „Ambiente-Post"

7 Geben Sie an, welche Maßnahme zu den Public Relations gehört.

a) Ausnutzung der Herstellerwerbung für die eigenen Geschäftszwecke
b) Einladung zum „Tag der offenen Tür"
c) gemeinschaftliche Produktwerbung mit anderen Firmen
d) Bedarfsweckung für neue Artikel
e) Beobachtung des Kundenverhaltens

8 In welchem Fall handelt es sich um eine Public-Relations-Maßnahme der Ambiente Warenhaus AG?

a) Ankündigung eines neuen Artikels durch eine Anzeige im Schönstädter Tageblatt
b) Verteilung von Warenproben einer neuen Käsesorte in der Lebensmittelabteilung
c) Zu neuen Artikeln wird ein Schaufenster gestaltet.
d) Platzierung einer Reportage über die Firmenphilosophie der Ambiente Warenhaus AG im Schönstädter Tageblatt
e) Bereitstellung von Display-Material durch einen Lieferer

WIR WENDEN UNTERSCHIEDLICHE MARKETINGMAßNAHMEN AN

9 Was versteht man unter Sponsoring?
   a) zeitlich begrenzte Veranstaltung zur Darstellung des Sortiments
   b) Ort des Verkaufs
   c) Kommunikation innerhalb des Unternehmens
   d) In einem Krimi kauft ein Schauspieler bei der Ambiente Warenhaus AG ein.
   e) In der neuen Bundesligasaison ist auf den Trikots von Werder Bremen das Symbol der Ambiente Warenhaus AG.

10 Die Ambiente Warenhaus AG möchte ihr Sortiment in verschiedenen Abteilungen bereinigen. Welche Artikel wird sie im Hinblick auf eine Sortimentsoptimierung herausnehmen?
   a) Artikel, die gerade neu ins Sortiment aufgenommen wurden
   b) Artikel, die der Sortimentsabrundung dienen und eine hohe Gewinnspanne haben
   c) Artikel, die im Sortiment einen großen Raum einnehmen und von den Kunden kaum gefragt sind
   d) Artikel, die optimal in der Gunst der Verbraucher liegen, aber nur eine geringe Gewinnspanne haben
   e) Artikel, die stark gefragt sind, aber eine längere Lieferzeit haben

11 In welchem Fall sollte die Ambiente Warenhaus AG ihr Sortiment ändern?
   a) Aufgrund verstärkter Werbung des Produzenten ist die Nachfrage nach zwei Artikeln des Sortiments gestiegen.
   b) Obwohl ein Artikel eines Sortiments nicht mehr ganz dem aktuellen Modetrend entspricht, wird er von Stammkunden oft verlangt.
   c) Die Lagerumschlagshäufigkeit eines Artikels ist sehr hoch.
   d) Stammkunden fragen in letzter Zeit häufig nach einem Artikel, den das Warenhaus nicht im Sortiment führt.
   e) Stammkunden fragen nach Artikeln, die vorübergehend im Sortiment fehlen.

12 Die Textilabteilung der Ambiente Warenhaus AG hat jeden einzelnen Textilartikel in sehr vielen unterschiedlichen Qualitäten, Farben und Größen vorrätig. Wie lässt sich dieser Sortimentsaufbau beschreiben?
   a) Es handelt sich um ein flaches Sortiment.
   b) Es handelt sich um ein schmales Sortiment.
   c) Es handelt sich um ein breites Sortiment.
   d) Es handelt sich um ein tiefes Sortiment.
   e) Es handelt sich um ein enges Sortiment.

13 Welcher Faktor hat keinen Einfluss auf die Sortimentstiefe der Ambiente Warenhaus AG?
   a) Zahl der Mitarbeiter
   b) Sortiment der Mitbewerber Kaufstadt und Klever Kauf
   c) Standort
   d) Kundenstruktur
   e) Verkaufsform

14 Was ist unter einem Kernsortiment zu verstehen?
   a) Zusatzsortiment mit Waren weniger Bedarfsgebiete
   b) Vollsortiment mit Waren mehrerer Bedarfsgebiete
   c) Sortiment mit ständiger Verkaufsbereitschaft für einen bestimmten Teil der Warengruppen
   d) Sortiment mit ständiger Verkaufsbereitschaft für zusätzliche Warengruppen
   e) Sortiment mit ständiger Verkaufsbereitschaft für alle Warengruppen

LERNFELD 12

MIT MARKETINGKONZEPTEN KUNDEN GEWINNEN UND BINDEN

15 Die Ambiente Warenhaus AG erweitert ihr Kernsortiment um eine zusätzliche Warengruppe (Computerspiele). Welche Überlegung kann für diese Maßnahme ausschlaggebend sein?

    a) Die Mitarbeiter der Ambiente Warenhaus AG benötigen dadurch weniger Warenkenntnisse.
    b) Die Ambiente Warenhaus AG versucht mit der neuen Warengruppe, Stammkunden zu binden und neue Kunden hinzuzugewinnen.
    c) Die Ambiente Warenhaus AG ist gezwungen, ein möglichst flaches Sortiment anzubieten.
    d) Die zusätzliche Warengruppe erleichtert die Lagerung der Ware.
    e) Das Sortiment der Ambiente Warenhaus AG leidet unter einer branchentypischen Warengruppenvielfalt.

16 Die Ambiente Warenhaus AG rechnet für eine Warengruppe mit einem Kalkulationsfaktor von 2. Welche Handelsspanne (ohne Umsatzsteuer) entspricht diesem Kalkulationsfaktor?

17 Der Nettoverkaufspreis einer Ware beträgt 1.200,00 €. Die Handelsspanne (ohne Umsatzsteuer) wird mit 25 % kalkuliert. Wie viel Euro beträgt der Bezugspreis?

18 Der Mitbewerber Klever Kauf verkauft einen Artikel zu 90,00 €, den der Hersteller zu einem Bezugspreis von 55,00 € anbietet. Mit welchem Kalkulationsfaktor rechnet Klever Kauf?

19 Wozu dient eine Umsatzstatistik?

    a) Sie dient als Grundlage für den geplanten wertmäßigen Verkauf der nächsten Periode.
    b) Sie zeigt auf, welcher Gewinn tatsächlich erzielt wurde.
    c) Sie hält fest, welche Werbemaßnahmen besonderen Erfolg hatten.
    d) Sie dient im Rechnungswesen zur Ermittlung der Umsatzsteuerlast.
    e) Sie ist Grundlage für den geplanten mengenmäßigen Verkauf der nächsten Periode.

20 Wie nennt man die Preise, mit denen Konsumartikel bereits vom Hersteller ausgezeichnet sind?

    a) verbindliche Richtpreise   d) Festpreise
    b) Nettoverkaufspreise   e) empfohlene Richtpreise
    c) kalkulierte Verkaufspreise   f) Fixpreise

4. Silbenrätsel zum Thema „Marketing"

AUS – BE – BEI – BU – CKUNGS – DE – DE – DI – DIS – FAK – FER – FÖR – GEN – KAL – KÄU – KAUFS – KON – KU – LA – LI – LI – LI – LUN – MARKT – MARKT – MEN – MENTS – MES – MIT – NEN – NUNG – O – ONS – ONS – ONS – PO – PO – PO – RECH – RUNG – RUNG – SEG – SEN – SOR – STEL – TEL – TI – TI – TI – TI – TIE – TIK – TIK – TIK – TOR – TRAGS – TRI – VER – VER – WER

1 Markt, auf dem die Nachfrage größer ist als das Angebot: _____

2 Diese sind Informationsveranstaltungen, die in regelmäßigen Abständen an demselben Ort abgehalten werden; sie sind auch für Privatleute zugänglich.
_____

3 Diese Politik lässt sich als Gestaltung des Produktweges vom Hersteller zum Käufer bezeichnen.
_____

4 Dieses ist die Aufteilung eines Marktes bezogen auf bestimmte, möglichst gleichartige Zielgruppen mit der Absicht, die engere Marketingpolitik auf deren Bedarf auszurichten.
_____

5 Die bewusste, planmäßige Gestaltung des Sortiments mit dem Ziel, Inhalt und Umfang des Sortiments so zu gestalten, dass die geplanten Umsätze und Gewinne erzielt werden.
_____

6 Mit dieser werden die Beiträge ermittelt, mit denen die einzelnen Artikel, Warenarten und -gruppen eines Sortiments zur Deckung der umsatzunabhängigen Kosten des Handelsbetriebs beitragen.
_____

7 So berechnet man diesen: Nettoverkaufspreis : Bezugspreis
_____

8 Diese umfasst sämtliche Maßnahmen, die sich auf die Gestaltung der Lieferungs- und Zahlungsbedingungen beziehen.
_____

9 Deutsche Bezeichnung für Salespromotion: _____

10 Ausdrucks- und Gestaltungsformen, durch die die Werbebotschaft vermittelt wird:
_____

11 Solche sind Verkaufsveranstaltungen, die in regelmäßigen Abständen an demselben Ort abgehalten werden und nur Fachbesuchern zugänglich sind.
_____

Zur weiteren Vertiefung der Lerninhalte und Sicherung der Lernergebnisse empfehlen wir das Bearbeiten der Aufgaben und Aktionen in Kapitel 5 (Mit dem optimalen Marketingmix wollen wir ein bestimmtes Marketingziel bestmöglich erreichen) des Lernfeldes 12 in Ihrem Lehrbuch „Handeln im Handel, 3. Ausbildungsjahr".

LERNFELD 12

MIT MARKETINGKONZEPTEN KUNDEN GEWINNEN UND BINDEN

4 Wir nutzen im Rahmen von Multichannel-Strategien das Internet

HANDLUNGSSITUATION

Abteilungssitzung Verkauf. Neben verschiedenen anderen Themen steht auch die schlechte Situation in der Rostocker Filiale auf der Tagesordnung.

Frau Hauck: „Wir hatten uns ja entschieden, zur Verbesserung der Lage in Rostock dort im Rahmen einer Multichannel-Strategie einen neuen Vertriebsweg anzubieten: einen Onlineshop mit Bringdienst für eine sofortige Auslieferung. Die Logistikabteilung hat schon signalisiert, dass ein geeignetes Fahrzeug angeschafft wird. Aber unsere Abteilung muss noch ihre Hausaufgaben machen für den Aufbau dieses neuen Angebots ..."

Informationen zum Lösen der folgenden Handlungsaufgaben finden Sie im Lehrbuch „Handeln im Handel, 3. Ausbildungsjahr" im Kapitel 4 (Wir nutzen das Internet als Handelsplattform und beachten dabei gesetzliche Bestimmungen) des Lernfeldes 12.

HANDLUNGSAUFGABEN

1. Vor welchem Problem steht die Ambiente Warenhaus AG?

2. Die Ambiente Warenhaus AG wendet die Multichannel-Strategie an. **Geben Sie an, was man darunter versteht.**

3. Tamara Nestmann äußert nach der Sitzung die These: „Die Kunden denken doch in Vertriebskanälen. Also macht Multichannel wenig Sinn." **Nehmen Sie Stellung zu dieser These.**

4. Erläutern Sie dem Begriff Click&Collect.

5. Klären Sie, zu welcher E-Commerce-Art der Internetshop der Ambiente Warenhaus AG gehört.

6. Führen Sie mögliche Gründe für Kunden auf, nicht in ein Ladengeschäft zu gehen, sondern online Ware zu bestellen.

7. Geben Sie an, welche Aufgaben/Funktionen/Bestandteile ein idealer Shop umfassen sollte.

LERNFELD 12

MIT MARKETINGKONZEPTEN KUNDEN GEWINNEN UND BINDEN

8. Machen Sie in Skizzenform einen Vorschlag, wie der Internetshop der Ambiente Warenhaus AG aussehen könnte.

9. Erläutern Sie den Begriff „Onlineplattform".

10. Bringen Sie Beispiele für Onlineplattformen.

11. Führen Sie auf, welche Möglichkeiten es für Kunden gibt, im Onlineshop zu bezahlen.

12. Geben Sie Fälle an, wo Käufe im Internet rechtlich anders behandelt werden als normale Käufe.

13. Neben einer Website und einem Shop kann ein Einzelhandelsunternehmen das Internet auch für verschiedene Marketingmaßnahmen verwenden. **Führen Sie in der Tabelle verschiedene Online-Marketingmaßnahmen auf und erläutern Sie diese kurz.**

Online-Marketingmaßnahme	Erläuterung

LERNFELD 12

MIT MARKETINGKONZEPTEN KUNDEN GEWINNEN UND BINDEN

14. Einzelhandelsunternehmen können auch Möglichkeiten des Web 2.0 nutzen. **Erläutern Sie in diesem Zusammenhang**

a) Web 2.0

b) Social-Media-Marketing

c) Virales Marketing

15. Führen Sie Beispiele für Beispiele für Social-Media-Plattformen auf.

16. Geben Sie an, welche Social-Media-Plattform Sie selber nutzen und was Sie als deren Hauptvorteil für sich ansehen.

17. Das Internet wird nicht nur vom Handel, sondern von allen Wirtschaftszweigen genutzt. **Führen Sie drei momentan zu beobachtende Trends auf.**

VERTIEFUNGS- UND ANWENDUNGSAUFGABEN

1. Beurteilen Sie die folgenden Aussagen mithilfe des Lehrbuches.

Aussage	richtig	falsch – Begründung
Von Fernabsatz spricht man, wenn die Ware vom Verkäufer über mehr als 1 000 km zum Käufer geliefert wird.		
Eine schriftliche Widerrufserklärung ist auch ohne Unterschrift des Kunden rechtsgültig.		
Der Unternehmer muss den Verbraucher darauf hinweisen, dass er jeden erteilten Auftrag innerhalb von 28 Tagen widerrufen kann.		
Statt des Rechts auf Widerruf können Anbieter auch ein Rückgaberecht anbieten.		
Im Falle des Rückgaberechts hat der Käufer die Kosten und Gefahr der Rücksendung zu tragen.		
Von den Bestimmungen des BGB zum Fernabsatz werden u. a. die Direktgeschäfte der Banken und Versicherungen nicht erfasst.		
Electronic Commerce ist der Handel mit elektronischen Artikeln.		
Business-to-Consumer (B2C) ist der elektronische Versandhandel mit Endkunden.		
Electronic Commerce hat für Kunden kaum Vorteile.		
Im Internet kann man nur mit Vorkasse bezahlen.		

Zur weiteren Vertiefung der Lerninhalte und Sicherung der Lernergebnisse empfehlen wir das Bearbeiten der Aufgaben und Aktionen in Kapitel 4 (Wir nutzen das Internet als Handelsplattform und beachten dabei gesetzliche Bestimmungen) des Lernfeldes 12 Ihres Lehrbuches „Handeln im Handel, 3. Ausbildungsjahr".

LERNFELD 13

DEN PERSONALEINSATZ PLANEN UND MITARBEITER FÜHREN

1 Wir führen eine quantitative Personalplanung ~~durch~~

HANDLUNGSSITUATION

Der Geschäftsführer der Ambiente Warenhaus AG lässt sich von der Personalleiterin Frau Kraibaum die quantitative Personalplanung für die Filiale Schönstadt zeigen:

Dort werden demnächst zwei Rückkehrer vom Bundesfreiwilligendienst und drei Mitarbeiter aus der Elternzeit als Zugang erwartet. Vier Auszubildende werden übernommen. Als sichere Abgänge werden drei in den Mutterschutz gehende Beschäftigte erwartet. Fünf Mitarbeiter und Mitarbeiterinnen werden zum Monatsende in den Ruhestand gehen. Erfahrungsgemäß ist in dem Planungszeitraum mit weiteren sieben Mitarbeiterinnen und Mitarbeitern zu rechnen, die die Filiale Schönstadt aus unterschiedlichen Gründen verlassen. Der aktuelle Personalbestand der Filiale Schönstadt beträgt zurzeit 94 Mitarbeiterinnen und Mitarbeiter. Laut Stellenplan hat die Filiale Schönstadt einen Personalbedarf von 98 Mitarbeiterinnen und Mitarbeitern.

Herr Rischmüller bittet Frau Kraibaum, den Nettopersonalbedarf der Filiale Schönstadt zu ermitteln und ihm konkrete Vorschläge für die Personalbeschaffung zu machen.

Nutzen Sie zur Lösung der Handlungsaufgaben die Informationen zur Personalplanung in Ihrem Lehrbuch „Handeln im Handel, 3. Ausbildungsjahr", Lernfeld 13, Kapitel 1 (Wir führen personalwirtschaftliche Aufgaben durch).

HANDLUNGSAUFGABEN

1. Welche Fragen muss Frau Kraibaum klären, um den Auftrag ordnungsgemäß zu erfüllen?

[handschriftlich:] Wie viele Mitarbeiter müssen ersetzt werden?
Wie erfolgt eine Personalplanung?
Welche Art der MA muss ersetzt werden?

2. Ermitteln Sie den Nettopersonalbedarf der Filiale Schönstadt. Nutzen Sie dazu das folgende Schema.

Personalbedarf laut Stellenplan	98 Mitarbeiter
aktueller MA Stand	94 MA
= Personaluntersuchu +	4 MA

= Bruttopersonalbedarf	19 MA
Anstehende Zugänge	
− Rückkehr Wehrdienst	2 MA
− Rückkehr Elternzeit	3 MA
Übernahme aus Ausbildungsverhältnis	4 MA
	3 MA
= Nettopersonalbedarf	10 MA

3. Erläutern Sie die Ergebnisse der in Aufgabe 2 durchgeführten quantitativen Personalbedarfsplanung.

4. Machen Sie Vorschläge für die notwendigen Personalbeschaffungsmaßnahmen.

5. Stellen Sie Vorteile und Nachteile der internen Personalbeschaffung gegenüber.

Vorteile	Nachteile

LERNFELD 13

DEN PERSONALEINSATZ PLANEN UND MITARBEITER FÜHREN

6. Notieren Sie die Möglichkeiten, die die Ambiente Warenhaus AG nutzen kann, um externe Bewerber für die zu besetzenden Stellen in ihrer Filiale Schönstadt zu gewinnen.

7. Machen Sie Herrn Rischmüller einen Vorschlag zur Durchführung der notwendigen Personalbeschaffungsmaßnahmen für die Filiale Schönstadt.

VERTIEFUNGS- UND ANWENDUNGSAUFGABEN

Zur weiteren Vertiefung und Sicherung der Lernergebnisse empfehlen wir das Bearbeiten der Aufgaben und Aktionen im Kapitel 1 (Wir führen personalwirtschaftliche Aufgaben durch) des Lernfeldes 13 in Ihrem Lehrbuch „Handeln im Handel, 3. Ausbildungsjahr".

WIR GESTALTEN EINE STELLENANZEIGE FÜR EINE NEU ZU BESETZENDE STELLE

2 Wir gestalten eine Stellenanzeige für eine neu zu besetzende Stelle

HANDLUNGSSITUATION

Die Ambiente Warenhaus AG möchte in ihrer Filiale Schönstadt folgende Stellen neu besetzen:

- Kosmetikverkäuferin/Kosmetikverkäufer
- 1. Verkäuferin/1. Verkäufer im Bereich Herrenoberbekleidung
- Abteilungsleiterin/Abteilungsleiter Lebensmittel

Britta Krombach und Robin Labitzke werden von der Leiterin der Personalabteilung beauftragt, die Entwürfe für die Stellenanzeigen zu erstellen.

Nutzen Sie zur Lösung der Handlungsaufgaben die Informationen zum Anforderungsprofil und zu Stellenanzeigen in Ihrem Lehrbuch „Handeln im Handel, 3. Ausbildungsjahr", Lernfeld 13, Kapitel 2 (Wir wirken bei der Einstellung von neuen Mitarbeitern mit).

HANDLUNGSAUFGABEN

1. Welche Fragen müssen Britta Krombach und Robin Labitzke klären, um den Auftrag zur Zufriedenheit der Leiterin der Personalabteilung zu erfüllen?

2. Stellen Sie die Angaben zusammen, die ein Anforderungsprofil für eine zu besetzende Stelle enthalten sollte.

LERNFELD 13

DEN PERSONALEINSATZ PLANEN UND MITARBEITER FÜHREN

3. Erstellen Sie das Anforderungsprofil für die zu besetzende Stelle einer Kosmetikverkäuferin/eines Kosmetikverkäufers.

Stellenbezeichnung	

4. Erstellen Sie das Anforderungsprofil für die zu besetzende Stelle einer 1. Verkäuferin/eines 1. Verkäufers für den Bereich Herrenoberbekleidung.

Stellenbezeichnung	

5. Erstellen Sie das Anforderungsprofil für die zu besetzende Stelle einer Abteilungsleiterin/eines Abteilungsleiters in der Lebensmittelabteilung.

Stellenbezeichnung	

6. Stellen Sie die Informationen, die eine Stellenanzeige enthalten sollte, in einer Übersicht zusammen.

7. Erstellen Sie einen Entwurf für die Stellenanzeige „Kosmetikverkäuferin/Kosmetikverkäufer".

8. Erstellen Sie einen Entwurf für die Stellenanzeige „1. Verkäuferin/1. Verkäufer im Bereich Herrenoberbekleidung".

LERNFELD 13

DEN PERSONALEINSATZ PLANEN UND MITARBEITER FÜHREN

9. Erstellen Sie einen Entwurf für die Stellenanzeige „Abteilungsleiterin/Abteilungsleiter Lebensmittel".

VERTIEFUNGS- UND ANWENDUNGSAUFGABEN

Zur weiteren Vertiefung und Sicherung der Lernergebnisse empfehlen wir das Bearbeiten der 1. und 2. Aufgabe im Kapitel 2 (Wir wirken bei der Einstellung von neuen Mitarbeitern mit) des Lernfeldes 13 in Ihrem Lehrbuch „Handeln im Handel, 3. Ausbildungsjahr".

3 Wir wählen Stellenbewerberinnen und -bewerber für ein Vorstellungsgespräch aus

HANDLUNGSSITUATION

Die Ambiente Warenhaus AG benötigt eine neue Verkäuferin oder einen neuen Verkäufer in der Warenwelt „Parfüm/Kosmetik" der Filiale Schönstadt.

Auf die von Britta Krombach und Robin Labitzke entworfene Stellenanzeige haben sich vier Personen beworben.

Wir haben ehrgeizige Ziele und sind an aktiven Mitarbeitern interessiert.

Wir suchen heute

eine Kosmetikverkäuferin/einen Kosmetikverkäufer

für unser Warenhaus in Schönstadt

Wir erwarten von unseren neuen Mitarbeitern

- überdurchschnittliche Einsatzbereitschaft
- die Fähigkeit, vorhandene Fachkenntnisse in verkäuferische Argumente umzusetzen
- weitgehend selbstständiges, kreatives Arbeiten
- sicheres Auftreten, Durchsetzungsvermögen

Wir bieten Ihnen teamorientiertes Arbeiten, leistungsgerechte Bezahlung und interessante Sozialleistungen.

Bewerbungen mit Lebenslauf und Zeugnissen richten Sie bitte an:

AMBIENTE WARENHAUS AG
Frau Kraibaum • Groner Straße 22–24 • 34567 Schönstadt

Die Leiterin des Funktionsbereichs Personal, Frau Kraibaum, bittet Britta Krombach und Robin Labitzke, sie bei der Auswahl der neuen Verkäuferin oder des neuen Verkäufers zu unterstützen. Sie beauftragt die beiden,

- die eingegangenen Bewerbungsunterlagen auf Vollständigkeit zu überprüfen und
- eine Vorauswahl für ein Vorstellungsgespräch vorzunehmen.

Nutzen Sie zur Lösung der Handlungsaufgaben die Informationen zu Bewerbungsunterlagen und zur Beurteilung von Bewerbungen in Ihrem Lehrbuch „Handeln im Handel, 3. Ausbildungsjahr", Lernfeld 13, Kapitel 2 (Wir wirken bei der Einstellung von neuen Mitarbeitern mit).

LERNFELD 13

DEN PERSONALEINSATZ PLANEN UND MITARBEITER FÜHREN

HANDLUNGSAUFGABEN

1. Welche Fragen müssen Britta Krombach und Robin Labitzke klären, um die geschilderte Aufgabe zu lösen?

2. Stellen Sie fest, welche Unterlagen bei einer schriftlichen Bewerbung eingereicht werden müssen.

3. Stellen Sie Kriterien für die Bewertung der Bewerbungsunterlagen in einer Übersicht zusammen.

WIR WÄHLEN STELLENBEWERBERINNEN UND -BEWERBER FÜR EIN VORSTELLUNGSGESPRÄCH AUS

4. Bewerten Sie die eingegangenen Bewerbungsunterlagen auf der Grundlage dieser Kriterien und treffen Sie eine begründete Vorauswahl für ein Vorstellungsgespräch.

Bewerbung 1

Katharina Schrader   Schönstadt, 17. Mai 20..
Anna-Gruber-Weg 9
34567 Schönstadt

Ambiente Warenhaus AG
Frau Kraibaum
Groner Straße 22–24
34567 Schönstadt

Bewerbung

Sehr geehrte Frau Kraibaum,

aufgrund Ihrer Anzeige im Schönstädter Anzeiger vom 14. Mai 20.. bewerbe ich mich um die Stelle als Kosmetikverkäuferin in Ihrem Warenhaus in Schönstadt.
Bis zum 30. April 20.. war ich bei der Firma „Drogeriemarkt Freimund" in Schönstadt, Albaniplatz 14, als Verkäuferin tätig. Hier konnte ich mir die Warenkenntnisse und Verkaufserfahrungen aneignen, die für die von Ihnen ausgeschriebene Stelle erforderlich sind.

Nähere Einzelheiten über meine Person und meinen beruflichen Werdegang können Sie meinem Lebenslauf und dem beigefügten Zeugnis entnehmen.

Ich wäre Ihnen dankbar, wenn Sie meine Bewerbung berücksichtigen würden.
Zu einer persönlichen Vorstellung bin ich jederzeit bereit.

Mit freundlichem Gruß

Katharina Schrader

Anlagen

Katharina Schrader
Anna-Gruber-Weg 9
34567 Schönstadt

Lebenslauf

Name:					Katharina Schrader

Geburtsdatum:			27. April 1982

Geburtsort:				Alfeld/Leine

Familienstand:			ledig

Schulbildung:			vom 1. August 1988 bis 31. Juli 1992
						Grundschule, Alfeld/Leine
						vom 1. August 1992 bis 31. Juli 1998
						Käthe-Kollwitz-Realschule, Alfeld/Leine

Berufsausbildung:		vom 1. August 1998 bis 31. Mai 2001
						Ausbildung zur Kauffrau im Einzelhandel
						bei der Firma „Haushaltswaren Schmidt",
						Schulstraße 18, Hildesheim

Berufstätigkeit:		vom 1. Juni 2001 bis 30. April 20.. bei der Firma
						„Drogeriemarkt Freimund", Schönstadt als Verkäuferin beschäftigt

Schönstadt, 17. Mai 20..

Arbeitszeugnis für Katharina Schrader

Frau Katharina Schrader, geboren am 27. April 1982 in Alfeld/Leine, war vom 1. Juni 2001 bis 30. April 20.. als Verkäuferin in unserem Drogeriemarkt in Schönstadt beschäftigt.

Ihr Aufgabengebiet umfasste:
- die Beratung von Kunden in unserer Kosmetikabteilung,
- die Regalpflege und
- Tätigkeiten an der Kasse.

Frau Schrader verfügt über ein äußerst umfassendes und hervorragendes Fachwissen, das sie zur Bewältigung ihrer Aufgaben stets sehr sicher und erfolgreich einsetzte. Sie hat sich innerhalb kürzester Zeit in den ihr gestellten Aufgabenbereich eingearbeitet. Sie war äußerst zuverlässig. Dabei war sie auch höchstem Zeitdruck und Arbeitsaufwand stets gewachsen. Sie beeindruckte stets durch qualitativ und quantitativ hervorragende Ergebnisse. Frau Schrader hat die ihr übertragenen Aufgaben stets zu unserer vollsten Zufriedenheit erledigt. Ihr Verhalten gegenüber Vorgesetzten, Kollegen und Kunden war stets hervorragend.

Frau Schrader verlässt unser Unternehmen auf eigenen Wunsch.

Wir danken Frau Schrader für die stets hervorragende Zusammenarbeit und bedauern es sehr, sie als Mitarbeiterin zu verlieren. Für ihren weiteren Berufs- und Lebensweg wünschen wir ihr alles Gute und auch weiterhin viel Erfolg.

Drogeriemarkt Freimund

Claudia Freimund

Bewerbung 2

Julia Gerber Schönstadt, 18. Mai 20..
Gustav-Freytag-Straße 6
34567 Schönstadt

Ambiente Warenhaus AG
Frau Kraibaum
Groner Straße 22–24
34567 Schönstadt

Bewerbung

Sehr geehrte Frau Kraibaum,

in Ihrer Anzeige im Schönstädter Anzeiger vom 14. Mai 20.. bieten Sie eine Stelle als Kosmetikverkäuferin in Ihrem Warenhaus in Schönstadt an.
Ich bewerbe mich um die Stelle.
Bis zum 30.06. 20.. war ich bei der Firma „Parfümerie Grothe" in Schönstadt, Schützenplatz 12, als Kosmetikverkäuferin tätig. Hier konnte ich mir die für die von Ihnen ausgeschriebene Stelle erforderlichen Warenkenntnisse und Verkaufserfahrungen aneignen.

Nähere Angaben zu meiner Person und meinem beruflichen Werdegang können Sie meinem Lebenslauf und dem beigefügten Zeugnis entnehmen.

Ich wäre Ihnen dankbar, wenn Sie meine Bewerbung berücksichtigen würden.
Zu einer persönlichen Vorstellung bin ich jederzeit bereit.

Mit freundlichem Gruß

Julia Gerber

Anlagen

Julia Gerber
Gustav-Freytag-Straße 6
34567 Schönstadt

Lebenslauf

Name: Julia Gerber

Geburtsdatum: 15. Juli 1992

Geburtsort: Schönstadt

Familienstand: verheiratet

Schulbildung: vom 1. August 1998 bis 31. Juli 2002
                  Grundschule Schönstadt
                  vom 1. August 2002 bis 31. Juli 2008
                  Heinrich-Heine-Schule Schönstadt

Berufsausbildung: vom 1. August 2008 bis 31. Mai 2011
                  Ausbildung zur Kauffrau im Einzelhandel
                  bei der Firma „Drogeriemarkt Schütt",
                  Goethestraße 4, Göttingen

Berufstätigkeit: vom 1. Juni 2011 bis 30. Juni 20.. bei der Firma
                  „Parfümerie Grothe" als Kosmetikverkäuferin beschäftigt

Schönstadt, 18. Mai 20..

LERNFELD 13

DEN PERSONALEINSATZ PLANEN UND MITARBEITER FÜHREN

Arbeitszeugnis für Julia Gerber

Frau Julia Gerber, geboren am 15. Juli 1992 in Schönstadt, war vom 1. Juni 2011 bis 30. Juni 20.. als Kosmetikverkäuferin in unserem Unternehmen tätig.

Ihr Aufgabengebiet umfasste:
- die Fachberatung von Kunden,
- die verkaufsaktive Warenpräsentation und
- Tätigkeiten an der Kasse.

Frau Gerber verfügt über ein den Anforderungen entsprechendes Fachwissen. Sie hat sich unseren Erwartungen entsprechend in den ihr gestellten Aufgabenbereich eingearbeitet. Sie war zuverlässig und erledigte die entscheidenden Aufgaben problemlos. Dabei war sie üblichem Zeitdruck und Arbeitsaufwand gewachsen. Sie strebte gute Ergebnisse an. Frau Gerber hat die ihr übertragenen Aufgaben zu unserer Zufriedenheit erledigt. Ihr Verhalten gegenüber Kollegen und Vorgesetzten war zufriedenstellend.

Frau Gerber verlässt unser Unternehmen im gegenseitigen Einvernehmen.

Wir danken Frau Gerber für die erbrachte Leistung und wünschen ihr für die Zukunft weiterhin alles Gute.

Parfümerie Grothe

Grothe

Bewerbung 3

Juliane Döpfner					Schönstadt, 17. Mai 20..
Eichenstraße 6
34567 Schönstadt

Ambiente Warenhaus AG
Frau Kraibaum
Groner Straße 22–24
34567 Schönstadt

Bewerbung

Sehr geehrte Frau Kraibaum,

hiermit bewerbe ich mich auf Ihre im Schönstädter Anzeiger vom 14. Mai 20.. ausgeschriebene Stelle als Kosmetikverkäuferin in Ihrem Warenhaus in Schönstadt.
Bis zum 30. März 20.. war ich bei der Firma „Parfümerie Stolte" in Oldenburg als Verkäuferin tätig. Hier konnte ich mir die Warenkenntnisse und Verkaufserfahrungen aneignen, die für die von Ihnen ausgeschriebene Stelle erforderlich sind.

Nähere Einzelheiten über meine Person und meinen beruflichen Werdegang können Sie meinem Lebenslauf und dem beigefügten Zeugnis entnehmen.

Ich könnte die Stelle in Ihrem Geschäft frühestens am 1. Juni 20.. antreten.
Ich würde mich sehr freuen, wenn Sie meine Bewerbung berücksichtigen würden.
Zu einer persönlichen Vorstellung bin ich jederzeit bereit.

Mit freundlichem Gruß

Juliane Döpfner

Anlagen

Juliane Döpfner
Markt 17
34567 Schönstadt

Lebenslauf

Name:	Juliane Döpfner
Geburtsdatum:	17. November 1997
Geburtsort:	Oldenburg (Oldenburg)
Familienstand:	ledig
Schulbildung:	vom 1. August 2003 bis 31. Juli 2007 Heinrich-Böll-Schule, Oldenburg vom 1. August 2007 bis 31. Juli 2013 Voigt-Realschule, Oldenburg
Berufsausbildung:	vom 1. August 2013 bis 31. Mai 2016 Ausbildung zur Kauffrau im Einzelhandel bei der Firma „Parfümerie Müller", Neumarkt 14, Oldenburg
Berufstätigkeit:	vom 1. Juni 2016 bis 30. März 20.. bei der Firma „Parfümerie Stolte" als Verkäuferin beschäftigt

Schönstadt, 17. Mai 20..

WIR WÄHLEN STELLENBEWERBERINNEN UND -BEWERBER FÜR EIN VORSTELLUNGSGESPRÄCH AUS

Arbeitszeugnis für Juliane Döpfner

Frau Juliane Döpfner, geboren am 17. November 1997 in Oldenburg (Oldenburg), war vom 1. August 2016 bis 30. März 20.. als Verkäuferin in unserer Parfümerie beschäftigt.

Zu ihren Aufgaben gehörten:
- die Beratung von Kunden,
- die Regal- und Warenpflege und
- das Kassieren des Verkaufspreises.

Frau Döpfner verfügt über ein umfassendes und gutes Fachwissen, das sie zur Bewältigung ihrer Aufgaben sehr sicher und erfolgreich einsetzte. Sie hat sich innerhalb kurzer Zeit in den ihr gestellten Aufgabenbereich eingearbeitet. Sie verfolgte die vereinbarten Ziele nachhaltig und erfolgreich. Sie war sehr zuverlässig und ihr Arbeitsstil war stets geprägt durch sorgfältige Planung und Systematik. Dabei war sie auch erhöhtem Zeitdruck und Arbeitsaufwand gut gewachsen. Sie lieferte stets qualitativ und quantitativ gute Ergebnisse. Frau Döpfner hat die ihr übertragenen Aufgaben stets zu unserer vollen Zufriedenheit erledigt. Ihr Verhalten gegenüber Vorgesetzten, Kollegen und Kunden war stets einwandfrei.

Frau Döpfner verlässt unser Unternehmen auf eigenen Wunsch.

Wir danken Frau Döpfner für ihre wertvolle Mitarbeit und bedauern es, sie als Mitarbeiterin zu verlieren. Für ihren weiteren Berufs- und Lebensweg wünschen wir ihr alles Gute und auch weiterhin viel Erfolg.

Parfümerie Stolte

Waltraud Stolte

LERNFELD 13

DEN PERSONALEINSATZ PLANEN UND MITARBEITER FÜHREN

Bewerbung 4

Matthias Conrad
Wiesenstraße 14
34567 Schönstadt

Schönstadt, 18. Mai 20..

Ambiente Warenhaus AG
Frau Kraibaum
Groner Straße 22–24
34567 Schönstadt

Bewerbung

Sehr geehrte Frau Kraibaum,

ich bewerbe mich hiermit für die von Ihnen ausgeschriebene Stelle als Kosmetikverkäufer in Ihrem Warenhaus in Schönstadt.
In der Zeit vom 1. Juni 2009 bis zum 30. September 20.. war ich bei der Firma „Realkauf" in Schönstadt in der Drogerieabteilung als Verkäufer tätig. Hier habe ich mir die Warenkenntnisse und Verkaufserfahrungen angeeignet, die für die von Ihnen ausgeschriebene Stelle erforderlich sind.

Weitere Informationen über meine Person und meinen beruflichen Werdegang können Sie meinem Lebenslauf und dem beigefügten Zeugnis entnehmen.

Ich würde mich freuen, wenn Sie meine Bewerbung berücksichtigen würden.

Mit freundlichem Gruß

Matthias Conrad

Anlagen

Matthias Conrad
Wiesenstraße 14
34567 Schönstadt

Lebenslauf

Name:	Matthias Conrad
Geburtsdatum:	15. Mai 1990
Geburtsort:	Bremen
Familienstand:	verheiratet
Schulbildung:	vom 1. August 1996 bis 31. Juli 2000 Grundschule Bremen-Vegesack vom 1. August 2000 bis 31. Juli 2006 Realschule Neue Vah
Berufsausbildung:	vom 1. August 2006 bis 31. Mai 2009 Ausbildung zum Kaufmann im Einzelhandel bei der Firma „Frischkauf", Schusterstraße 28, Bremen
Berufstätigkeit:	vom 1. Juni 2009 bis 30. September 20.. bei der Firma „Realkauf", Schönstadt als Verkäufer in der Drogerieabteilung

Schönstadt, 17. Mai 20..

LERNFELD 13

DEN PERSONALEINSATZ PLANEN UND MITARBEITER FÜHREN

Arbeitszeugnis für Herrn Matthias Conrad

Herr Matthias Conrad, geboren am 15. Mai 1990 in Bremen, war vom 1. Juni 2009 bis 30. September 20.. als Mitarbeiter in der Drogerieabteilung unseres Unternehmens beschäftigt.

Sein Aufgabengebiet umfasste:
- die Regal- und Warenpflege,
- die verkaufsaktive Warenpräsentation und
- Tätigkeiten an der Kasse.

Herr Conrad verfügt über ein solides Fachwissen, das er zur Bewältigung seiner Aufgaben erfolgreich einsetzte. Er hat sich engagiert in den ihm gestellten Aufgabenbereich eingearbeitet und verfolgte die vereinbarten Ziele nachhaltig. Er war zuverlässig. Dabei war er auch hohem Zeitdruck und Arbeitsaufwand gewachsen. Die Qualität seiner Arbeitsergebnisse erfüllte in vollem Umfang die an ihn gestellten Anforderungen. Herr Conrad hat die ihm übertragenen Aufgaben zu unserer vollen Zufriedenheit erledigt. Sein Verhalten gegenüber Vorgesetzten, Kollegen und Kunden war einwandfrei.

Das Arbeitsverhältnis endet aus betriebsbedingten Gründen zum 30. September 20...

Wir danken Herrn Conrad für die erbrachte Leistung und wünschen ihm für die Zukunft weiterhin alles Gute.

Realkauf

Lehmann

VERTIEFUNGS- UND ANWENDUNGSAUFGABEN

Zur weiteren Vertiefung und Sicherung der Lernergebnisse empfehlen wir das Bearbeiten der 3. und 4. Aufgabe im Kapitel 2 (Wir wirken bei der Einstellung von neuen Mitarbeitern mit) des Lernfeldes 13 in Ihrem Lehrbuch „Handeln im Handel, 3. Ausbildungsjahr".

4 Wir treffen eine Auswahlentscheidung für die ausgeschriebene Stelle

HANDLUNGSSITUATION

Auf die Anzeige für die Stelle „Kosmetikverkäuferin/Kosmetikverkäufer" haben sich vier Personen beworben. Von diesen vier Personen haben Britta Krombach und Robin Labitzke nach Rücksprache mit der Leiterin des Funktionsbereichs Personal, Frau Kraibaum, zwei Bewerberinnen bzw. Bewerber zu einem Vorstellungsgespräch eingeladen.

Diese Vorstellungsgespräche wird Frau Kraibaum durchführen.

Sie bittet Britta Krombach und Robin Labitzke, sie zu unterstützen und die Vorstellungsgespräche mit den ausgewählten Bewerberinnen und Bewerbern vorzubereiten.

Nutzen Sie zur Lösung der Handlungsaufgaben die Informationen zum Vorstellungsgespräch, Fragebogen und Assessment-Center in Ihrem Lehrbuch „Handeln im Handel, 3. Ausbildungsjahr", Lernfeld 13, Kapitel 2 (Wir wirken bei der Einstellung von neuen Mitarbeitern mit).

HANDLUNGSAUFGABEN

1. Welche Fragen müssen Britta Krombach und Robin Labitzke klären, um den Auftrag zu erfüllen?

2. Erstellen Sie einen Ablaufplan für die Vorstellungsgespräche.

3. Stellen Sie fest, welche Inhalte Frau Kraibaum in den einzelnen Phasen des Vorstellungsgesprächs ansprechen sollte.

WIR TREFFEN EINE AUSWAHLENTSCHEIDUNG FÜR DIE AUSGESCHRIEBENE STELLE

LERNFELD 13 DEN PERSONALEINSATZ PLANEN UND MITARBEITER FÜHREN

4. Sammeln Sie Beurteilungskriterien für die durchzuführenden Vorstellungsgespräche.

5. Versetzen Sie sich in die Rolle von Frau Kraibaum und führen Sie zwei Vorstellungsgespräche mit den in Lernsituation 3 ausgewählten Bewerberinnen und Bewerbern in einem Rollenspiel durch. Werten Sie die Vorstellungsgespräche unter Berücksichtigung der in Aufgabe 4 gesammelten Kriterien aus.

WIR TREFFEN EINE AUSWAHLENTSCHEIDUNG FÜR DIE AUSGESCHRIEBENE STELLE

6. Treffen Sie eine begründete Auswahlentscheidung für die ausgeschriebene Stelle.

VERTIEFUNGS- UND ANWENDUNGSAUFGABEN

1. Beschreiben Sie die möglichen Bestandteile eines Assessment-Centers.

2. Welche Vorteile bietet das Assessment-Center im Vergleich zu anderen Personalauswahlverfahren (Vorstellungsgespräche, Fragebogen, Tests)?

Zur weiteren Vertiefung und Sicherung der Lernergebnisse empfehlen wir das Bearbeiten der 5. Aufgabe und der 2. Aktion im Kapitel 2 (Wir wirken bei der Einstellung von neuen Mitarbeitern mit) des Lernfeldes 13 in Ihrem Lehrbuch „Handeln im Handel, 3. Ausbildungsjahr".

LERNFELD 13

DEN PERSONALEINSATZ PLANEN UND MITARBEITER FÜHREN

5 Wir bereiten die Einstellung eines neuen Mitarbeiters vor

HANDLUNGSSITUATION

Die Leiterin des Funktionsbereichs Personal, Frau Kraibaum, bittet Britta Krombach, die Einstellung der neuen Kosmetikverkäuferin bzw. des neuen Kosmetikverkäufers vorzubereiten und einen Arbeitsvertragsentwurf für die neue Mitarbeiterin oder den neuen Mitarbeiter zu erstellen.

Nutzen Sie zur Lösung der Handlungsaufgaben die Informationen zum Arbeitsvertrag in Ihrem Lehrbuch „Handeln im Handel, 3. Ausbildungsjahr", Lernfeld 13, Kapitel 3 (Wir erkennen die Bedeutung von Arbeitsverträgen für das Arbeitsverhältnis).

HANDLUNGSAUFGABEN

1. Welche Fragen muss Britta Krombach klären, um den Auftrag ordnungsgemäß zu erfüllen?

2. Stellen Sie fest, welche Personen bei der Einstellung der neuen Mitarbeiterin oder des neuen Mitarbeiters beteiligt werden müssen.

WIR BEREITEN DIE EINSTELLUNG EINES NEUEN MITARBEITERS VOR

3. Erstellen Sie eine Übersicht der wesentlichen Inhalte eines Arbeitsvertrags.

4. Erstellen Sie eine Übersicht der Bestimmungen des Arbeitszeitgesetzes und des Bundesurlaubsgesetzes, die bei der Gestaltung des Arbeitsvertrags berücksichtigt werden müssen.

Nutzen Sie dazu die folgenden Informationen zum Arbeitszeitgesetz und den Auszug aus dem Bundesurlaubsgesetz.

Gültigkeitsbereich des Arbeitszeitgesetzes

Die Bestimmungen des Arbeitszeitgesetzes gelten in der Industrie, im Handwerk (außer in Bäckereien und Konditoreien), im Handel und in sonstigen Dienstleistungsbetrieben für alle Arbeiter, Angestellten und Auszubildenden über 18 Jahre. Sie gelten nicht für:
- leitende Angestellte
- Chefärzte
- Leiter öffentlicher Dienststellen und deren Vertreter
- Arbeitnehmer im öffentlichen Dienst, die selbstständig in Personalangelegenheiten entscheiden dürfen.

Für Beschäftigte unter 18 Jahren gelten die Bestimmungen des Jugendarbeitsschutzgesetzes.

Höchstarbeitszeit

Das Arbeitszeitgesetz bestimmt, dass die regelmäßige Arbeitszeit an Werktagen die Dauer von acht Stunden nicht überschreiten darf. Dabei sind die Ruhepausen nicht Bestandteil der täglichen Arbeitszeit. Das Arbeitszeitgesetz erlaubt eine Verlängerung der täglichen Höchstarbeitszeit auf bis zu zehn Stunden nur, wenn dadurch die durchschnittliche werktägliche Arbeitszeit innerhalb von sechs Monaten oder vierundzwanzig Wochen nicht überschritten wird. Ohne Ausgleich kann der 8-Stunden-Tag durch Tarifvertrag an höchstens 60 Werktagen auf bis zu zehn Stunden verlängert werden.

Ruhezeiten und Ruhepausen

Die Beschäftigten haben bei einer täglichen Arbeitszeit von mehr als sechs Stunden Anspruch auf mindestens eine halbstündige oder zwei viertelstündige Ruhepausen. Bei einer täglichen Arbeitszeit von mehr als neun Stunden müssen die Ruhepausen mindestens 45 Minuten betragen.

Die einzelnen Ruhepausen müssen mindestens fünfzehn Minuten lang sein.

Zwischen zwei Arbeitstagen muss die ununterbrochene Ruhezeit für die Beschäftigten mindestens elf Stunden betragen.

[...]

Sonn- und Feiertagsruhe

An Sonn- und Feiertagen dürfen Arbeiter, Angestellte und Auszubildende grundsätzlich nicht beschäftigt werden.

Ausnahmen lässt das Arbeitszeitgesetz jedoch u. a. für das Verkehrsgewerbe, das Gast- und Schankgewerbe, Krankenhäuser und die Landwirtschaft zu.

Auszug aus dem Bundesurlaubsgesetz

§ 3 Dauer des Urlaubs

(1) Der Urlaub beträgt jährlich mindestens 24 Werktage.

(2) Als Werktage gelten alle Kalendertage, die nicht Sonn- oder gesetzliche Feiertage sind.

LERNFELD 13

DEN PERSONALEINSATZ PLANEN UND MITARBEITER FÜHREN

_____
_____
_____
_____
_____
_____
_____
_____
_____
_____
_____

5. Stellen Sie die Bestimmungen des für die Ambiente Warenhaus AG maßgeblichen Tarifvertrags zusammen, die bei der Festlegung der Gehaltshöhe und der Arbeitszeit im Arbeitsvertrag für die neue Kosmetikverkäuferin oder den neuen Kosmetikverkäufer beachtet werden müssen.

Nutzen Sie dazu die folgenden Informationen zum Manteltarifvertrag und zum Lohn- und Gehaltstarifvertrag für Unternehmen des Einzelhandels.

Tarifbereich/Branche **Einzelhandel** – mit Tankstellen- und Garagengewerbe –

Tarifvertragsparteien/Ansprechpartner

Handelsverband Nordrhein-Westfalen, Kaiserstr. 42a, 40479 Düsseldorf

Vereinte Dienstleistungsgewerkschaft ver.di e.V. Landesbezirk Nordrhein-Westfalen, Karlstr. 123–127, 40210 Düsseldorf

DHV – Die Berufsgewerkschaft e.V., Landesverband Nordrhein-Westfalen, Grabenstr. 95, 47057 Duisburg

Fachlicher Geltungsbereich

Die Tarifverträge gelten für Unternehmen des Einzelhandels einschließlich ihrer Hilfs- und Nebenbetriebe sowie für die von diesen Betrieben beschäftigten Arbeitnehmer. Die Tarifverträge gelten auch in Filialunternehmen des Einzelhandels. Dazu gehören auch die Verkaufsstellen der Lebensmittelfilialbetriebe, ihre Hauptverwaltungen, Nebenbetriebe und Lager. Außerdem gelten die Tarifverträge in Versandunternehmen des Einzelhandels sowie in Betrieben, deren Schwerpunkt im Einzelhandel liegt, und in Betrieben des Tankstellen- und Garagengewerbes (s. auch gesondertes Datenblatt Tankstellen- und Garagengewerbe).

Laufzeit des Manteltarifvertrags: gültig ab 01.05.2013 – kündbar zum 30.04.2015

Laufzeit des Lohn- und Gehaltstarifvertrags: gültig ab 01.05.2017 – kündbar zum 30.04.2019
(einschl. Ausbildungsvergütungen)

[...]

Höhe der Monatsgehälter für Angestellte

ab 01.05.2017	ab 01.07.2017	ab 01.05.2018

Unterste Gehaltsgruppe

Angestellte ohne abgeschlossene kaufmännische Ausbildung oder Angestellte ohne eine abgeschlossene gleichwertige Ausbildung.

| 1.554,00 € bis 2.471,00 € | 1.590,00 € bis 2.528,00 € | 1.622,00 € bis 2.579,00 € |

Einstieg nach Ausbildung

Angestellte mit abgeschlossener kaufmännischer Ausbildung mit einfacher kaufmännischer Tätigkeit; Angestellte ohne Ausbildung können mit Beginn des 4. Tätigkeitsjahres der Verkäuferin/dem Verkäufer gleichgestellt werden.

1. Berufsjahr	1.690,00 €	1.729,00 €	1.764,00 €
2. Berufsjahr	1.739,00 €	1.779,00 €	1.815,00 €
3. Berufsjahr	1.940,00 €	1.985,00 €	2.025,00 €
4. Berufsjahr	1.987,00 €	2.033,00 €	2.074,00 €
5. Berufsjahr	2.180,00 €	2.230,00 €	2.275,00 €
6. Berufsjahr	2.471,00 €	2.528,00 €	2.579,00 €

Nach 2-jähriger Ausbildung (Verkäufer/-innen) gilt das 1. Berufsjahr als zurückgelegt, nach 3-jähriger Ausbildung (Einzelhandelskaufleute) gelten das 1. und 2. Berufsjahr als zurückgelegt.

Höchste Gehaltsgruppe

Angestellte in leitender Stellung mit Anweisungsbefugnissen und mit entsprechender Verantwortung für ihren Tätigkeitsbereich, und zwar in Arbeitsbereichen mit in der Regel mehr als 8 unterstellten festangestellten Vollbeschäftigten einschließlich der Auszubildenden sowie hauptamtliche Personalausbildungsleiter.

3.410,00 € bis 4.712,00 €	3.488,00 € bis 4.820,00 €	3.558,00 € bis 4.916,00 €

[...]

Wöchentliche Regelarbeitszeit

37,5 Stunden

Urlaubsdauer

36 Werktage

Zusätzliches Urlaubsgeld

50 % eines Verkäufergehalts/Verkäuferinnengehalts (letztes Berufsjahr) nach dem Stand vom jeweiligen Jahresanfang. Auszubildende und diesen Gleichzustellende erhalten $^2/_3$ des o. a. Betrags.

Jahressonderzahlung (Weihnachtsgeld)

62,5 % eines tariflichen Monatseinkommens nach mehr als 12-monatiger ununterbrochener Betriebszugehörigkeit am 1. Dezember des Kalenderjahres

Vermögenswirksame Leistung

13,29 € Arbeitgeberanteil je Monat

[...]

Quelle: Ministerium für Arbeit, Gesundheit und Soziales des Landes Nordrhein-Westfalen: Das Tarifregister Nordrhein-Westfalen. In: www.tarifregister.nrw.de. http://www.tarifregister.nrw.de/material/einzelhandel2.pdf [5.12.2018].

6. Erstellen Sie den Arbeitsvertragsentwurf.

Arbeitsvertrag

Zwischen _____

(Name und Adresse des Arbeitgebers)   – nachfolgend „Arbeitgeber" genannt –

vertreten durch _____

und

Herrn/Frau _____

wohnhaft _____

– nachfolgend „Arbeitnehmer/-in" genannt –

wird folgender Arbeitsvertrag geschlossen:

§ 1 Beginn des Arbeitsverhältnisses

Das Arbeitsverhältnis beginnt am 01.07.20…

§ 2 Probezeit

Das Arbeitsverhältnis wird auf unbestimmte Zeit geschlossen. Die ersten drei Monate gelten als Probezeit. Während der Probezeit kann das Arbeitsverhältnis beiderseits mit einer Frist von zwei Wochen gekündigt werden.

§ 3 Tätigkeit

Der Arbeitnehmer wird als _____ eingestellt

und vor allem mit folgenden Arbeiten beschäftigt:

_____

_____

Er verpflichtet sich, auch andere Arbeiten auszuführen – auch an einem anderen Ort –, die seinen Vorkenntnissen und Fähigkeiten entsprechen. Dies gilt, soweit dies bei Abwägung der Interessen des Arbeitgebers und des Arbeitnehmers zumutbar und nicht mit einer Lohnminderung verbunden ist.

§ 4 Arbeitsvergütung

Der Arbeitnehmer erhält eine monatliche Bruttovergütung von _____ €.

Soweit eine zusätzliche Zahlung vom Arbeitgeber gewährt wird, handelt es sich um eine freiwillige Leistung. Auch die wiederholte vorbehaltlose Zahlung begründet keinen Rechtsanspruch auf Leistungsgewährung für die Zukunft. Ein Anspruch auf Zuwendungen besteht nicht für Zeiten, in denen das Arbeitsverhältnis ruht und kein Anspruch auf Arbeitsentgelt besteht. Dies gilt insbesondere für Elternzeit, Wehr- und Bundesfreiwilligendienst und unbezahlte Freistellung. Voraussetzung für die Gewährung einer Gratifikation ist stets, dass das Arbeitsverhältnis am Auszahlungstag weder beendet noch gekündigt ist.

§ 5 Arbeitszeit

Die regelmäßige wöchentliche Arbeitszeit beträgt zurzeit _____ Stunden. Beginn und Ende der täglichen Arbeitszeit richten sich nach der betrieblichen Einteilung.

§ 6 Urlaub

Der Arbeitnehmer hat Anspruch auf einen gesetzlichen Mindesturlaub von _____ Arbeitstagen im Kalenderjahr – ausgehend von einer Fünf-Tage-Woche. Der Arbeitgeber gewährt zusätzlich einen vertraglichen Urlaub von weiteren _____ Arbeitstagen. Bei der Gewährung von Urlaub wird zuerst der gesetzliche Urlaub eingebracht.

Bei Ausscheiden in der zweiten Jahreshälfte wird der Urlaubsanspruch gezwölftelt, wobei die Kürzung allerdings nur insoweit erfolgt, als dadurch nicht der gesetzlich vorgeschriebene Mindesturlaub unterschritten wird.

Der Zusatzurlaub mindert sich für jeden vollen Monat, in dem der Arbeitnehmer keinen Anspruch auf Entgelt oder Entgeltfortzahlung hatte. Kann der Zusatzurlaub nicht bis zum Ablauf des 31.03. des Folgejahres in Anspruch genommen werden, verfällt der Urlaubsanspruch ersatzlos auch dann, wenn der Urlaub im Übertragungszeitraum wegen Arbeitsunfähigkeit des Arbeitnehmers nicht genommen werden kann.

Kann der gesetzliche Urlaub wegen der Beendigung des Arbeitsverhältnisses ganz oder teilweise nicht mehr gewährt werden, so ist er abzugelten. In Bezug auf den gesetzlichen Urlaubsanspruch besteht ein Abgeltungsanspruch auch dann, wenn die Inanspruchnahme wegen krankheitsbedingter Arbeitsunfähigkeit nicht erfolgt ist. Eine Abgeltung des übergesetzlichen Urlaubsanspruchs ist ausgeschlossen.

Die rechtliche Behandlung des Urlaubs richtet sich im Übrigen nach den gesetzlichen Bestimmungen.

§ 7 Krankheit

Ist der Arbeitnehmer infolge unverschuldeter Krankheit arbeitsunfähig, so besteht Anspruch auf Fortzahlung der Arbeitsvergütung bis zur Dauer von sechs Wochen nach den gesetzlichen Bestimmungen. Die Arbeitsverhinderung ist dem Arbeitgeber unverzüglich mitzuteilen. Dauert die Arbeitsunfähigkeit länger als drei Kalendertage, hat der Arbeitnehmer eine ärztliche Bescheinigung über das Bestehen sowie deren voraussichtliche Dauer spätestens an dem auf den dritten Kalendertag folgenden Arbeitstag vorzulegen. Diese Nachweispflicht gilt auch nach Ablauf der sechs Wochen. Der Arbeitgeber ist berechtigt, die Vorlage der Arbeitsunfähigkeitsbescheinigung früher zu verlangen.

§ 8 Verschwiegenheitpflicht

Der Arbeitnehmer verpflichtet sich, während der Dauer des Arbeitsverhältnisses und auch nach dem Ausscheiden über alle Betriebs- und Geschäftsgeheimnisse Stillschweigen zu bewahren.

§ 9 Nebentätigkeit

Jede entgeltliche oder das Arbeitsverhältnis beeinträchtigende Nebenbeschäftigung ist nur mit Zustimmung des Arbeitgebers zulässig.

§ 10 Vertragsstrafe

Der Arbeitnehmer verpflichtet sich für den Fall, dass er das Arbeitsverhältnis nicht vertragsgemäß antritt oder das Arbeitsverhältnis vertragswidrig beendet, dem Arbeitgeber eine Vertragsstrafe in Höhe einer halben Bruttomonatsvergütung für einen Vertragsbruch bis zum Ende der Probezeit und einer Bruttomonatsvergütung nach dem Ende der Probezeit zu zahlen. Das Recht des Arbeitgebers, weitergehende Schadenersatzansprüche geltend zu machen, bleibt unberührt.

§ 11 Kündigung

Nach Ablauf der Probezeit beträgt die Kündigungsfrist vier Wochen zum 15. oder Ende eines Kalendermonats. Jede gesetzliche Verlängerung der Kündigungsfrist zugunsten des Arbeitnehmers gilt in gleicher Weise auch zugunsten des Arbeitgebers. Die Kündigung bedarf der Schriftform. Vor Antritt des Arbeitsverhältnisses ist die Kündigung ausgeschlossen.

Der Arbeitgeber ist berechtigt, den Arbeitnehmer bis zur Beendigung des Arbeitsverhältnisses freizustellen. Die Freistellung erfolgt unter Anrechnung der dem Arbeitnehmer eventuell noch zustehenden Urlaubsansprüche sowie eventueller Guthaben auf dem Arbeitszeitkonto. In der Zeit der Freistellung hat sich der Arbeitnehmer einen durch Verwendung seiner Arbeitskraft erzielten Verdienst auf den Vergütungsanspruch gegenüber dem Arbeitgeber anrechnen zu lassen.

Das Arbeitsverhältnis endet spätestens mit Ablauf des Monats, in dem der Arbeitnehmer das 65. Lebensjahr vollendet hat. Sollte das gesetzliche Rentenalter geändert werden, gilt die Befristung bis zu dem dann jeweils festgelegten Renteneintrittsalter.

LERNFELD 13

DEN PERSONALEINSATZ PLANEN UND MITARBEITER FÜHREN

§ 12 Verfall-/Ausschlussfristen

Die Vertragschließenden müssen Ansprüche aus dem Arbeitsverhältnis innerhalb von drei Monaten (oder: sechs Monaten) nach ihrer Fälligkeit schriftlich geltend machen und im Falle der Ablehnung durch die Gegenseite innerhalb von weiteren drei Monaten einklagen.

Andernfalls erlöschen sie. Für Ansprüche aus unerlaubter Handlung verbleibt es bei der gesetzlichen Regelung.

§ 13 Zusätzliche Vereinbarungen

_____

_____

§ 14 Vertragsänderungen und Nebenabreden

Aus dem reinen einseitigen Verhalten des Arbeitgebers erwachsen dem Arbeitnehmer keine vertraglichen Rechtsansprüche, sofern nicht eine mündliche oder schriftliche einvernehmliche Vertragsänderung vorliegt (Ausschluss der betrieblichen Übung).

Sollten einzelne Bestimmungen dieses Vertrages unwirksam sein oder werden, wird hierdurch die Wirksamkeit des Vertrages im Übrigen nicht berührt.

Der Arbeitnehmer verpflichtet sich, dem Arbeitgeber unverzüglich über Veränderungen der persönlichen Verhältnisse wie Familienstand, Kinderzahl und Adresse Mitteilung zu machen.

Ort, Datum

Unterschrift Arbeitgeber   Unterschrift Arbeitnehmer/-in

Quelle: IHK Arbeitsgemeinschaft Hessen, Muster eines Arbeitsvertrages. In: IHK-Startseite, Recht und Steuern, Mustervertrage, Arbeitsvertrag (Standard). Januar 2018. https://www.frankfurt-main.ihk.de/recht/mustervertrag/arbeitsvertrag_standard/ [5.12.2018].

7. Erstellen Sie eine Übersicht der Rechte und Pflichten, die sich aus dem Arbeitsvertrag für die neue Verkäuferin oder den neuen Verkäufer ergeben.

Rechte des Arbeitnehmers	Pflichten des Arbeitnehmers

8. Erläutern Sie die von Ihnen in Aufgabe 7 zusammengestellten Rechte und Pflichten Ihrem Nachbarn.

VERTIEFUNGS- UND ANWENDUNGSAUFGABEN

Zur weiteren Vertiefung und Sicherung der Lernergebnisse empfehlen wir das Bearbeiten der Aufgaben und Aktionen im Kapitel 3 (Wir erkennen die Bedeutung von Arbeitsverträgen für das Arbeitsverhältnis) des Lernfeldes 13 in Ihrem Lehrbuch „Handeln im Handel, 3. Ausbildungsjahr".

LERNFELD 13

DEN PERSONALEINSATZ PLANEN UND MITARBEITER FÜHREN

6 Wir erstellen die Gehaltsabrechnung für den neuen Mitarbeiter

HANDLUNGSSITUATION

Frau Juliane Döpfner wurde als neue Kosmetikverkäuferin in der Filiale Schönstadt der Ambiente Warenhaus AG eingestellt.

Frau Döpfner ist 23 Jahre alt, evangelisch, ledig und hat keine Kinder. Laut Arbeitsvertrag wird sie nach dem zurzeit gültigen Gehaltstarifvertrag bezahlt.

Die Verwaltungsleiterin der Ambiente Warenhaus AG beauftragt Robin Labitzke,

- die erste Gehaltabrechnung für die neue Mitarbeiterin zu erstellen und
- der neuen Mitarbeiterin anschließend die Gehaltsabrechnung in einem persönlichen Gespräch genau zu erläutern.

Nutzen Sie zur Lösung der Handlungsaufgaben die Informationen in Ihrem Lehrbuch „Handeln im Handel, 3. Ausbildungsjahr", Lernfeld 13, Kapitel 4 (Wir erstellen Entgeltabrechnungen).

HANDLUNGSAUFGABEN

1. Welche Fragen muss Robin Labitzke klären, um die geschilderten Aufträge erfüllen zu können?

2. Ermitteln Sie das Bruttomonatsgehalt von Frau Döpfner.

3. Stellen Sie fest, welche Gehaltsabzüge Robin Labitzke bei der Ermittlung des Nettogehalts von Frau Döpfner berücksichtigen muss.

WIR ERSTELLEN DIE GEHALTSABRECHNUNG FÜR DEN NEUEN MITARBEITER

4. Ermitteln Sie die Lohnsteuerklasse von Frau Döpfner.

5. Ermitteln die Lohnsteuer, die Kirchensteuer und den Solidaritätszuschlag, die vom Bruttogehalt abgezogen werden müssen. Nutzen Sie dazu die abgebildete Lohnsteuertabelle.

Allgemeine Monats-Lohnsteuertabelle 20.. Teil West mit 9 % Kirchensteuer

Kinderfreibetrag				0		0,5		1		1,5		2	
ab €	StK	Steuer	SolZ	KlStr	Solz	KlStr	Solz	KlStr	Solz	KlStr	Solz	KlStr	Solz
2.568,00													
	1	312,66	17,19	28,13	12,35	20,21	7,79	12,75	-	5,81	-	0,49	-
	2	267,91	-	-	10,03	16,42	4,25	9,20	-	2,88	-	-	-
	3	89,66	-	8,06	-	2,83	-	-	-	-	-	-	-
	4	312,66	17,19	28,13	14,74	24,12	12,35	20,21	10,03	16,42	7,79	12,75	4,26
	5	591,83	32,55	53,26	-	-	-	-	-	-	-	-	-
	6	626,00	34,43	56,34	-	-	-	-	-	-	-	-	-
2.571,00													
	1	313,33	17,23	28,19	12,38	20,27	7,83	12,81	-	5,86	-	0,52	-
	2	268,58	-	-	10,07	16,48	4,38	9,26	-	2,92	-	-	-
	3	90,16	-	8,11	-	2,88	-	-	-	-	-	-	-
	4	313,33	17,23	28,19	14,77	24,17	12,38	20,27	10,07	16,48	7,83	12,81	4,38
	5	592,66	32,59	53,33	-	-	-	-	-	-	-	-	-
	6	627,16	34,49	56,44	-	-	-	-	-	-	-	-	-
2.574,00													
	1	314,08	17,27	28,26	12,42	20,33	7,86	12,87	-	5,91	-	0,55	-
	2	269,33	-	-	10,10	16,53	4,50	9,31	-	2,97	-	-	-
	3	90,66	-	8,15	-	2,90	-	-	-	-	-	-	-
	4	314,08	17,27	28,26	14,81	24,23	12,42	20,33	10,11	16,54	7,86	12,87	4,51
	5	593,66	32,65	53,42	-	-	-	-	-	-	-	-	-
	6	628,16	34,54	56,53	-	-	-	-	-	-	-	-	-
2.577,00													
	1	314,83	17,31	28,33	12,46	20,39	7,90	12,92	-	5,96	-	0,59	-
	2	270,00	-	-	10,14	16,59	4,61	9,36	-	3,00	-	-	-
	3	91,33	-	8,21	-	2,95	-	-	-	-	-	-	-
	4	314,83	17,31	28,33	14,85	24,30	12,46	20,39	10,14	16,60	7,90	12,92	4,63
	5	594,66	32,70	53,51	-	-	-	-	-	-	-	-	-
	6	629,16	34,60	56,62	-	-	-	-	-	-	-	-	-
2.580,00													
	1	315,58	17,35	28,40	12,50	20,45	7,93	12,98	-	6,02	-	0,63	-
	2	270,75	-	-	10,17	16,65	4,75	9,42	-	3,05	-	-	-
	3	91,83	-	8,26	-	2,99	-	-	-	-	-	-	-
	4	315,58	17,35	28,40	14,89	24,36	12,50	20,45	10,18	16,66	7,93	12,98	4,76
	5	595,66	32,76	53,60	-	-	-	-	-	-	-	-	-
	6	630,16	34,65	56,71	-	-	-	-	-	-	-	-	-

Zahlen entnommen aus: www.imacc.de – IMACC Firmen Ratgeber: Lohn, Gehalt, Buchhaltung, Steuer, Recht

LERNFELD 13

DEN PERSONALEINSATZ PLANEN UND MITARBEITER FÜHREN

6. Ermitteln Sie die Sozialversicherungsabzüge, die vom Gehalt von Frau Döpfner einbehalten werden müssen.

7. Erstellen Sie die Gehaltsabrechnung für Frau Döpfner.

8. Bereiten Sie ein Rollenspiel vor, in dem Sie in der Rolle von Robin Labitzke einer Mitschülerin in der Rolle von Frau Döpfner die Zusammensetzung der Gehaltsabrechnung genau erläutern.

VERTIEFUNGS- UND ANWENDUNGSAUFGABEN

1. An welche Stelle muss der Arbeitgeber die Lohn- und die Kirchensteuern sowie die Solidaritätszuschläge seiner Arbeitnehmer überweisen?

2. Bis zu welchem Termin muss der Arbeitgeber die Lohnsteuer-Anmeldung abgeben?

3. An welche Stelle müssen die Sozialversicherungsbeiträge der Arbeitnehmer abgeführt werden?

4. Bis zu welchem Termin muss der Arbeitgeber die monatlichen Sozialversicherungsbeiträge der Arbeitnehmer abführen?

Zur weiteren Vertiefung und Sicherung der Lernergebnisse empfehlen wir das Bearbeiten der Aufgaben und Aktionen im Kapitel 4 (Wir erstellen Entgeltabrechnungen) des Lernfeldes 13 in Ihrem Lehrbuch „Handeln im Handel, 3. Ausbildungsjahr".

LERNFELD 13

DEN PERSONALEINSATZ PLANEN UND MITARBEITER FÜHREN

7 Wir schützen Daten vor Missbrauch, Verlust oder Beschädigung

HANDLUNGSSITUATION

Die Ambiente Warenhaus GmbH plant die Gründung eines Internetversandhauses als neues Tochterunternehmen.

Lars Panning soll nach seiner Ausbildung von Ambiente übernommen werden. Da man davon ausgeht, dass er sich für Informatik interessiert, und er sich zudem in seiner Berufsausbildung überdurchschnittliche EDV-Kenntnisse angeeignet hat, wird er schon in das Projektteam für das neu zu gründende Unternehmen aufgenommen. Man plant, ihm später die Funktion des betrieblichen Datenschutzbeauftragten zu übertragen.

Zusammen mit anderen Kollegen aus der EDV-Abteilung der Zentrale wird Lars auf ein Fortbildungsseminar mit Datenschutzbeauftragten anderer Unternehmen geschickt. Dort gibt sein Vorgesetzter einen Überblick über die Lage in der Ambiente Warenhaus AG, um mit den anderen Teilnehmern die Datenschutzproblematik zu diskutieren:

„Die Ambiente Warenhaus GmbH setzt hundertprozentig auf die Vorteile der Datenverarbeitung: Seit Kurzem ist jede Niederlassung komplett mit Datenkassen ausgestattet, die in ein umfassendes Warenwirtschaftssystem eingebunden sind. Der Kunde kann auf jede Art elektronisch zahlen. Für ein zielgerichtetes Marketing werden Kundendaten systematisch gesammelt. Eingeführt wird momentan ein EDV-gestütztes Personalinformationssystem."

Informationen zum Lösen der folgenden Handlungsaufgaben finden Sie im Lehrbuch „Handeln im Handel, 3. Ausbildungsjahr" in Kapitel 6 des Lernfeldes 13 (Wir schützen Daten vor Missbrauch, Verlust oder Beschädigung).

HANDLUNGSAUFGABEN

1. Der Betriebsrat der Ambiente Warenhaus AG erreicht in Verhandlungen mit der Geschäftsleitung, dass bei der Einführung des Personalinformationssystems statt der vorgesehenen 31 Schlüssel für das Feld „Austrittsgrund" nur sieben realisiert werden.

a) **Erklären Sie, was ein Personalinformationssystem ist.**

b) **Verdeutlichen Sie, welche Interessen die Geschäftsleitung mit der detaillierten Auflistung verfolgt. Geben Sie die Gegenargumentation des Betriebsrats wieder.**

Argumente für Personalinformationssysteme Unternehmensleitung	Argumente gegen Personalinformationssysteme Betriebsrat

WIR SCHÜTZEN DATEN VOR MISSBRAUCH, VERLUST ODER BESCHÄDIGUNG

2. Ein Kollege aus einem Industrieunternehmen fragt, welche möglichen Gefahren für die Persönlichkeitsrechte des Kassierpersonals und die Kunden bestehen könnten.
Führen Sie mögliche Risiken auf.

3. Beim Mittagessen diskutieren Lars Panning und seine Kollegen, wie man sich privat gegen den Missbrauch seiner persönlichen Daten schützen kann.
Zeigen Sie Beispiele für den privaten Datenschutz auf.

ERWEITERUNG DER HANDLUNGSSITUATION

Um sich weiter in die Datenschutzproblematik einzuarbeiten, informiert sich Lars Panning nach der Fortbildung in der Zentrale bei seinen Kollegen in der EDV-Abteilung.

4. **Überlegen und entscheiden Sie, aus welchen Informationsquellen Informationen über den Datenschutz gewonnen werden können.**

LERNFELD 13

5. Erläutern Sie

a) **den Zweck des Datenschutzes,**

b) **den Begriff „personenbezogene Daten",**

c) **die wichtigsten Formen personenbezogener Daten,**

d) **die Rechtsquellen, die den Datenschutz regeln,**

e) **die Hierarchie gesetzlicher Bestimmungen im Datenschutz,**

f) **die Rolle der Datenschutzgrundverordnung**

g) **die Rolle des Bundesdatenschutzgesetzes,**

h) **den Unterschied zwischen Daten und Dateien,**

i) **die Phasen bei der Verarbeitung personenbezogener Daten.**

ERWEITERUNG DER HANDLUNGSSITUATION

Der Chef der EDV-Abteilung informiert Lars auch über die momentane Situation in einer bayerischen Filiale:

„Zwischen der Zentrale der Ambiente Warenhaus AG und der Niederlassung findet ein ständiger Datenaustausch statt: Die eigentliche Datenverarbeitung erfolgt in der Zentrale. Neben warenwirtschaftlichen Daten werden in dem Unternehmen vorwiegend Daten über Mitarbeiter, Kunden und Lieferer verarbeitet.

Die EDV-Abteilung in der Zentrale ist für alle Mitarbeiter der Verwaltung und für das Verkaufspersonal der angeschlossenen Niederlassung jederzeit erreichbar. Seit der Umstellung von der herkömmlichen (manuellen) Datenverarbeitung auf die automatisierte (elektronische) Datenverarbeitung wurden dort keine besonderen zusätzlichen Veränderungen vorgenommen.

Die Speichermedien werden nach Betriebsschluss in einen normalen Aktenschrank abgelegt. Anschließend schließt der Abteilungsleiter die Räume der EDV-Abteilung selbst ab. Duplikate der Datenbestände existieren nicht.

Auf das Datengeheimnis sind ausschließlich die in der EDV-Abteilung tätigen Mitarbeiter verpflichtet worden."

Zur weiteren Einarbeitung in die Thematik soll Lars Panning einen Bericht zur Datenschutzsituation der Filiale abgeben.

6. Untersuchen Sie anhand der bayerischen Filiale der Ambiente Warenhaus AG die folgenden Fragen:

a) **Finden die DSGVO und das Bundesdatenschutzgesetz überhaupt Anwendung?**

b) **Dürfen personenbezogene Daten verarbeitet werden?**

c) **Ist eine Verpflichtung aller Mitarbeiter auf das Datengeheimnis erforderlich?**

d) **Werden die Benachrichtigungs- und die Auskunftspflicht eingehalten?**

LERNFELD 13

DEN PERSONALEINSATZ PLANEN UND MITARBEITER FÜHREN

e) Welche Konsequenzen ergeben sich aus Bestellung und Aufgaben des Betrieblichen Datenschutzbeauftragten für das Unternehmen?

f) **Inwieweit werden Maßnahmen gemäß §6 BDSG getroffen? Sind sie ausreichend?**

g) **Wenn Sie sich als Kunde der Ambiente Warenhaus AG betrachten: Welche Rechte können Sie hinsichtlich des Datenschutzes wahrnehmen?**

h) Was bedeutet der Datenschutz für die Mitarbeiter der Ambiente Warenhaus AG?

WIR SCHÜTZEN DATEN VOR MISSBRAUCH, VERLUST ODER BESCHÄDIGUNG

VERTIEFUNGS- UND ANWENDUNGSAUFGABEN

1. Ergänzen Sie die folgende Mindmap:

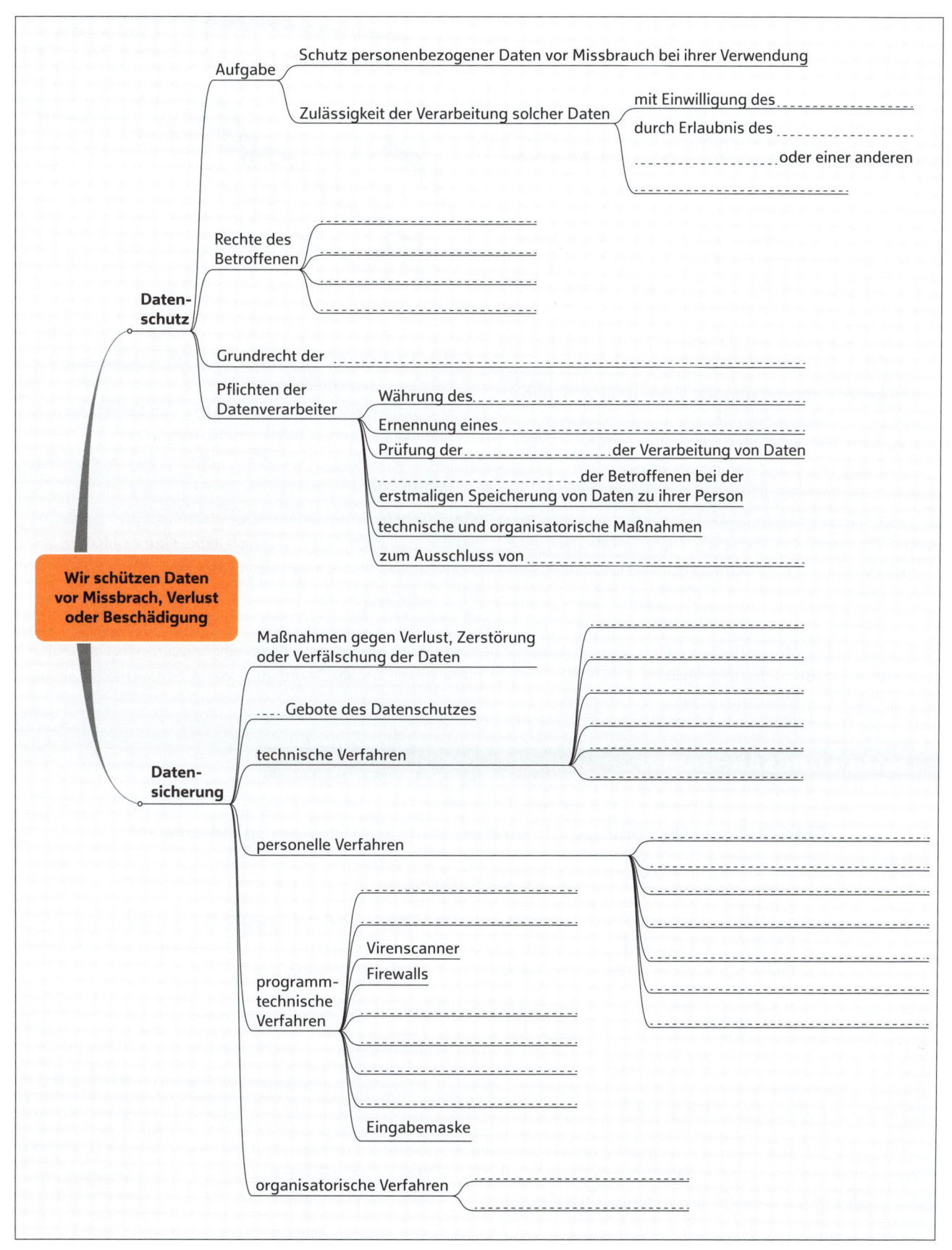

Datenschutz
- Aufgabe
  - Schutz personenbezogener Daten vor Missbrauch bei ihrer Verwendung
- Zulässigkeit der Verarbeitung solcher Daten
  - mit Einwilligung des _____
  - durch Erlaubnis des _____
  - _____ oder einer anderen _____
- Rechte des Betroffenen
  - _____
  - _____
  - _____
- Grundrecht der _____
- Pflichten der Datenverarbeiter
  - Währung des _____
  - Ernennung eines _____
  - Prüfung der _____ der Verarbeitung von Daten
  - _____ der Betroffenen bei der erstmaligen Speicherung von Daten zu ihrer Person
  - technische und organisatorische Maßnahmen
  - zum Ausschluss von _____

Wir schützen Daten vor Missbrach, Verlust oder Beschädigung

Datensicherung
- Maßnahmen gegen Verlust, Zerstörung oder Verfälschung der Daten
  - _____
  - _____
  - _____
- ____ Gebote des Datenschutzes
- technische Verfahren
- personelle Verfahren
  - _____
  - _____
  - _____
- programmtechnische Verfahren
  - Virenscanner
  - Firewalls
  - _____
  - _____
  - _____
  - Eingabemaske
- organisatorische Verfahren
  - _____

Zur weiteren Vertiefung der Lerninhalte und Sicherung der Lernergebnisse empfehlen wir die Bearbeitung der Aufgaben und Aktionen in Kapitel 6 des Lernfeldes 13 (Wir schützen Daten vor Missbrauch, Verlust oder Beschädigung) Ihres Lehrbuches „Handeln im Handel, 3. Ausbildungsjahr".

LERNFELD 13

DEN PERSONALEINSATZ PLANEN UND MITARBEITER FÜHREN

8 Wir kündigen Mitarbeitern aus betrieblichen Gründen

HANDLUNGSSITUATION

In der Filiale Schönstadt der Ambiente Warenhaus AG sind die Umsätze der Warenwelt „Unterhaltungselektronik" stark zurückgegangen. Die Geschäftsleitung beschließt deshalb, das Sortiment zu verkleinern und die Verkaufsfläche zu verringern. Aufgrund dieser Maßnahmen verringert sich auch der Personalbedarf von bisher acht Personen auf fünf Personen. Die Geschäftsleitung entschließt sich daher, drei der folgenden Angestellten, die in der Warenwelt „Unterhaltungselekrtonik" beschäftigt sind, am 01.06.20.. zu kündigen:

- Frau Michaela Karstens, 22 Jahre alt, 2 Jahre im Betrieb, ledig, keine Kinder
- Herr Jürgen Weber, 39 Jahre alt, 7 Jahre im Betrieb, verheiratet, 2 schulpflichtige Kinder
- Frau Antje Müller, 25 Jahre alt, 6 Jahre im Betrieb, alleinerziehend, 1 Kind, im 3. Monat schwanger
- Frau Anna Schrader, 52 Jahre alt, 17 Jahre im Betrieb, verheiratet, 2 erwachsene Kinder
- Herr Paul Henkel, 30 Jahre alt, 7 Jahre im Betrieb, ledig, 1 schulpflichtiges Kind, schwerbehindert (Grad der Behinderung 60 %)
- Herr Thorsten Keller, 42 Jahre alt, 5 Jahre im Betrieb, verheiratet, 3 schulpflichtige Kinder
- Frau Jutta Meise, 35 Jahre alt, 20 Jahre im Betrieb, verheiratet, keine Kinder, Mitglied des Betriebsrats
- Herr Frank Höhler, 19 Jahre alt, 5 Monate im Betrieb, ledig, keine Kinder

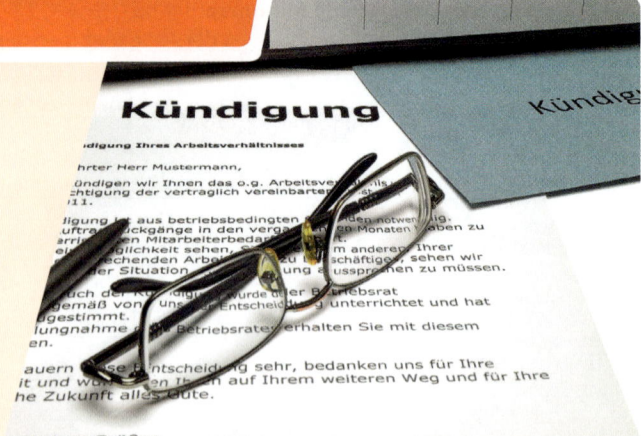

Der Geschäftsführer der Ambiente Warenhaus AG, Herr Rischmüller, beauftragt die Personalleiterin Frau Kraibaum, die notwendigen Maßnahmen durchzuführen.

Nutzen Sie zur Lösung der Handlungsaufgaben die Informationen zur Beendigung von Arbeitsverhältnissen in Ihrem Lehrbuch „Handeln im Handel, 3. Ausbildungsjahr", Lernfeld 13, Kapitel 7 (Wir wirken bei der Beendigung von Arbeitsverhältnissen mit) und den folgenden Informationstext.

HANDLUNGSAUFGABEN

Betriebsbedingte Kündigung: Punkteschema zur richtigen Sozialauswahl

Von Katrin Groll (15.08.2012)

Bei betriebsbedingten Kündigungen muss der Arbeitgeber immer eine Sozialauswahl treffen. Er soll den sozial am wenigsten schutzbedürftigen Arbeitnehmer entlassen, also denjenigen, der voraussichtlich am schnellsten wieder einen Job findet und von dessen Einkommen möglichst wenig andere Personen (Ehegatte, Kinder) abhängig sind. [...]

Die Kriterien dieser Sozialauswahl definiert § 1 Abs. 3 des Kündigungsschutzgesetzes (KSchG):

- Dauer der Betriebszugehörigkeit,
- Lebensalter,
- Unterhaltspflichten und
- Schwerbehinderung des Arbeitnehmers.

Bezieht der Arbeitgeber bei der Auswahl des zu kündigenden Arbeitnehmers die vier genannten Kriterien nicht in seinen Vergleich mit ein oder wägt er sie falsch ab, werden die Arbeitsgerichte im Kündigungsschutzprozess die Kündigung des Arbeitnehmers für sozialwidrig und unwirksam erklären. [...]

Der Arbeitgeber muss dem Gericht im Rahmen eines Kündigungsschutzprozesses darlegen, dass er sich bei der Kündigung des Arbeitnehmers XY etwas gedacht hat. Das Mittel, um die Sozialauswahl transparent und für das Gericht nachvollziehbar zu machen, sind Punkteschemata. Sie helfen herauszufinden, welche Arbeitnehmer vergleichbar und am wenigsten schutzbedürftig sind. Bei einem **Punkteschema** werden die vier Aspekte, die bei der Sozialauswahl relevant sind, aufgelistet. Jedes Kriterium wird mit einer bestimmten Anzahl von Punkten hinterlegt. Mittels dieses Schemas erhält jeder Arbeitnehmer im Betrieb eine bestimmte Punktezahl. Der Arbeitgeber kann anhand der Ergebnisse eine Rangfolge erstellen. Je höher die Punktezahl, desto sozial geschützter ist der Arbeitnehmer. Je niedriger die Zahl, desto höher die Chancen einer Kündigung. Ein Beispiel für ein solches Schema, das das BAG für zulässig erachtete, ist folgendes:

Kriterium		**Punkte**
Lebensalter	Für jedes vollendete Jahr nach dem 18. Lebensjahr	1 Punkt
Betriebszugehörigkeit	Für jedes Beschäftigungsjahr	1 Punkt
Unterhaltspflichten	Ehegatte/eingetragener Lebenspartner	2 Punkte
	Unterhaltsberechtigtes, auf der Lohnsteuerkarte eingetragenes Kind	3 Punkte
Schwerbehinderung/Gleichstellung	50 %	5 Punkte
	Je weitere 10 % GdB	1 Punkt

Quelle: Groll, Kathrin: Betriebsbedingte Kündigung: Punkteschema zur richtigen Sozialauswahl. In: Rechthaber. Der LawBlog von Graf & Partner. 15.8.2012. https://www.rechthaber.com/betriebsbedingte-kundigung-punkteschemata-zur-richtigen-sozialauswahl/#more-4435. [5.12.2018].

1. Welche Maßnahmen muss die Personalleiterin ergreifen, um den Auftrag von Herrn Rischmüller zu erfüllen?

2. Stellen Sie fest, ob es der in der Handlungssituation genannte Grund erlaubt, Mitarbeiterinnen oder Mitarbeiter der Warenwelt „Unterhaltungselektronik" zu entlassen.

3. Stellen Sie fest, für welche Mitarbeiterinnen und Mitarbeiter der Warenwelt „Unterhaltungselektronik" ein besonderer Kündigungsschutz gilt.

LERNFELD 13

DEN PERSONALEINSATZ PLANEN UND MITARBEITER FÜHREN

4. Legen Sie die Kriterien für eine Sozialauswahl fest und gewichten Sie diese Kriterien mit Punkten.

Kriterium	Punkte

5. Führen Sie die Sozialauswahl von drei Beschäftigten unter Nutzung der von Ihnen in Aufgabe 4 festgelegten Kriterien und Punkte durch.

Beschäftigte, die bei der Sozialauswahl nicht berücksichtigt werden, weil sie keinen Kündigungsschutz gem. Kündigungsschutzgesetz besitzen:

Beschäftigte, die bei der Sozialauswahl nicht berücksichtigt werden, weil sie einen besonderen Kündigungsschutz gem. Kündigungsschutzgesetz besitzen:

Sozialauswahl unter Nutzung der in Aufgabe 3 festgelegten Kriterien und Punkte:

Kriterien	Frau Karstens	Herr Weber	Frau Schrader	Herr Henkel	Herr Keller

WIR KÜNDIGEN MITARBEITERN AUS BETRIEBLICHEN GRÜNDEN

Beschäftigte, denen gekündigt werden sollte:

6. Ermitteln Sie die Kündigungstermine, zu denen die in Aufgabe 5 ausgewählten Mitarbeiterinnen und Mitarbeiter gekündigt werden können.

7. Erstellen Sie das Kündigungsschreiben für eine(n) der zu kündigenden Mitarbeiterinnen oder Mitarbeiter.

Ambiente Warenhaus AG • Groner Straße 22-24 • 34567 Schönstadt

Ihr Zeichen, Ihre Nachricht vom   Unser Zeichen, unsere Nachricht vom   Telefon, Name   Datum

LERNFELD 13 — DEN PERSONALEINSATZ PLANEN UND MITARBEITER FÜHREN

VERTIEFUNGS- UND ANWENDUNGSAUFGABEN

1. Im Rahmen der geplanten Rationalisierungs- und Kosteneinsparungsmaßnahmen möchte die Ambiente Warenhaus AG am 4. Februar 20.. aus betriebsbedingten Gründen dem 37-jährigen Sachbearbeiter Herrn Esser aus der Einkaufsabteilung zum nächstmöglichen Termin kündigen. Manfred Esser ist seit 15 Jahren Mitarbeiter der Ambiente Warenahaus AG. Vertraglich bestehen keine besonderen Vereinbarungen hinsichtlich der Kündigung.

An welchem Tag (Tag/Monat/Jahr) würde das Arbeitsverhältnis von Manfred Esser gemäß der gesetzlichen Bestimmungen des BGB enden?

2. Die Personalleiterin der Ambiente Warenhaus AG überprüft in den folgenden Fällen die Kündigungsfristen. Ermitteln auch Sie, welche Kündigungsfristen jeweils gelten:

a) **Maren Glitzer, 28 Jahre, seit einem Jahr im Unternehmen beschäftigt, kündigt am 14. Juli.**

b) **Dem Lagerarbeiter Florian Reese, 35 Jahre alt, seit 7 Jahren beschäftigt, wird am 6. Juni gekündigt.**

c) **Boris Recker, 29 Jahre, seit 3 Jahren bei der Ambiente Warenhaus AG, erhält aufgrund eines Diebstahls die Kündigung.**

d) Jan Witte, 21 Jahre, seit 2 Wochen in der Probezeit, kündigt.

e) Bianca Rieger, 25 Jahre, seit 2 Jahren beschäftigt, will sich verbessern und kündigt am 31. März.

3. Verschiedene Geschäftspartner der Ambiente Warenhaus AG müssen Kündigungen vornehmen. **Prüfen Sie, ob in dem jeweiligen Fall die Kündigung sozial gerechtfertigt ist oder nicht.**

a) Die Hong Kong Food GmbH begründet die Kündigungen mit einem anhaltenden Auftragsmangel aufgrund der schlechten Wirtschaftslage.

b) Eine Großhandlung, die Waren aus Singapur importiert, hat die folgende Formulierung im Kündigungsschreiben: „Betriebsstillstand wegen eines Brandschadens im Lager".

c) Cordt Wandmacher bekommt die Kündigung der Grothe GmbH wegen „mehrmaliger Verspätung trotz wiederholter Abmahnung".

d) Melanie Peagano weigert sich, bei der Spindler KG einen Auftrag auszuführen, und bekommt deshalb die Kündigung.

e) Weil Cornelia Kind schwanger ist, soll sie den Betrieb verlassen.

f) Ein Lagerarbeiter verursacht häufig Fehler wegen mangelnder Sorgfalt.

LERNFELD 13

DEN PERSONALEINSATZ PLANEN UND MITARBEITER FÜHREN

4. In diesem Suchrätsel sind 14 Wörter versteckt.

K	B	W	E	G	P	J	N	X	O	Y	T	K		T						O	L
B	B	J	K	J	Q	E	L	E	Z	H	B	U		S		G	U	W	Z	H	M	X	X
								N		W		O	K	V	S	X	D		U	R
X	V	U	U		M	T	O	E	I	M	X	W		J		Z	N	Z	L	U	I		C	W
P	W	V	T		Y	B	V	F	H	B	X	Z		G		O	I	F	F	D	P		P
W	C	F	Q		L	H	V	H		Z	K	U		U	P	J	P	R	P	B	V		B
D	I	L	L		W	B	X	G		B	U	A		D	R	G	V	F	F	N	Q		P
C	Y	J	J		B	X	M	K		Y	G	O		B	V	M	O	J	D	T	F
F	I	L	T		D	L	V	O		T	H	B		Q	N	R	J	Q	E	X	J
V	E	M	A		T	V	H	K		N	A	R		Z	C	U	B	Z	Z	R	R
E
E	Z	S	X		D	D	H	A		I	X	G		S	V	C	V	V	F	C	Q		B
Q	M	Y	F		H	P	G	I		C	A	Y		T	L	L	L	W	K	S	J		K
G	F	B	U		V	I	K	Z		S	M	V		I	D	X	N	U	P	I	Z		J
H	F	U	X		C	X	Q	X		T	I	N	V	D	U	L	O	B	B	V	Z		A
R	Y	D	J		M	X	E	V		Q	F	B	X	M	R	B	A	Y	F	X	L	E	H
T	W	G	J		W	W	K	P		E	Y	G	A	I	P	J	Q	T	S	E	B	G	F
Z	E	R	X		H	G	U	T		K	E	O	D	H	W	R	M	O	G	A	Y		B
W	C	S	G		X	B	P	M		W	L	V	V	B	P	N	U	L	Z	D	R	S	T	M
Z	W	E	R		H	W	T
Q	C	R	I		C	Q	O	P	V	Y	F	D	S	V	I	W	U	J	P	J	N	M	P	U	I
G								W	G	E	E	G	E	N	Z	K	H	R	G	S	I	B
Y	H	R	Z	J	J	L									S	G	W	U	M	D	F	G
Z	A	I	S	H	H	A	P	B	D	K	F	G	E	N	Y	L	X	E	I	D	I	M	Y	B
T																								B

Die Wörter bedeuten:

1 Muss in Einzelhandelsunternehmen, in denen mindestens fünf Personen mit der Verarbeitung personenbezogener Daten beschäftigt sind, eingesetzt werden:

_____

2 Rechtsgrundlage für den Datenschutz: _____

3 Für sie gilt ein besonderer Kündigungsschutz: _____

4 Solche Daten unterliegen dem Datenschutz: _____

5 Datenschutzrecht eines Betroffenen: _____

6 Recht eines Betroffenen, sich mit einer Anfrage über die zu seiner Person bei einer Daten verarbeitenden Stelle gespeicherten Daten informieren zu dürfen:
_____

7 Schutz der Daten vor Gefahren: _____

8 Eigenschaft eines Zeugnisses, wonach auch Aussagen über Führung und Leistung eines Arbeitnehmers gemacht werden:
_____

9 Muss vor einer Kündigung gehört werden: _____

10 So wird eine Kündigung genannt, wenn bestimmte Kündigungsfristen eingehalten werden:
_____

11 Verwarnung, wenn ein Arbeitnehmer mehrfach seine Pflichten verletzt hat:
_____

12 So ist eine außerordentliche Kündigung: _____

13 So ist ein Zeugnis, wenn es nur Art und Dauer einer Beschäftigung bescheinigt:
_____

14 Innerhalb so vieler Wochen kann gegen eine Kündigung Klage beim Arbeitsgericht erhoben werden:
_____

Zur weiteren Vertiefung und Sicherung der Lernergebnisse empfehlen wir das Bearbeiten der Aufgaben und Aktionen im Kapitel 7 (Wir wirken bei der Beendigung von Arbeitsverhältnissen mit) des Lernfeldes 13 in Ihrem Lehrbuch „Handeln im Handel, 3. Ausbildungsjahr".

LERNFELD 14

EIN UNTERNEHMEN GRÜNDEN UND ENTWICKELN

1 Wir gründen ein Unternehmen

HANDLUNGSSITUATION

Hans Reimers ist Abteilungsleiter der Textilabteilung des Ambiente Warenhauses in Schönstadt. Er ist 34 Jahre alt und seit 14 Jahren bei Ambiente tätig. Nach seiner Ausbildung zum Kaufmann im Einzelhandel hat er sich noch weitergebildet zum Handelsfachwirt. Zudem hat er jede angebotene innerbetriebliche Weiterbildungsmaßnahme der Ambiente Warenhaus AG besucht. In seiner Freizeit tummelt er sich in der Schönstädter Gothic-Szene.

Momentan ist er elektrisiert: In der Schönstädter Zeitung stand heute Morgen eine Anzeige. Die Ambiente Warenhaus AG bietet Interessenten im Rahmen eines Shop-in-the-Shop-Konzepts Ladenflächen unterschiedlicher Größe zu sehr günstigen Konditionen im Erdgeschoss an. Da Hans Reimers sich schon lange mit dem Gedanken beschäftigt, sich selbstständig zu machen, sieht er hier die Chance, seinen Traum zu verwirklichen.

Dies möchte er zusammen mit seiner Freundin machen. Claudia Gruß ist 28 Jahre alt und arbeitete bis vor Kurzem als Schneiderin, bis ihr Arbeitgeber Insolvenz anmelden musste. Ihr Hobby ist Hiphop. Kürzlich hat sie eine Erbschaft in Höhe von 35.000,00 € gemacht. Hans Reimers hat 10.000,00 € an Ersparnissen.

Hans Reimers und Claudia Gruß haben entdeckt, dass es im Umkreis von mehr als 100 Kilometern um Schönstadt kein Einzelhandelsunternehmen gibt, das Bekleidung für unterschiedliche Szenen anbietet. Ihnen schwebt ein Einzelhandelsgeschäft vor, das u. a. Kleidung für die

- Gothic-,
- Metallic-,
- Punk-,
- Skater-,
- Hiphop-Szene usw.

anbietet. Großgeschrieben werden soll auch der Service (Änderungen und Maßanfertigungen können von Claudia Gruß übernommen werden).

Hans Reimers und Claudia Gruß haben sich schon mit mehreren potenziellen Lieferern in Verbindung gesetzt. Alle bieten Liefererkredite zu relativ günstigen Konditionen an. Einige sind auch bereit, Waren auf Kommissionsbasis zu liefern.

Informationen zum Lösen der folgenden Handlungsaufgaben finden Sie im Lehrbuch „Handeln im Handel, 3. Ausbildungsjahr" in den Kapiteln 1 (Wir stellen Überlegungen zur Gründung eines Einzelhandelsunternehmens an), 2 (Wir berücksichtigen bei der Unternehmensgründung handelsrechtliche Vorschriften), 3 (Wir informieren uns über die Bedeutung der Eintragungen im Handelsregister) und 4 (Wir kennen die Besonderheiten verschiedener Rechtsformen) des Lernfeldes 14.

WIR GRÜNDEN EIN UNTERNEHMEN

HANDLUNGSAUFGABEN

1. Wer ein Einzelhandelsunternehmen gründen will, sollte bestimmte Voraussetzungen erfüllen.

Führen Sie fünf persönliche Voraussetzungen und zwei sachliche Voraussetzungen auf, über die der Gründer eines Einzelhandelsunternehmens verfügen sollte.

Überprüfen Sie, ob diese bei Heinz Reimers und Claudia Gruß gegeben sind.

Persönliche Voraussetzung	Gegeben bei Hans Reimers und Claudia Gruß?
Die Geschäftsfähigkeit muss gegeben sein	beide da älter als 18 Jahre
Erfahrung im Verkauf	Herr 14 Jahre + Ausbildung Freundin gelernte Schneiderin
Angemessene Waren und kaufmännische Kenntnisse	♂ Ausbildung, Erfahrung + Wbt HfW ♀ Warenkenntnisse / Stoff
Sachkunde Nachweis	- gesundheitliche Stabilität gegeben. - wird hier nicht benötigt.

Sachliche Voraussetzungen	Gegeben bei Hans Reimer und Claudia Gruß?

2. Sollten persönliche und sachliche Voraussetzungen bei Hans Reimers und Claudia Gruß vorhanden sein, können sie sich entscheiden, ein Unternehmen zu gründen. **Geben Sie an, wem die Gründung aus welchen Gründen gemeldet werden muss.**

Angemeldet werden muss die Gründung bei	Grund
Gewerbeaufsichtsamt	Achtet auf die Einhaltung verschiedener arbeitsrechtlicher wie umweltschutzrechtlicher Bestimmungen sowie die Beachtung der Gewerbeordnung
Berufsgenossenschaft	Hilft u. a. bei der Verhütung von Arbeitsunfällen und Berufskrankheiten
HWK / IHK	Bietet u. a. Beratungs- und Informationsservice für Unternehmen an
Finanzamt	Erhebt für den Staat Steuern für das Unternehmen und zieht diese ein
Amtsgericht Handelsregister	Informiert die Öffentlichkeit und die Geschäftspartner verlässlich über die Rechtsverhältnisse von Unternehmen

LERNFELD 14

EIN UNTERNEHMEN GRÜNDEN UND ENTWICKELN

3. Hans Reimers und Claudia Gruß müssen nun noch die Rechtsform des neu zu gründenden Unternehmens festlegen: Abhängig von der unternehmerischen Zielsetzung kann das Unternehmen rechtlich unterschiedlich gestaltet werden. Hans Reimers und Claudia Gruß legen Wert darauf, dass sie, falls ihr Unternehmen im Falle einer Insolvenz nicht mehr zahlungsfähig ist, nicht haftbar gemacht werden können.

Hans Reimers und Claudia Gruß untersuchen sechs Rechtsformen darauf, ob diese jeweils für ihr neu zu gründendes Unternehmen geeignet sind.

a) **Halten Sie für jede der Rechtsformen die entscheidenden Merkmale fest.**

b) **Stellen Sie fest, wie die jeweilige Firma beispielhaft lauten könnte. Führen Sie die Regeln für die Firmierung bei der jeweiligen Rechtsform auf.**

c) **Geben Sie das Register an (bzw. die entsprechende Abteilung), in das (die) das neu zu gründende Unternehmen einzutragen ist.**

d) **Beurteilen Sie, ob die jeweilige Rechtsform für Hans Reimers und Claudia Gruß infrage kommt.**

	Einzelunternehmung	Offene Handelsgesellschaft	Kommanditgesellschaft	Gesellschaft mit beschränkter Haftung	Aktiengesellschaft
Mindestgründerzahl					
Mindestkapital					
Haftung					
Geschäftsführung und Vertretung					
Gewinnverteilung					
Firma					
Handelsregistereintrag					
Beurteilung					

WIR GRÜNDEN EIN UNTERNEHMEN

VERTIEFUNGS- UND ANWENDUNGSAUFGABEN

1. Die beiden langjährigen Freunde Reinhold Bürger und Friedrich Kogel wollen eine Gesellschaft gründen. Zur Gründung bringt jeder von ihnen 25.000,00 € Barkapital auf. Das Unternehmen soll sich mit dem Import und Export von Textilien befassen. Reinhold Bürger macht jedoch zur Bedingung, dass er nicht persönlich haften will, und außerdem erlaubt seine Zeit keine Beteiligung an der Geschäftsführung. Friedrich Kogel, der persönlich haften will, schlägt seinem Freund eine Rechtsform vor und weist noch darauf hin, dass auch eine Teilhaberschaft an einer dann von ihm allein zu gründenden Unternehmung möglich ist.

a) **Welche beiden Unternehmensformen schlägt Friedrich Kogel seinem Freund vor?**

b) **Zu welcher Gruppe gehören diese Gesellschaften?**

c) **Erläutern Sie kurz die wesentlichen Merkmale der beiden Unternehmensformen und zeigen Sie die Unterschiede auf.**

d) Bei einer stillen Gesellschaft geht das Beteiligungsverhältnis nach außen nicht hervor. **Welche Rechte und eventuelle Pflichten hat Reinhold Bürger in beiden Unternehmensformen?**

LERNFELD 14

EIN UNTERNEHMEN GRÜNDEN UND ENTWICKELN

2. In dem Gesellschaftsvertrag einer KG ist festgelegt, dass der Restgewinn zu 60 % an den Komplementär und zu je 10 % an die vier Kommanditisten fallen soll. Der Jahresgewinn beträgt 160.000,00 €. Verteilen Sie den Gewinn. **Nutzen Sie dazu die folgende Tabelle.**

Gesellschafter	Kapitaleinlage			
Jones (Komplementär)	240.000,00 €			
Lahm (Kommanditist)	120.000,00 €			
Lehmann (Kommanditist)	40.000,00 €			
Friedrich (Kommanditist)	20.000,00 €			
Butt (Kommanditist)	80.000,00 €			
				160.000,00 €

Herr Ballack tritt als neuer Komplementär in die KG ein. Herr Jones erläutert ihm: „Komplementäre haften unbeschränkt, unmittelbar und solidarisch."

Erläutern Sie diese drei Begriffe.

Begriff	Erläuterung
unbeschränkte Haftung	
unmittelbare Haftung	
solidarische Haftung	

3. Dominik Schlote erwägt, sich nach der Ausbildung selbstständig zu machen. Er überlegt die Gründung eines Fachgeschäfts für Computerspiele. Vor diesem Hintergrund liest er sehr interessiert den folgenden Artikel aus dem Jahr 2008:

EIN EURO FÜR EINE GESELLSCHAFT
von Kristin Kruthaup

Eine gute Idee, aber wenig Geld – vor diesem Problem stehen viele Existenzgründer. Für sie gibt es bald die Mini-GmbH. Doch sie birgt Risiken.

Silvan Golega will Software verkaufen. Er ist 26, Diplom-Informatiker und Unternehmensgründer. Vor anderthalb Jahren kam ihm und zwei Freunden die Idee: Eine Software für Usability-Experten müsste her. Usability-Experten testen, an welcher Stelle auf einer Internetseite ein Link stehen muss, damit der Kunde ihn findet. Bisher haben sie dafür Testpersonen Papierblätter mit verschiedenen Link-Anordnungen vorgelegt. Die Software, die Golega und seine Kollegen entwickeln, erlaubt es, diese Testseiten im Internet zu bauen. Im Herbst soll ihr Produkt marktreif sein.

Spätestens dann brauchen die drei Tüftler eine Rechtsform. Wie viele Existenzgründer haben sie zwar eine gute Idee, aber kein Geld. Und damit haben sie kaum eine Chance, in Deutschland eine Rechtsform zu finden, die eine persönliche Haftung ausschließt. Der Schutz vor Haftung ist wünschenswert: Im Fall einer Pleite können Ansprüche nur gegen das Gesellschaftsvermögen geltend gemacht werden. Das Privatvermögen ist vor Gläubigern geschützt.

Keine persönliche Haftung

Normalerweise gründet man in ihrem Fall eine Gesellschaft mit beschränkter Haftung (GmbH). Für eine solche Gründung war bislang ein Stammkapital von 25.000,00 € erforderlich. Da Golega das Geld nicht hatte, erwog er – wie viele andere Existenzgründer –, in England eine Limited zu gründen. Limited (Ltd) steht für „private company limited by shares". Dieses Modell schließt ebenfalls eine persönliche Haftung der Gesellschafter aus. Für ihre Gründung ist aber nur ein symbolisches Stammkapital von einem Pfund erforderlich.

Der Sprung ins englische Recht ist für Gründer möglich, seit der Europäische Gerichtshof in mehreren Urteilen entschieden hat, dass Rechtsformen in einem Mitgliedsland auch in anderen Mitgliedsländern anerkannt werden müssen. „Aber wir sind von der Idee Limited wieder abgekommen", sagt Silvan Golega. „Denn plötzlich hieß es: Die GmbH-Reform kommt. Und mit ihr eine Mini-GmbH, für die man auch nur 1,00 € Stammkapital braucht", erinnert sich Golega. „Es hörte sich einfach perfekt an."

Das war im Juni 2006. Zwei Jahre später ist es so weit. Die Mini-GmbH kommt tatsächlich. Doch was ist das für eine neue Gesellschaftsform? Für wen lohnt sie sich, und für wen ist das britische Modell weiter interessant?

Durchgangsstation zur echten GmbH

Die Mini-GmbH bietet den gleichen Schutz wie die herkömmliche GmbH, indem sie die persönliche Haftung der Gesellschafter ausschließt. Allerdings braucht man für ihre Gründung kein Kapital. „Sie ist eine Rechtsform für kleinere Gewerbetreibende", sagt der Berliner Notar Ernesto Loh. Sie ist dabei so eine Art Durchgangsstation zur echten GmbH. Nach § 5 a des künftigen Gesetzes wird der Betreiber der Mini-GmbH dazu verpflichtet sein, ein Viertel des Jahresüberschusses zu sparen, bis er 25.000,00 € zurückgelegt hat. Ist diese Summe erreicht, kann die Mini- in eine echte GmbH umgewandelt werden und der Sparzwang entfällt. Hinzu kommt, dass der Unternehmer, wo er mit seinem Logo auftritt, die Angabe „Unternehmergesellschaft (haftungsbeschränkt)" machen muss.

Für Existenzgründer bringt die Reform damit ein paar echte Erleichterungen und auch bei der klassischen GmbH: Die Hürde von 25.000,00 € Stammkapital entfällt. Wer die Summe nicht aufbringen kann, kann auf die Mini-GmbH ausweichen. Ursprünglich hatte der Gesetzesentwurf der Bundesregierung vorgesehen, das Stammkapital der GmbH von 25.000,00 € auf 10.000,00 € abzusenken. Damit wäre die Hürde für eine Gründung noch niedriger gewesen. Dieser Vorschlag war im Bundestag aber nicht mehrheitsfähig.

Dafür schwinden bald die Bürokratiekosten: Bislang fallen allein für die Einrichtung der GmbH circa 700,00 € an. „150,00 € sind fällig für die Eintragung der Gesellschaft ins Handelsregister. Dazu kommen circa 550,00 € Notarkosten", zählt Notar Loh auf. In Zukunft wird die Gründung nur noch 220,00 € kosten, denn im Anhang des neuen Gesetzes wird aller Voraussicht nach ein Mustervertrag angehängt sein. Wer ihn nutzt, muss vom Notar nur noch die Unterschriften unter dem Mustervertrag beglaubigen lassen.

LERNFELD 14

EIN UNTERNEHMEN GRÜNDEN UND ENTWICKELN

Schluss mit der Flucht ins englische Recht

Die Gründung geht auch schneller: Bislang dauerte sie im Schnitt mehrere Monate, weil viele Gewerbe für die Eintragung in das Handelsregister eine Ämtergenehmigung brauchten. In Zukunft wird eine vorläufige Eintragung ins Handelsregister möglich sein.

Hintergrund der Reform ist, dass immer mehr deutsche Gründer in das englische Recht flüchteten. Horst Eidenmüller, Rechtsprofessor an der Ludwig-Maximilians-Universität München, hat errechnet, dass inzwischen jede vierte von Deutschen neu gegründete Kapitalgesellschaft eine Limited ist. Die Vorteile des englischen Modells gegenüber der deutschen GmbH lagen bislang auf der Hand: kein Stammkapital und eine schnelle, günstige Gründung.

Auch Sascha Schubert, Mitbegründer von Bondea, einer Art StudiVZ nur für Frauen, hat sich für die Gründung einer Limited entschieden: „Wir hatten die 25.000,00 € für eine GmbH-Gründung nicht. Und wir wollten möglichst schnell anfangen." Wie die meisten Unternehmer gründete Schubert die Limited nicht selbst, sondern beauftragte einen Dienstleister. Marktführer ist in Deutschland die Firma Go Ahead. Der Dienstleister übernimmt für die Existenzgründer die Formalien: Er macht einen englischen Jahresabschluss und lässt seine Kunden die eigene englische Büroadresse nutzen.

Sind die Jahresabschlüsse korrekt?

Bislang ist Schubert mit seiner Limited ganz zufrieden. Aber er hat einige Nachteile ausgemacht. Die laufenden Kosten seien höher als bei der GmbH. „Jedes Jahr muss ich für die Unterhaltung der Limited 280,00 € zahlen", berichtet er. Im Fall von Streitigkeiten muss er in England vor Gericht. Schließlich könne er auch nicht kontrollieren, ob die Jahresabschlüsse, die Go Ahead für ihn einreicht, richtig sind. „Ich kenne mich im englischen Recht ja nicht aus." Im Ergebnis ist er sich sicher: „Wir hätten eine Mini-GmbH gegründet, hätte es sie damals schon gegeben."

Christian Rollmann, Vorstand der Foris AG, der Muttergesellschaft von Go Ahead, verteidigt das englische Modell. „Eine Limited gründe ich und fertig. Bei der Mini-GmbH muss ich zahlreiche Auflagen einhalten. Ich bin verpflichtet, ein Viertel des Jahresüberschusses zurückzulegen. Bis das Stammkapital von 25.000,00 € angespart ist, ist das Geld geparkt. Ich kann es als Unternehmer nicht nutzen."

Auch die Gründungskosten der Mini-GmbH seien höher als die für die Limited. „Sobald wir zu viert sind, darf ich den Mustervertrag nicht mehr benutzen und ich muss doch wieder zum Notar." Anders als bei der Limited könne bei einer Mini-GmbH auch nicht mehr als ein Geschäftsführer bestellt werden.

Golega findet diese Argumente nicht überzeugend. „Wir hätten uns für eine deutsche Gesellschaft entschieden." Letztendlich wird nun aber eine klassische GmbH gegründet. „Wir sind zu Geld gekommen. Wir haben nämlich ein Gründerstipendium der Bundesregierung gewonnen", erzählt Golega stolz. Nächste Woche geht es für ihn und die Kollegen zum Notar.

Quelle: Kruthaup, Kristin: Ein Euro für eine Gesellschaft. In: faz.net, 08.07.2008. http://www.faz.net/aktuell/beruf-chance/recht-und-gehalt/existenzgruendung-ein-euro-fuer-eine-gesellschaft-1666282.html [07.11.2018].

a) Erläutern Sie kurz die haftungsbeschränkte Unternehmergesellschaft.

b) **Vergleichen Sie die GmbH mit der haftungsbeschränkten Unternehmergesellschaft.**

Merkmal	GmbH	Unternehmergesellschaft
Rechtsformzusatz		
Stammkapital		
Gründungsaufwand		

Zur weiteren Vertiefung der Lerninhalte und Sicherung der Lernergebnisse empfehlen wir das Bearbeiten der Aufgaben und Aktionen in den Kapiteln 1 bis 4 des Lernfeldes 14 Ihres Lehrbuches „Handeln im Handel, 3. Ausbildungsjahr".

2 Wir informieren uns über Investitions- und Finanzierungsanlässe sowie über die Bedeutung von Finanzierungsgrundsätzen

HANDLUNGSSITUATION

Im Rahmen seiner Ausbildung zum Einzelhandelskaufmann wird Lars Panning im dritten Ausbildungsjahr direkt bei Herrn Freiberg, dem Finanzchef der Ambiente Warenhaus AG, eingesetzt. Dies ist einerseits eine Ehre, da bekannt ist, dass Herr Freiberg sich immer sehr gute Auszubildende aussucht, die direkt mit ihm zusammenarbeiten dürfen. Andererseits erwarten Lars jedoch eine Menge herausfordernder Aufgaben, für welche Herr Freiberg bei den Mitarbeitern bekannt ist.

An seinem ersten Tag in der Finanzabteilung erhält Lars direkt die folgende E-Mail vom Chef:

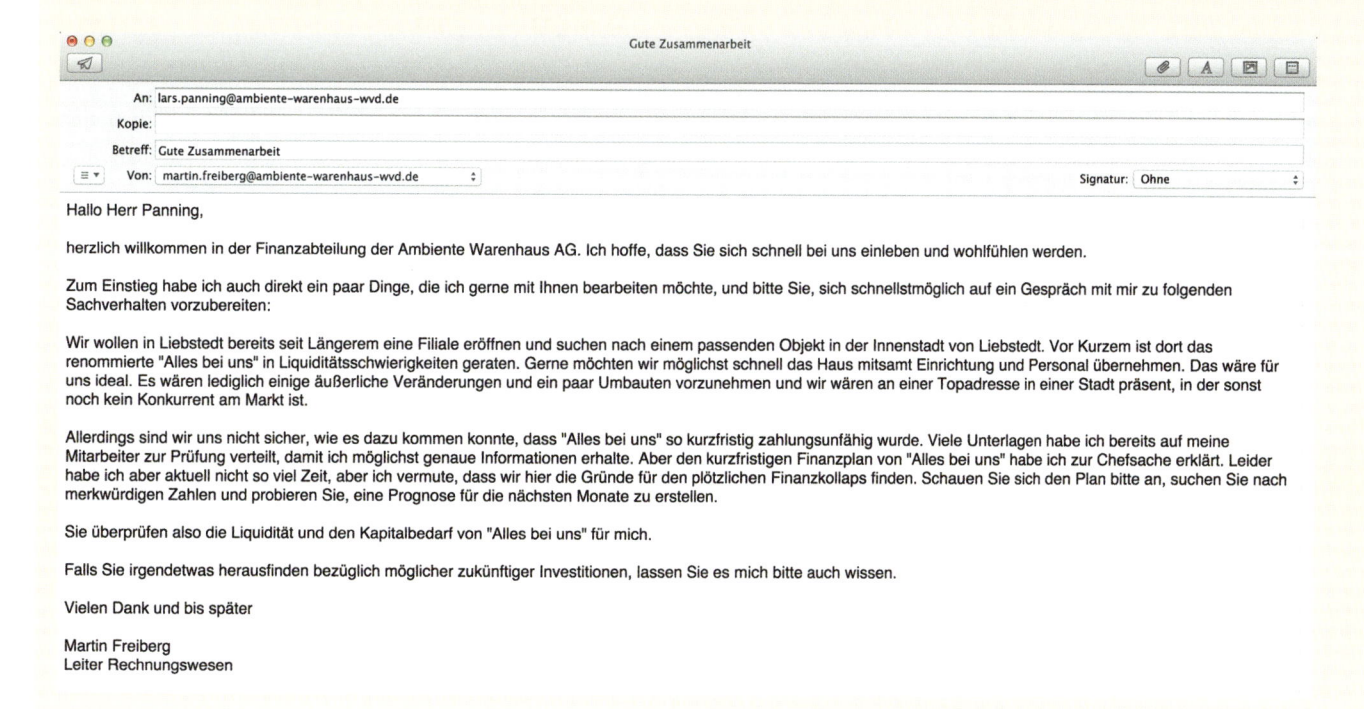

An: lars.panning@ambiente-warenhaus-wvd.de
Kopie:
Betreff: Gute Zusammenarbeit
Von: martin.freiberg@ambiente-warenhaus-wvd.de   **Signatur:** Ohne

Hallo Herr Panning,

herzlich willkommen in der Finanzabteilung der Ambiente Warenhaus AG. Ich hoffe, dass Sie sich schnell bei uns einleben und wohlfühlen werden.

Zum Einstieg habe ich auch direkt ein paar Dinge, die ich gerne mit Ihnen bearbeiten möchte, und bitte Sie, sich schnellstmöglich auf ein Gespräch mit mir zu folgenden Sachverhalten vorzubereiten:

Wir wollen in Liebstedt bereits seit Längerem eine Filiale eröffnen und suchen nach einem passenden Objekt in der Innenstadt von Liebstedt. Vor Kurzem ist dort das renommierte "Alles bei uns" in Liquiditätsschwierigkeiten geraten. Gerne möchten wir möglichst schnell das Haus mitsamt Einrichtung und Personal übernehmen. Das wäre für uns ideal. Es wären lediglich einige äußerliche Veränderungen und ein paar Umbauten vorzunehmen und wir wären an einer Topadresse in einer Stadt präsent, in der sonst noch kein Konkurrent am Markt ist.

Allerdings sind wir uns nicht sicher, wie es dazu kommen konnte, dass "Alles bei uns" so kurzfristig zahlungsunfähig wurde. Viele Unterlagen habe ich bereits auf meine Mitarbeiter zur Prüfung verteilt, damit ich möglichst genaue Informationen erhalte. Aber den kurzfristigen Finanzplan von "Alles bei uns" habe ich zur Chefsache erklärt. Leider habe ich aber aktuell nicht so viel Zeit, aber ich vermute, dass wir hier die Gründe für den plötzlichen Finanzkollaps finden. Schauen Sie sich den Plan bitte an, suchen Sie nach merkwürdigen Zahlen und probieren Sie, eine Prognose für die nächsten Monate zu erstellen.

Sie überprüfen also die Liquidität und den Kapitalbedarf von "Alles bei uns" für mich.

Falls Sie irgendetwas herausfinden bezüglich möglicher zukünftiger Investitionen, lassen Sie es mich bitte auch wissen.

Vielen Dank und bis später

Martin Freiberg
Leiter Rechnungswesen

LERNFELD 14

EIN UNTERNEHMEN GRÜNDEN UND ENTWICKELN

Finanzplan „Alles bei uns"						
Beträge in T€	Juli			August		
	SOLL	IST	DIFFERENZ	SOLL	IST	DIFFERENZ
Anfangsbestand an Zahlungsmitteln (Kasse, Bank)	351,00	451,63	100,63	374,27	–667,12	–1.041,39
Einzahlungen:						
Umsatzerlöse	8.400,00	8.226,84	–173,16	8.400,00	8.413,09	13,09
Forderungen	2.750,00	2.688,29	–61,71	2.750,00	2.678,36	–71,64
Zinsen	0,12	0,12	0,00	0,12	0,00	–0,12
Verkauf von Anlagevermögen	20,00	20,77	0,77	20,00	0,00	–20,00
Darlehensaufnahme	10,00	43.604,68	43.594,68	10,00	0,00	–10,00
sonstige	7,00	6,89	–0,11	7,00	7,24	0,24
Summe der Einzahlungen	11.187,12	54.547,59	43.360,47	11.187,12	11.098,69	–88,43
Auszahlungen						
Kauf von Anlagevermögen	80,00	2.358,69	–2.278,69	80,00	78,00	2,00
Kauf von Grundstücken	0,00	43.651,36	–43.651,36	0,00	0,00	0,00
Mieten	2.116,85	0,00	2.116,85	2.116,85	0,00	2.116,85
Wareneinkäufe	6.300,00	6.128,96	171,04	6.300,00	6.687,89	–387,89
Steuern/Abgaben	2.300,00	3.136,74	–836,74	2.300,00	2.236,35	63,65
Löhne und Gehälter	125,00	127,42	–2,42	125,00	126,97	–1,97
Darlehensrückzahlung	135,00	120,32	14,68	135,00	890,86	–755,86
Reparaturen	40,00	51,73	–11,73	40,00	34,69	5,31
Zinsen	35,00	32,81	2,19	35,00	1.004,63	–969,63
Versicherungen	32,00	58,31	–26,31	32,00	107,25	–75,25
Summe der Auszahlungen	11.163,85	55.666,34	–44.502,49	11.163,85	11.166,64	–2,79
Endbestand an Zahlungsmitteln	374,27	–667,12	–1.041,39	397,54	–735,07	–1.132,61

Informationen zum Lösen der folgenden Handlungsaufgaben finden Sie im Lehrbuch „Handeln im Handel, 3. Ausbildungsjahr" in Kapitel 5 (Wir informieren uns über Investitions- und Finanzierungsanlässe sowie über die Bedeutung von Finanzierungsgrundsätzen) des Lernfeldes 14.

HANDLUNGSAUFGABEN

1. Ermitteln Sie, welche Begriffe Lars klären muss und was er für Herrn Freiberg tun soll.

2. Erläutern Sie kurz mit eigenen Worten, was man unter dem Begriff „Investition" versteht.

3. Ordnen Sie die folgenden Begrifflichkeiten für sich und formulieren Sie anschließend aus den folgenden Begriffen einen sinnvollen Text, welcher den Zusammenhang der Begrifflichkeiten erläutert.

> Kapital – Mittelverwendung – Bilanz – Eigenkapital – Mittelherkunft – Finanzierung – Anlagevermögen – Investition – Vermögen – Umlaufvermögen – Fremdkapital – Aktivseite

LERNFELD 14

EIN UNTERNEHMEN GRÜNDEN UND ENTWICKELN

4. Vervollständigen Sie den Überblick über die Investitionsarten von Unternehmen.

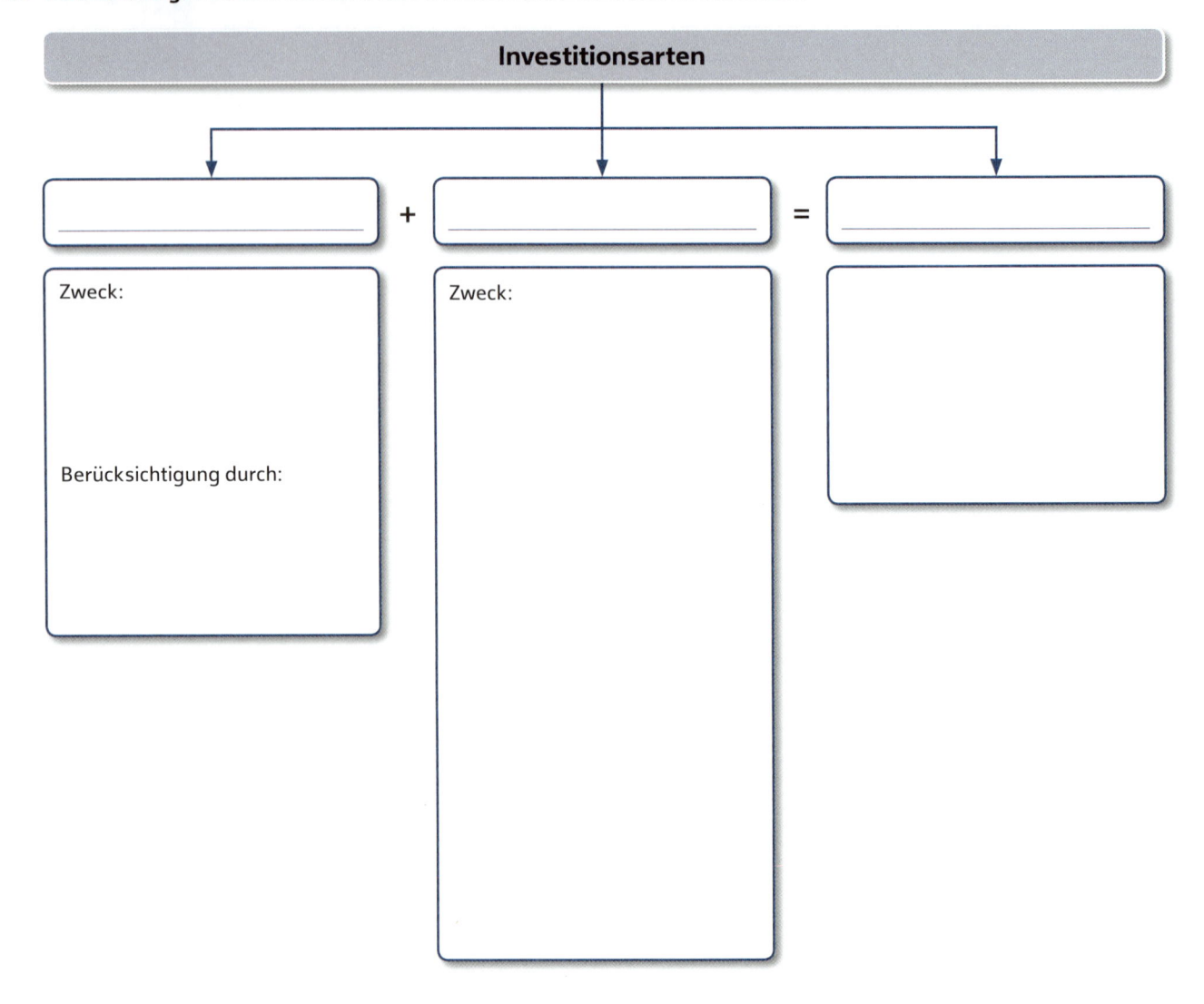

Investitionsarten

| _____ | + | _____ | = | _____ |

Zweck:

Berücksichtigung durch:

Zweck:

5. Überlegen Sie sich, welche Arten von Investitionen bei einem Kauf von „Alles bei uns" für die Ambiente Warenhaus AG anfallen würden.

_____
_____
_____
_____
_____
_____
_____

6. Geben Sie an, was man unter Liquidität versteht und was erfüllt sein muss, damit die Liquidität eines Unternehmens vorhanden ist.

7. Stellen Sie mithilfe Ihres Lehrbuches heraus, in welchen drei Situationen ein Unternehmen sich bezüglich seiner Liquidität befinden kann (Liquiditätsgrundsätze), und geben Sie – wenn nötig – Handlungsempfehlungen für die Situationen.

8. Geben Sie mithilfe Ihres Lehrbuches an, was im Allgemeinen unter einem Finanzplan verstanden wird.

LERNFELD 14

EIN UNTERNEHMEN GRÜNDEN UND ENTWICKELN

9. Arbeiten Sie mithilfe Ihres Lehrbuches die grundlegende Funktionsweise eines Finanzplans heraus. Gehen Sie hierbei auch auf die Planfeststellung sowie die Plankontrolle ein.

Funktionsweise:

Planfeststellung:

Plankontrolle:

10. Mithilfe eines kurzfristigen Finanzplans kann also die Liquidität eines Unternehmens überwacht werden.

a) Betrachten Sie den kurzfristigen Finanzplan von „Alles bei uns" genau und identifizieren Sie die Ursachen für die Probleme von „Alles bei uns". Nehmen Sie abschließend kurz Stellung, wie die Liquidität von „Alles bei uns" einzuordnen ist.

b) Betrachten Sie den kurzfristigen Finanzplan von „Alles bei uns" genauer und entwickeln Sie eine Prognose für den Monat September. Gehen Sie grundsätzlich davon aus, dass die Werte der Vormonate durchschnittlich repräsentative Werte für die Zukunft sind.

Beträge in T€	PROGNOSE September	
	SOLL	Anmerkung/Begründung
Anfangsbestand an Zahlungsmitteln (Kasse, Bank)		
Einzahlungen:		
Umsatzerlöse		
Forderungen		
Zinsen		
Verkauf von Anlagevermögen		
Darlehensaufnahme		
Sonstige		
Summe der Einzahlungen		
Auszahlungen		
Kauf von Anlagevermögen		
Kauf von Grundstücken		
Mieten		
Wareneinkäufe		
Steuern/Abgaben		
Löhne und Gehälter		
Darlehensrückzahlung		
Reparaturen		
Zinsen		
Versicherungen		
Summe der Auszahlungen		
Endbestand an Zahlungsmitteln		

c) Bereiten Sie das Gespräch mit Herrn Freiberg vor, indem Sie eine Empfehlung abgeben, ob sich die Übernahme von „Alles bei uns" für die Ambiente Warenhaus AG lohnen könnte.

WIR INFORMIEREN UNS ÜBER INVESTITIONS- UND FINANZIERUNGSANLÄSSE/BEDEUTUNG VON FINANZIERUNGSGRUNDSÄTZEN

VERTIEFUNGS- UND ANWENDUNGSAUFGABEN

1. Vervollständigen Sie mithilfe Ihres Lehrbuches das beigefügte Schaubild über die Investitions- und Finanzierungsgrundsätze. Achten Sie hierbei genau auf den Aufbau des Schaubildes sowie die eingefügten Lösungs- und Gliederungshinweise.

Investitions- und Finanzierungsgrundsätze in einem Unternehmen

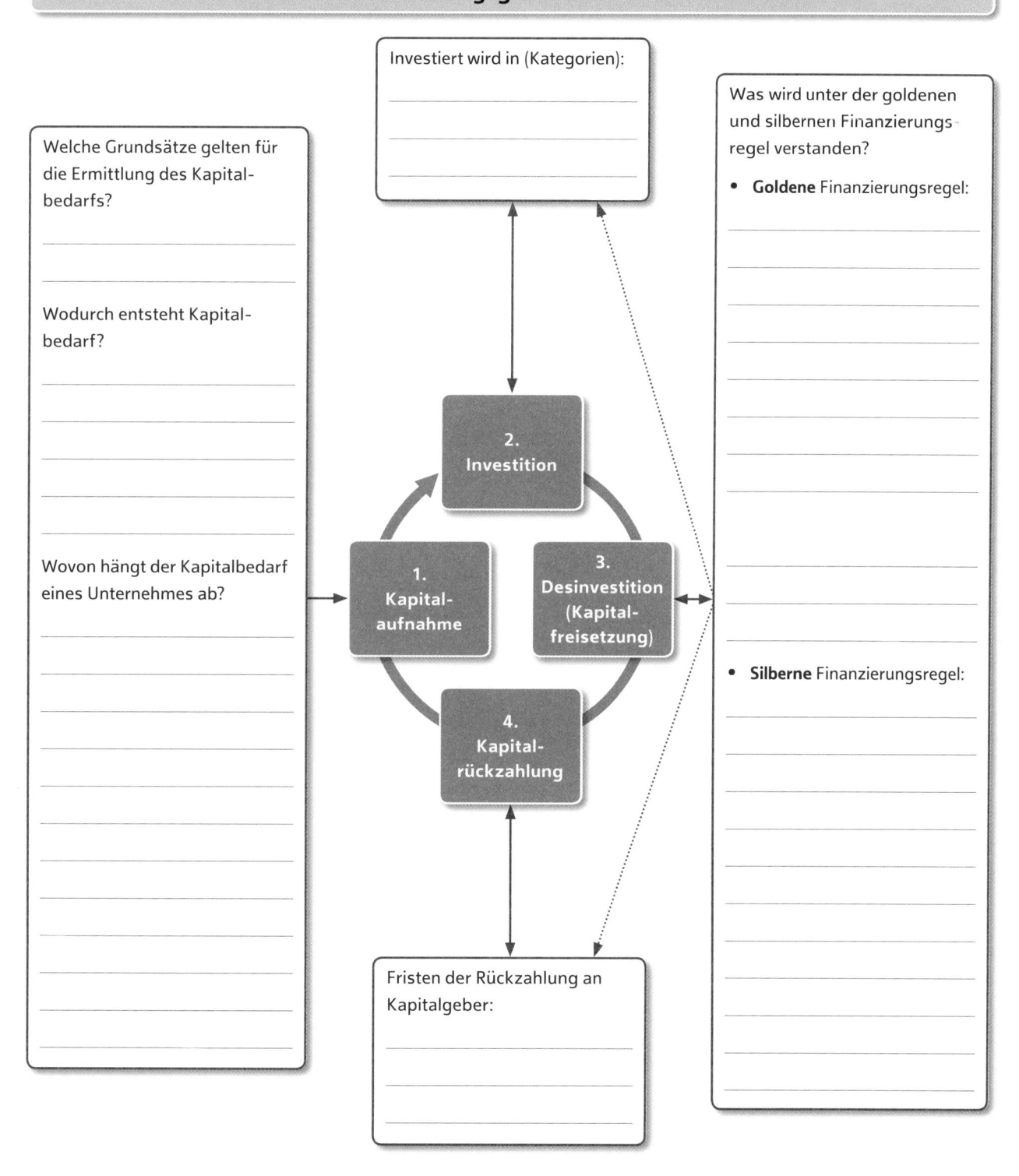

Investiert wird in (Kategorien):

_____
_____
_____

Welche Grundsätze gelten für die Ermittlung des Kapitalbedarfs?

_____
_____

Wodurch entsteht Kapitalbedarf?

_____
_____
_____
_____

Wovon hängt der Kapitalbedarf eines Unternehmes ab?

_____
_____
_____
_____
_____
_____
_____
_____
_____
_____

1. Kapitalaufnahme

2. Investition

3. Desinvestition (Kapitalfreisetzung)

4. Kapitalrückzahlung

Fristen der Rückzahlung an Kapitalgeber:

_____
_____
_____

Was wird unter der goldenen und silbernen Finanzierungsregel verstanden?

- **Goldene** Finanzierungsregel:

_____
_____
_____
_____
_____
_____
_____
_____

- **Silberne** Finanzierungsregel:

_____
_____
_____
_____
_____
_____
_____
_____
_____

LERNFELD 14

EIN UNTERNEHMEN GRÜNDEN UND ENTWICKELN

2. Im Mittelpunkt der Diskussion bei der Vorstandsbesprechung der Ambiente Warenhaus AG steht die sehr schwierige Situation in der Textilbranche. Es herrscht starke Konkurrenz, in deren Folge schon seit Längerem die eigenen Umsätze stagnieren. Eine Lösung sieht die Unternehmensleitung in umfangreichen Rationalisierungsinvestitionen. Strittig ist jedoch die Finanzierung.

a) **Erläutern Sie, inwiefern ein Zusammenhang zwischen Finanzierung und Investitionen besteht.**

Begriff	Erklärung	Zusammenhang
Finanzierung		
Investition		

b) **Nennen Sie drei weitere betriebliche Gründe, die zu Investitionen führen können.**

Investitionsart	Investitionsgrund

3. Erstellen Sie mithilfe Ihres Lehrbuches aus folgenden Angaben einen Finanzplan (Liquiditätsplan) für die Monate Juli, August und September:

Der gesamte Zahlungsverkehr wird über ein Bankkonto abgewickelt. Bei der Bank besteht ein Dispositionskredit über 50.000,00 €. Zum 30. Juni besteht ein Bankguthaben von 50.000,00 €.

Der Finanzstatus zum 30. Juni weist folgende Planzahlen auf:

- Ausgaben zur Begleichung von Verbindlichkeiten
  - im Juli: 300.000,00 €
  - im August: 400.000,00 €
  - im September: 450.000,00 €
- Umsatzerlöse nach Ziel
  - im Juli: 150.000,00 €
  - im August: 400.000,00 €
  - im September: 650.000,00 €
- Ausgaben für Einkauf, Produktion und Verwaltung
  - im Juli: 100.000,00 €
  - im August: 140.000,00 €
  - im September: 220.000,00 €
- Einnahmen aus Warenverkäufen bar
  - im Juli: 250.000,00 €
  - im August: 50.000,00 €
  - im September: 150.000,00 €
- Einnahme von 25.000,00 € im August durch den Verkauf einer gebrauchten Maschine

Errechnen Sie für jeden Monat den voraussichtlichen Endbestand des Bankkontos.

	Juli	August	September
Stand Bankkonto Anfang des Monats			
= Endbestand Bankkonto			

Zur weiteren Vertiefung der Lerninhalte und Sicherung der Lernergebnisse empfehlen wir die Bearbeitung der Aufgaben und Aktionen in Kapitel 5 (Wir informieren uns über Investitions- und Finanzierungsanlässe sowie über die Bedeutung von Finanzierungsgrundsätzen) des Lernfeldes 14 in Ihrem Lehrbuch „Handeln im Handel, 3. Ausbildungsjahr".

3 Wir suchen für betriebliche Investitionen geeignete Möglichkeiten der Kapitalbeschaffung

HANDLUNGSSITUATION

Daniel, der Freund von Britta Krombach, überlegt schon seit längerer Zeit, ob er sich mit seinem Arbeitskollegen Michael mit einem eigenen Software-Entwicklungsunternehmen mit einem kleinen integrierten Hardwarevertrieb selbstständig machen soll. Die beiden haben sich schon fleißig umgeschaut und einige Pläne geschmiedet.

Die Räume würden sie herrichten müssen, aber sie könnten sie immerhin kostengünstig anmieten, da Michaels Onkel, Hubert Wille, viele Immobilien besitzt und die Gewerbeflächen in einem Erdgeschoss kurzfristig frei werden. Onkel Hubert hat Michael bereits signalisiert, dass seine Geschäfte gut laufen, er sich derzeit ohnehin nach Geldanlagen umsieht und dass er die Räume günstig an die beiden vermieten würde. Für die Einrichtung, die ersten Waren und insbesondere die notwendige technische Ausstattung des Unternehmens fallen allerdings hohe Kosten an.

Die Kosten für diverse Server, Drucker, PCs usw. beziffern die beiden auf der Grundlage von eingeholten Angeboten auf ungefähr 120.000,00 €. Da sie in ihrem Unternehmen insbesondere hochkomplexe Computerspiele erstellen wollen, benötigen sie Grafikprogramme, die dazu imstande sind, eine optimale und realitätsnahe virtuelle Welt zu erschaffen. Die Grafikprogramme werden ca. 15.000,00 € kosten.

Hinzu kommen noch zahlreiche Nebenkosten für Büromaterialien, Telefonanlage, Kaffeemaschine usw. und die Kosten für die Herrichtung der Räumlichkeiten, welche Daniel und Michael insgesamt mit 7.000,00 € berechnet haben.

Schließlich haben Daniel und Michael ausgerechnet, dass die Verkaufsräume mit aktuellen PC-Modellen und entsprechendem Zubehör ausgestattet werden müssen. Die Verkaufsräume sind sehr klein, aber voraussichtlich wird die Erstausstattung mit den topaktuellen Waren 15.000,00 € kosten. Die beiden angehenden Jungunternehmer sehen den Verkauf aber lediglich als Abrundung ihres Angebots an. Eigentlich wollen sie ihr Geld mit den Computerspielen verdienen.

Daniel und Michael kennen sich aus der Ausbildung zum Fachinformatiker, die sie in diesem Jahr beenden werden. Die beiden können zwar sehr gut mit Computern umgehen, aber im Umgang mit Zahlen sind sie nicht so gewandt. Daher haben sie Britta in ihre Pläne eingeweiht. Schließlich macht sie eine kaufmännische Ausbildung und muss sich auskennen. Britta hat eingewilligt, dass sie sich informieren wird, wie die beiden ihr großes Vorhaben in die Tat umsetzen können. Insbesondere heißt das natürlich, dass sie sich über mögliche Formen der Finanzierung informieren muss, denn Rücklagen weisen die Jungs keine auf.

Heute Abend wollen die drei sich treffen und Britta hat sich um die Sache noch nicht kümmern können …

Informationen zum Lösen der folgenden Handlungsaufgaben finden Sie im Lehrbuch „Handeln im Handel, 3. Ausbildungsjahr" in Kapitel 6 (Wir suchen für betriebliche Investitionen geeignete Möglichkeiten der Kapitalbeschaffung) des Lernfeldes 14.

WIR SUCHEN FÜR BETRIEBLICHE INVESTITIONEN GEEIGNETE MÖGLICHKEITEN DER KAPITALBESCHAFFUNG

HANDLUNGSAUFGABEN

1. Ermitteln Sie, welche Dinge Britta Krombach für Daniel und Michael zu erledigen hat.

_____

_____

2. Verschaffen Sie sich zunächst mithilfe Ihres Lehrbuches einen Überblick über die wesentlichen Möglichkeiten der Kapitalbeschaffung, die für Investitionen bestehen, indem Sie das folgende Schaubild vervollständigen:

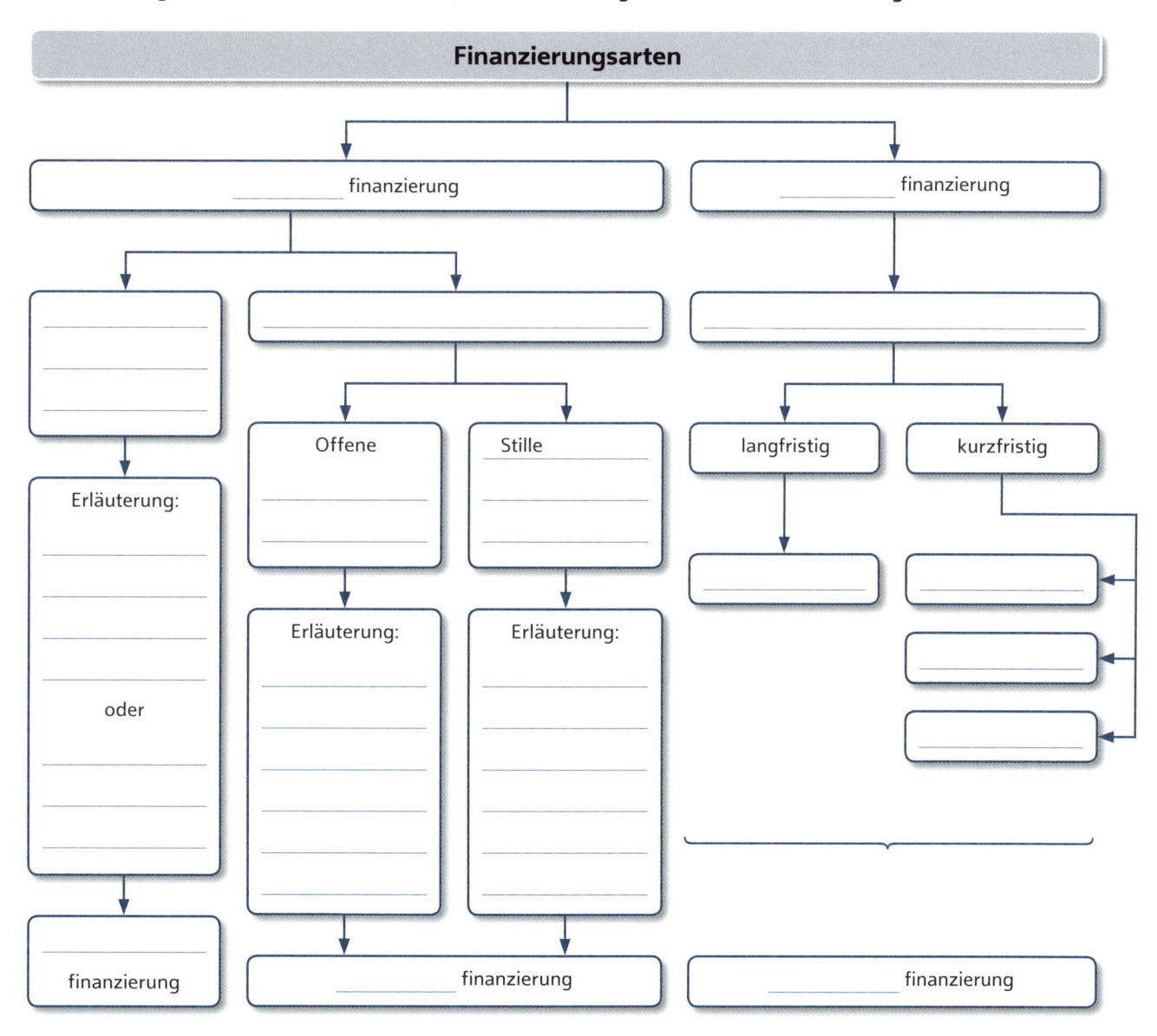

Finanzierungsarten

- _____finanzierung
  - [Kasten]
    - Erläuterung: _____ oder _____
    - _____finanzierung
  - [Kasten]
    - Offene _____
      - Erläuterung: _____
    - Stille _____
      - Erläuterung: _____
    - _____finanzierung
- _____finanzierung
  - [Kasten]
    - langfristig
      - _____
    - kurzfristig
      - _____
      - _____
      - _____
    - _____finanzierung

3. Geben Sie die drei Kriterien an, die für die Beurteilung der Finanzierungsalternativen von Daniel und Michael relevant sind.

_____

_____

4. Entscheiden Sie, ohne konkrete Prüfung bestimmter Finanzierungsalternativen, wie Daniel und Michael die drei Kriterien bei ihrer geplanten Finanzierung voraussichtlich abwägen müssen.

5. Überlegen Sie, ob eine Einlagen- oder Beteiligungsfinanzierung für Daniels und Michaels Vorhaben infrage kommen kann und welche Vor- und Nachteile diese Finanzierungsart hätte.

6. Überlegen Sie, ob eine Selbstfinanzierung für Daniels und Michaels Vorhaben infrage kommt.

   a) Beschreiben Sie kurz die wesentlichen Eigenschaften dieser Finanzierungsmöglichkeit.

   b) Geben Sie begründet an, warum eine solche Finanzierung infrage kommt oder auch nicht!

7. Überlegen Sie, ob eine Finanzierung durch Ausgabe von Aktien für Daniels und Michaels Vorhaben infrage kommt.

   a) Beschreiben Sie kurz die wesentlichen Eigenschaften dieser Finanzierungsmöglichkeit.

LERNFELD 14

EIN UNTERNEHMEN GRÜNDEN UND ENTWICKELN

b) **Geben Sie begründet an, warum eine solche Finanzierung infrage kommt oder auch nicht!**

8. **Überlegen Sie, ob eine Finanzierung durch Abschreibungen für Daniels und Michaels Vorhaben infrage kommt.**

   a) **Beschreiben Sie kurz die wesentlichen Eigenschaften dieser Finanzierungsmöglichkeit.**

   b) **Geben Sie begründet an, warum eine solche Finanzierung infrage kommt oder auch nicht!**

9. **Geben Sie die Kriterien an, die für die Aufnahme von Krediten als Fremdfinanzierungsvariante von Daniel und Michael vorab zu klären sind.**

10. Überlegen Sie, ob eine Finanzierung durch ein Darlehen für Daniels und Michaels Vorhaben infrage kommt.

a) Beschreiben Sie kurz die wesentlichen Eigenschaften dieser Finanzierungsmöglichkeit.

b) Geben Sie begründet an, warum eine solche Finanzierung infrage kommt oder auch nicht!

11. Überlegen Sie, ob eine Finanzierung durch einen Liefererkredit für Daniels und Michaels Vorhaben infrage kommt.

a) Beschreiben Sie kurz die wesentlichen Eigenschaften dieser Finanzierungsmöglichkeit.

LERNFELD 14

EIN UNTERNEHMEN GRÜNDEN UND ENTWICKELN

b) Geben Sie begründet an, warum eine solche Finanzierung infrage kommt oder auch nicht!

12. Überlegen Sie, ob eine Finanzierung durch Kundenkredite für Daniels und Michaels Vorhaben infrage kommt.

   a) Beschreiben Sie kurz die wesentlichen Eigenschaften dieser Finanzierungsmöglichkeit.

   b) Geben Sie begründet an, warum eine solche Finanzierung infrage kommt oder auch nicht!

13. Überlegen Sie, ob eine Finanzierung durch Kontokorrentkredit für Daniels und Michaels Vorhaben infrage kommt.

   a) Beschreiben Sie kurz die wesentlichen Eigenschaften dieser Finanzierungsmöglichkeit.

b) Geben Sie begründet an, warum eine solche Finanzierung infrage kommt oder auch nicht!

14. Fassen Sie zusammen, welche Finanzierungsmöglichkeiten für das Vorhaben von Daniel und Michael möglich sind, und geben Sie eine Empfehlung ab, die Britta den beiden im Gespräch geben kann. Bereiten Sie das Gespräch vor und stellen Sie sich darauf ein, dass Sie das Gespräch mit Ihrem Tischnachbarn vor der Klasse nachstellen.

LERNFELD 14

EIN UNTERNEHMEN GRÜNDEN UND ENTWICKELN

VERTIEFUNGS- UND ANWENDUNGSAUFGABEN

1. Daniel und Michael erhalten eine Rechnung vom Computergroßhändler Epple über brutto 15.000,00 €. Die Rechnung beinhaltet folgende Zahlungsbedingungen:

„Zahlbar innerhalb von 7 Tagen bei 1,5 % Skonto oder innerhalb von 60 Tagen nach Erhalt dieser Rechnung ohne Abzug."

Aus den Konditionen des unternehmerischen Bankkontos der beiden Jungunternehmer geht hervor, dass ihnen ein Kontokorrentkreditrahmen von 4.500,00 € zu 9,5 % eingeräumt wird. Darüber hinaus fallen Überziehungszinsen von insgesamt 15 % an.

a) Berechnen Sie den möglichen Skontoertrag aus der Rechnung von Epple in Euro.

b) Berechnen Sie den Jahreszinssatz, dem der mögliche Skontoertrag entsprechen würde.

c) Berechnen Sie die Kosten für die Inanspruchnahme des Bankkredits und geben Sie begründet an, ob Skonto in Anspruch genommen werden sollte oder nicht.

WIR SUCHEN FÜR BETRIEBLICHE INVESTITIONEN GEEIGNETE MÖGLICHKEITEN DER KAPITALBESCHAFFUNG

2. Entscheiden Sie bei den folgenden Geschäftsvorfällen, welche Finanzierungsart vorliegt.

Vorgang	Finanzierungsarten				
	Finanzierung durch Eigenkapital	Finanzierung durch Fremdkapital	Finanzierung durch Vermögens-umschichtung	Innen-finanzierung	Außen-finanzierung
Aufnahme eines neuen OHG-Gesellschafters					
Aufnahme eines kurzfristigen Bankkredits					
Kauf eines Lkw aus Abschreibungsgegenwerten					
Verkauf nicht mehr benötigter Regale, um Warenvorräte aufzustocken					
Kauf von Waren auf Ziel für 5.000,00 €					
Einstellung des Gewinns in die freiwilligen Rücklagen					
Ausgabe neuer Aktien durch eine Aktiengesellschaft					

3. Die Ambiente Warenhaus AG möchte ein neues Zentrallager für den süddeutschen Raum in Heilbronn errichten. Die Unternehmensleitung überlegt, auf welchen Wegen dies finanziert werden kann.

a) **Nennen Sie zwei Beispiele für eine Innenfinanzierung.**

b) **Welcher Oberbegriff fasst die Beteiligungs- und Kreditfinanzierung zusammen?**

c) **Nennen Sie zwei Beispiele der Beteiligungsfinanzierung.**

d) **Führen Sie Nachteile der Kreditfinanzierung gegenüber der Beteiligungsfinanzierung auf.**

Zur weiteren Vertiefung der Lerninhalte und Sicherung der Lernergebnisse empfehlen wir die Bearbeitung der Aufgaben und Aktionen in Kapitel 6 (Wir suchen für betriebliche Investitionen geeignete Möglichkeiten der Kapitalbeschaffung) des Lernfeldes 14 Ihres Lehrbuches „Handeln im Handel, 3. Ausbildungsjahr".

LERNFELD 14 — EIN UNTERNEHMEN GRÜNDEN UND ENTWICKELN

4 Wir prüfen besondere Finanzierungsformen (Finanzierungshilfen)

HANDLUNGSSITUATION

Lars Panning hat sich durch diverse gute Arbeiten für Herrn Freiberg ausgezeichnet. Heute bekommt er wieder einmal einen Spezialauftrag.

Herr Freiberg: „Guten Morgen, Herr Panning! Wie geht es Ihnen? Sind Sie im Stress?"

Lars: „Guten Morgen, Herr Freiberg. Mir geht es gut, ich habe im Moment auch keinen Stress."

Herr Freiberg: „Umso besser, denn ich habe mal wieder einen Spezialauftrag für Sie!"

Lars: „Oh, sehr schön! Um was geht es denn?"

Herr Freiberg: „In der letzten Zeit haben wir ja viele Abteilungen mit diversen neuen Geräten ausgestattet und jetzt konnte ich in der Abteilungsleiterkonferenz endlich durchsetzen, dass auch wir in der Verwaltung etwas mehr Annehmlichkeiten erhalten. Ich habe mich dafür eingesetzt, dass wir endlich den Druckerraum neu ausstatten. Die drei alten Document-Center sollen in kleineren Zweigfilialen genutzt werden und wir erhalten drei neue Document-Center."

Lars: „Das ist ja super. Dann können wir vielleicht endlich auch problemlos scannen und persönliche Druckaufträge erteilen."

Herr Freiberg: „Genau das wird bald möglich sein. Und noch vieles mehr! Wir haben uns in der Konferenz auf ein paar Rahmenbedingungen für die Anschaffung geeinigt. Im Moment ist es sehr schwer, an Kredite zu kommen. Wir möchten außerdem eigentlich keine Kredite mehr aufnehmen, da unsere Eigenkapitalquote ohnehin schon bedenklich gering ist. Dies sollten wir bei der Anschaffung im Auge behalten. Hier können insbesondere Leasingangebote sehr interessant sein. Frau Bode hat ferner zu bedenken gegeben, dass bei derartigen Gerätschaften das Investitionsrisiko bei der Entscheidungsfindung beachtet werden müsse und dass bedacht werden muss, dass aufgrund technischer Fortschritte auch eine Anpassung möglich sein muss. Dies könne über entsprechende Vertragsgestaltungen gemacht werden."

Lars: „Das hört sich ja so an, als ob es gar nicht so einfach wäre, diese Document-Center zu kaufen."

Herr Freiberg: „Das ist korrekt. Aber die Frage ist ja, ob wir überhaupt kaufen! 20.000,00 € pro Gerät sind eine ganze Menge! Hinzu kommt das Risiko der Reparatur und Wartung, welches mit ca. 5 % im ersten Jahr zu beziffern ist und dann mit jedem weiteren Jahr aufgrund der Abnutzung der Maschinen um ca. 30 % ansteigt. Ein Kauf aus dem Eigenkapital ist aufgrund der angespannten Finanzlage keine Option."

Lars: „Ach so, stimmt. Sie sagten ja auch etwas von Leasing."

Herr Freiberg: „Ja, das sind interessante Modelle. Es liegen mir bereits drei Angebote vor. Zwei davon sind Leasingangebote. Informieren Sie sich bitte über Leasingmodelle. Anschließend prüfen Sie die Angebote und machen mir einen Vorschlag, welches für uns am besten geeignet ist. Ich könnte mir eine Nutzwertanalyse als Entscheidungshilfe gut vorstellen. Ach ja, ein wichtiger Aspekt ist noch, dass es schön wäre, wenn wir uns vertraglich nicht langfristig binden, um bei eventuellen Problemen mit den Maschinen oder mit unseren Finanzen kurzfristig reagieren zu können. Diese Document-Center sind ja nicht lebenswichtig für die Ambiente Warenhaus AG. Ha ha!"

Lars: „Ja, das ist ja eine ganze Menge. Dann muss ich mich über Leasing zunächst einmal informieren. Damit kenne ich mich nämlich noch gar nicht so gut aus."

WIR PRÜFEN BESONDERE FINANZIERUNGSFORMEN (FINANZIERUNGSHILFEN)

Angebot 1:

Schönstädter Stadtbank

ANNUITÄTENDARLEHEN

Darlehenssumme: 60.000,00 €
Laufzeit: 5 Jahre
anfängliche Tilgung: 16,5 % im ersten Jahr
Zinssatz: 10 % der Restschuld am Jahresbeginn

Die Zinsen und die Tilgung (und im letzten Jahr die Abschlusszahlung) werden jährlich am Jahresende in einer Summe fällig. Die jährlichen Raten bleiben in den Folgejahren unverändert. Es ändert sich lediglich das Verhältnis von Zins zur Tilgung. Eine Kündigung ist während der Laufzeit nur durch Ablösung des Darlehens unter Zahlung einer Vorablöseentschädigung möglich.

Angebot 2:

EFFEKTIV LEASING

Leasingangebot

Wert der Leasingobjekte: 60.000,00 €
monatliche Leasingrate: 3,1 %

Die Leasingraten werden jeweils am Monatsende fällig. Eine Vertragsdauer wird nicht vereinbart.
Die Kündigung des Vertrags ist jederzeit zum Beginn des übernächsten Monats möglich.
Die Kündigung bedarf der Schriftform.
Die monatliche Leasingrate beinhaltet unseren 24-Stunden-Reparatur-und-Wartungsservice, sodass Sie kein Risiko für diese Kosten tragen. Die Leasingobjekte werden bei technischer Überholung auf Wunsch gegen Geräte auf dem technisch neuesten Stand aus unserem Hause ersetzt. Die Leasingobjekte bleiben während der gesamten Vertragslaufzeit unser Eigentum und gehen bei Beendigung dieses Vertrags auch wieder in unseren Besitz über.

Angebot 3:

KANICO MANOLTI LEASING

LEASINGANGEBOT

Wert der Leasingobjekte: 60.000,00 €
Grundmietzeit: 4 Jahre
monatliche Leasingrate: 2,6 %
Restkaufpreis nach Grundmietzeit: 9.000,00 €
Die Leasingraten werden jeweils am Monatsende fällig.

Die Kündigung des Vertrags ist nach Ablauf der Grundmietzeit jederzeit zum Beginn des übernächsten Monats möglich. Die Kündigung bedarf der Schriftform. Nach Ablauf der Grundmietzeit kann das Eigentum an den Leasingobjekten durch den Leasingnehmer gegen eine Zahlung von 9.000,00 € erworben werden. Sollte diese Option nicht in Anspruch genommen werden, wird der Wert der Leasingobjekte geprüft. Bei vereinbarter und sachgemäßer Nutzung beträgt der Restwert 7.500,00 €. Bei einem niedrigeren Restwert ist der Differenzbetrag vom Leasingnehmer zu begleichen.
Die monatliche Leasingrate beinhaltet ausschließlich die Gebrauchsüberlassung der Document-Center sowie alle im Zusammenhang mit dem Leasingvertrag stehenden Nebenleistungen von Kanico Manolti. Hierunter fallen ausdrücklich keine Reparatur- und Wartungskosten an den Leasingobjekten. Die Wartungen sind auf eigene Kosten des Leasingnehmers regelmäßig einmal jährlich vorzunehmen. Die Leasingobjekte bleiben während der gesamten Vertragslaufzeit unser Eigentum und gehen bei Beendigung dieses Vertrags auch wieder in unseren Besitz über.

Informationen zum Lösen der folgenden Handlungsaufgaben finden Sie im Lehrbuch „Handeln im Handel, 3. Ausbildungsjahr" in Kapitel 7 (Wir prüfen besondere Finanzierungsformen (Finanzierungshilfen)) des Lernfeldes 14.

LERNFELD 14

EIN UNTERNEHMEN GRÜNDEN UND ENTWICKELN

HANDLUNGSAUFGABEN

1. Ermitteln Sie, welche Aufgaben Lars Panning zu erledigen hat.

2. Informieren Sie sich mithilfe Ihres Lehrbuches über die Grundsätze des Leasings, indem Sie das folgende Schaubild vervollständigen.

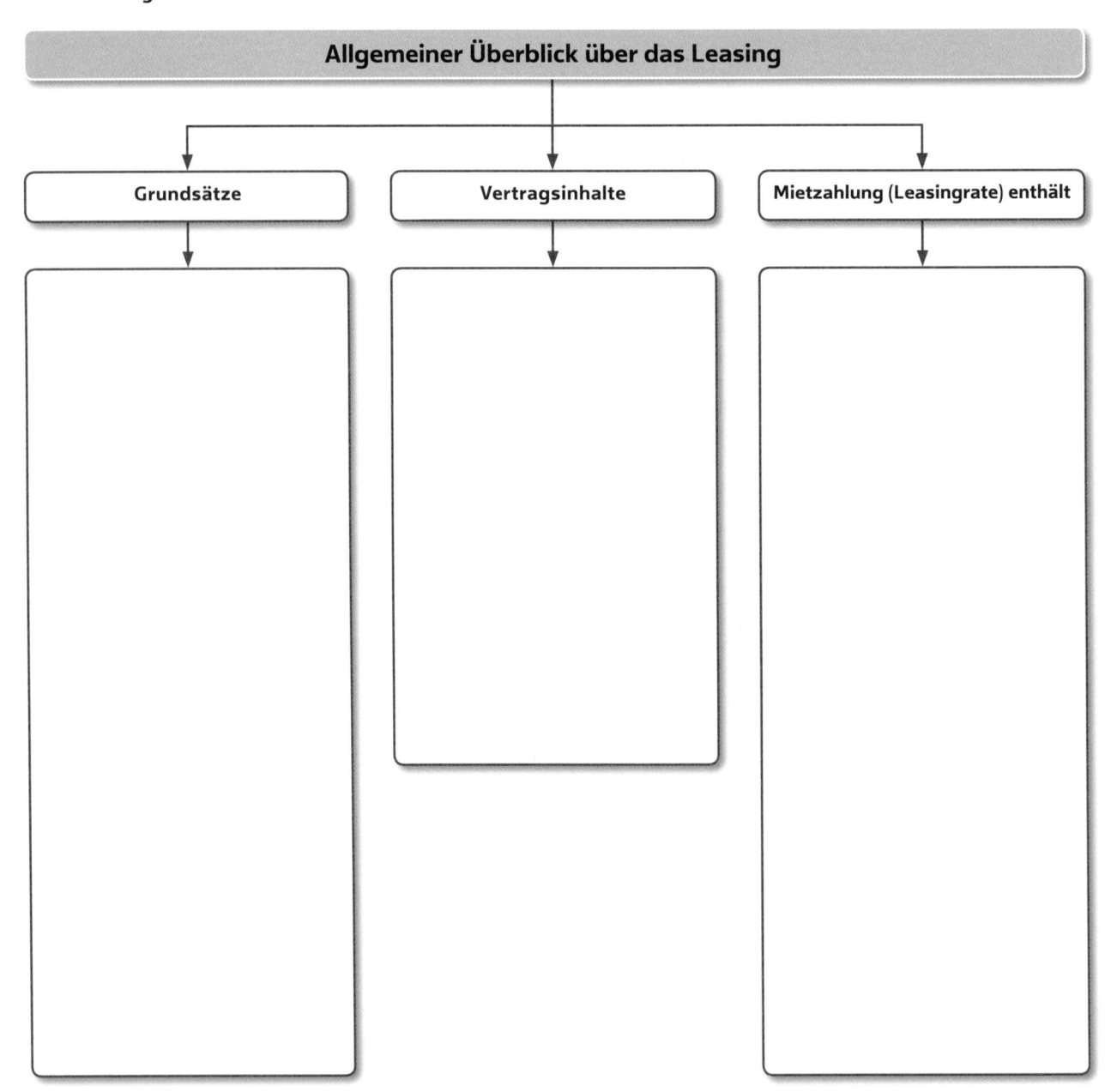

Allgemeiner Überblick über das Leasing

- Grundsätze
- Vertragsinhalte
- Mietzahlung (Leasingrate) enthält

3. Leasingverträge können nach verschiedenen Kriterien unterschieden werden. Eine wichtige Unterscheidung ist die nach den Verpflichtungen aus dem zugrunde liegenden Leasingvertrag. **Informieren Sie sich mithilfe Ihres Lehrbuches über die beiden Leasingarten, die hier unterschieden werden, und vervollständigen Sie den folgenden tabellarischen Überblick:**

Merkmal	Finance-Leasing	Operate-Leasing
Grundmietzeit		
Kündigung		
Wartung und Instandhaltung		
Risiko des Untergangs		
Kreditausfallrisiko		
Risiko der Verwendung (des Verkaufs) nach Ablauf des Leasings		

4. Sie sind jetzt schon bestens über die verschiedenen Arten von Leasingverträgen informiert. Nun müssen Sie die drei vorliegenden Angebote zur Finanzierung der Document-Center anhand der Informationen von Herrn Freiberg beurteilen. **Schauen Sie noch einmal in die Handlungssituation und überlegen Sie, welche Faktoren für die Beurteilung relevant sind.**

LERNFELD 14

EIN UNTERNEHMEN GRÜNDEN UND ENTWICKELN

5. Betrachten Sie die Angebote zunächst einmal wie jeder vernünftige Kaufmann von der finanziellen Seite. Berechnen Sie die Kosten für die drei Finanzierungsangebote in den vorgefertigten Lösungstabellen.

Angebot 1: Schönstädter Stadtbank   Annuitätendarlehen

Jahr	Restschuld	Tilgung	Zinsen	feste Kosten gesamt	Reparatur und Wartung geschätzt
1	60.000,00 €				
2					
3					
4					
5					
Gesamt					
voraussichtliche Gesamtkosten:					

Angebot 2: Effektiv   Leasingangebot 1

Jahr	Restschuld	Leasing mtl.	jährliche Kosten
1	0,00 €		
2			
3			
4			
5			
Gesamtkosten			

Angebot 3: Kanico Manolti   Leasingangebot 2

Jahr	Restschuld	Leasing mtl.	Kosten	Reparatur und Wartung geschätzt
1	0,00 €			
2				
3				
4				
5				
Summe				
voraussichtliche Gesamtkosten				

6. Die Angebote 2 und 3 sind Leasingangebote. **Bitte geben Sie an, um welche Arten von Leasing es sich handelt.**

7. In der Lösungstabelle des zweiten Angebots steht „Gesamtkosten", in der Lösungstabelle des dritten Angebots „voraussichtliche Gesamtkosten". **Erläutern Sie bitte diesen Umstand.**

8. Geben Sie an, welchen Vorteil sowohl das Annuitätendarlehen als auch das Leasingangebot 2 (Kanico Manolti) gegenüber dem Leasingangebot 1 (Effektiv) bezüglich einer möglichen Verwertung der Document-Center bieten.

LERNFELD 14

EIN UNTERNEHMEN GRÜNDEN UND ENTWICKELN

9. Erstellen Sie eine Nutzwertanalyse, um herauszufinden, welche Investition Sie Herrn Freiberg als optimale Lösung für die Ambiente Warenhaus AG vorstellen können.

Hinweis:

Finden Sie fünf Kriterien. Das wichtigste Kriterium wird mit 50 % gewichtet, das nächstwichtigste mit 40 % usw., jeweils absteigend mit 10 % weniger. Unter „Nutzen" wird erfasst, wie sehr ein Kriterium erfüllt wird. Der Nutzen der besten Alternative wird mit 3 gewertet, die zweitbeste Alternative mit 2 und die schlechteste Alternative mit 1. Ist ein Kriterium gar nicht erfüllt, wird es mit 0 gewichtet! Sind Kriterien gleichmäßig erfüllt, werden sie mit dem Durchschnitt ihrer Gewichtungen erfasst.

	Gewichtung %	Angebot 1		Angebot 2		Angebot 3	
		Nutzen	Nutzwert	Nutzen	Nutzwert	Nutzen	Nutzwert
Kosten	50						
Gesamtwert							

10. Bereiten Sie gemeinsam mit Ihrem Sitznachbarn das Gespräch zwischen Lars Panning und Herrn Freiberg vor. Machen Sie sich Notizen zu den wichtigsten Aspekten in dem folgenden Lösungsfeld und seien Sie bereit, das Gespräch mit verteilten Rollen vor der Klasse zu simulieren.

WIR PRÜFEN BESONDERE FINANZIERUNGSFORMEN (FINANZIERUNGSHILFEN)

VERTIEFUNGS- UND ANWENDUNGSAUFGABEN

1. Die Ambiente Warenhaus AG möchte einen Lkw zur Auslieferung leasen.
Beantworten Sie mithilfe des Lehrbuches die folgenden Fragen.

a) **Nennen Sie Vorteile, die für den Leasingnehmer mit dem Leasing verbunden sind.**

b) **Führen Sie Nachteile für den Leasingnehmer auf.**

c) **Unterscheiden Sie die beiden Finanzierungsarten Kredit und Leasing anhand der folgenden Merkmale.**

	Leasing	Kredit
Bedarf an Geldmitteln		
laufende Liquiditätsbelastung		
Eigentumserwerb		
steuerliche Vorteile		
Sicherheit		

Zur weiteren Vertiefung der Lerninhalte und Sicherung der Lernergebnisse empfehlen wir die Bearbeitung der Aufgaben und Aktionen in Kapitel 7 (Wir prüfen besondere Finanzierungsformen (Finanzierungshilfen)) des Lernfeldes 14 Ihres Lehrbuches „Handeln im Handel, 3. Ausbildungsjahr".

LERNFELD 14

EIN UNTERNEHMEN GRÜNDEN UND ENTWICKELN

5 Wir informieren uns über die Sicherung von Bankkrediten

HANDLUNGSSITUATION

Als Britta Krombach am Freitag von der Arbeit nach Hause geht, sieht sie auf ihrem Handy eine Nachricht ihrer Freundin Jana Blume: „Hallo Britta, habe nachher einen Banktermin! Benötige da deine Hilfe. Hast du Zeit?"

Britta ruft Jana sofort an.

Jana:	„Hallo Britta, schön, dass du dich sofort meldest!"
Britta:	„Hi Jana! Das ist ist doch klar! Wie geht's?"
Jana:	„Ja, also ich bin ganz aufgeregt, weil ich nachher einen Banktermin habe."
Britta:	„Ah, geht es um deinen Plan mit dem ‚Café Jana Blume'? Wann ist der Termin?"
Jana:	„Ja, genau darum geht es. Der Termin ist um 17:00 Uhr bei der Schönstädter Stadtbank. Das erste Telefonat mit der Bank war positiv. Sie haben meine Unterlagen und meinen Businessplan gesichtet und denken, dass mein Konzept erfolgreich sein könnte."
Britta:	„Na, das glaube ich aber auch. Ein Café mit integriertem Blumenladen, schön dekoriert in einem Ecklokal im Szeneviertel Linden. Das wird natürlich klappen. Nur musst du es irgendwie bezahlen. Ich bin natürlich dabei und hoffe, dass wir das gemeinsam hinbekommen. Treffen wir uns um 16:55 Uhr vor der Bank?"
Jana:	„Okay, super! Dann bis gleich!"

Jana und Britta betreten die Bank und es empfängt sie der Sachbearbeiter Herr Krone. Nach den Vorstellungen und einigen grundsätzlichen Dingen zu Janas Vorhaben wird es interessant:

Herr Krone:	„Ja, dann kommen wir mal zum eigentlichen Thema, Frau Blume. Sie möchten für Ihr geplantes Café von uns einen Kredit zur Bewältigung der hohen finanziellen Belastung bei der Eröffnung. Was wollen Sie denn mit dem Geld anstellen?"
Jana:	„Ich, ich möchte das Café einrichten und den Blumenladen nebendran in dem kleinen Raum, und überhaupt muss ja so viel gemacht werden. Auch an den Räumen und so."
Herr Krone:	„Was heißt denn ‚einrichten' und ‚so viel gemacht werden' konkret?"
Britta:	„Also, in dem Laden war bis vor ein paar Monaten eine Eckkneipe. Jana muss also nun Geld für eine neue, dem Konzept angemessene Inneneinrichtung haben. Außerdem werden natürlich ein neuer Tresen, ein Spezialkaffeeautomat und eine Küche eingerichtet werden müssen. In den Toiletten müssen neue Fliesen gelegt werden und neue Armaturen eingebaut werden. In dem Nebenraum, der Blumenladen werden soll, muss dafür nicht so viel gemacht werden. Hier wird lediglich eine Durchgangstür aus Glas direkt zum Café installiert werden müssen."
Herr Krone:	„Na, damit kann ich doch schon etwas anfangen. Können Sie das benötigte Kreditvolumen in etwa beziffern?"
Britta:	„Ja, wir haben das bereits gemeinsam durchgerechnet und sind auf etwa 30.000,00 € gekommen."
Herr Krone:	„Oh, … das ist ja schon eine Menge. Wie viel Eigenkapital bringen Sie denn ein, Frau Blume?"
Jana:	„Naja, … äähm … ich habe ja gerade meine Ausbildung zur Floristin absolviert, da habe

WIR INFORMIEREN UNS ÜBER DIE SICHERUNG VON BANKKREDITEN

	ich ja nicht so viel verdient und da konnte ich ja auch nicht so sparen und so. Und jetzt mache ich ja gar nichts, ich möchte ja schon immer dieses Café aufmachen. Also, ich habe 4.000,00 €, die ich zusätzlich selber einbringen kann. Aber das ist dann ja nur gerade so die Mietkaution für die Räume."
Herr Krone:	„Tja, dann müssen wir den Kredit aber noch irgendwie absichern. Das ist Ihnen sicherlich klar."
Jana:	„Ähm … wie ‚absichern'?"
Herr Krone:	„Na, haben Sie irgendwelches anderweitiges Vermögen, das Sie uns als Sicherheit geben können? Ein Auto, ein Haus, eine Wohnung, teuren Schmuck, Edelmetalle, Guthaben aus Versicherungen oder Bausparverträgen?"
Jana:	„Nein, so etwas habe ich leider nicht. Meine Eltern sind berufstätig und haben ein kleines Haus, welches abbezahlt ist."
Herr Krone:	„Hm, … das ist aber nicht Ihr Haus. Dann wird das mit dem Kredit schon schwieriger! Sie haben dann nur noch zwei Möglichkeiten: Entweder Sie präsentieren uns einen oder mehrere solvente Bürgen, zum Beispiel Ihre Eltern, oder wir vereinbaren eine Sicherungsübereignung."
Jana:	„Ähm … und das heißt?"
Herr Krone:	„Das dauert jetzt wirklich sehr lange und ich habe gleich den nächsten Termin. Das hätte Ihnen doch aber klar sein müssen, dass Sie nicht einfach so Geld bekommen, ohne dass wir etwas in der Hand halten. Das geht doch nicht, junge Frau."
Britta:	„Ach, Jana, das kläre ich für dich. Ich bin ja schließlich angehende Einzelhandelskauffrau und habe jeden Tag mit Geld zu tun. Vielen Dank, Herr Krone, wir melden uns morgen, wenn es Ihnen passt."
Herr Krone:	„Das ist ein guter Vorschlag. Einen Moment … ja … um 18:00 Uhr?"
Jana:	„Gut, das passt bei mir. Auf Wiedersehen!"
Britta:	„Ich kann da leider nicht mitkommen, aber wir werden das vorher einfach gemeinsam besprechen. Auf Wiedersehen, Herr Krone."
Herr Krone:	„Auf Wiedersehen, bis morgen!"

Informationen zum Lösen der folgenden Handlungsaufgaben finden Sie im Lehrbuch „Handeln im Handel, 3. Ausbildungsjahr" in Kapitel 8 (Wir informieren uns über die Sicherung von Bankkrediten) des Lernfeldes 14.

HANDLUNGSAUFGABEN

1. Ermitteln Sie, welche Aufgaben Britta bevorstehen.

LERNFELD 14

EIN UNTERNEHMEN GRÜNDEN UND ENTWICKELN

2. Britta entschließt sich dazu, sich zunächst einmal in ihrem Lehrbuch über die Möglichkeiten der Kreditvergabe und die Vorschläge der Bank zu informieren. **Vervollständigen Sie mithilfe der Informationen in Ihrem Lehrbuch den folgenden Überblick über die möglichen Kreditarten. Markieren Sie die Kreditarten, die Jana von der Bank eingeräumt werden.**

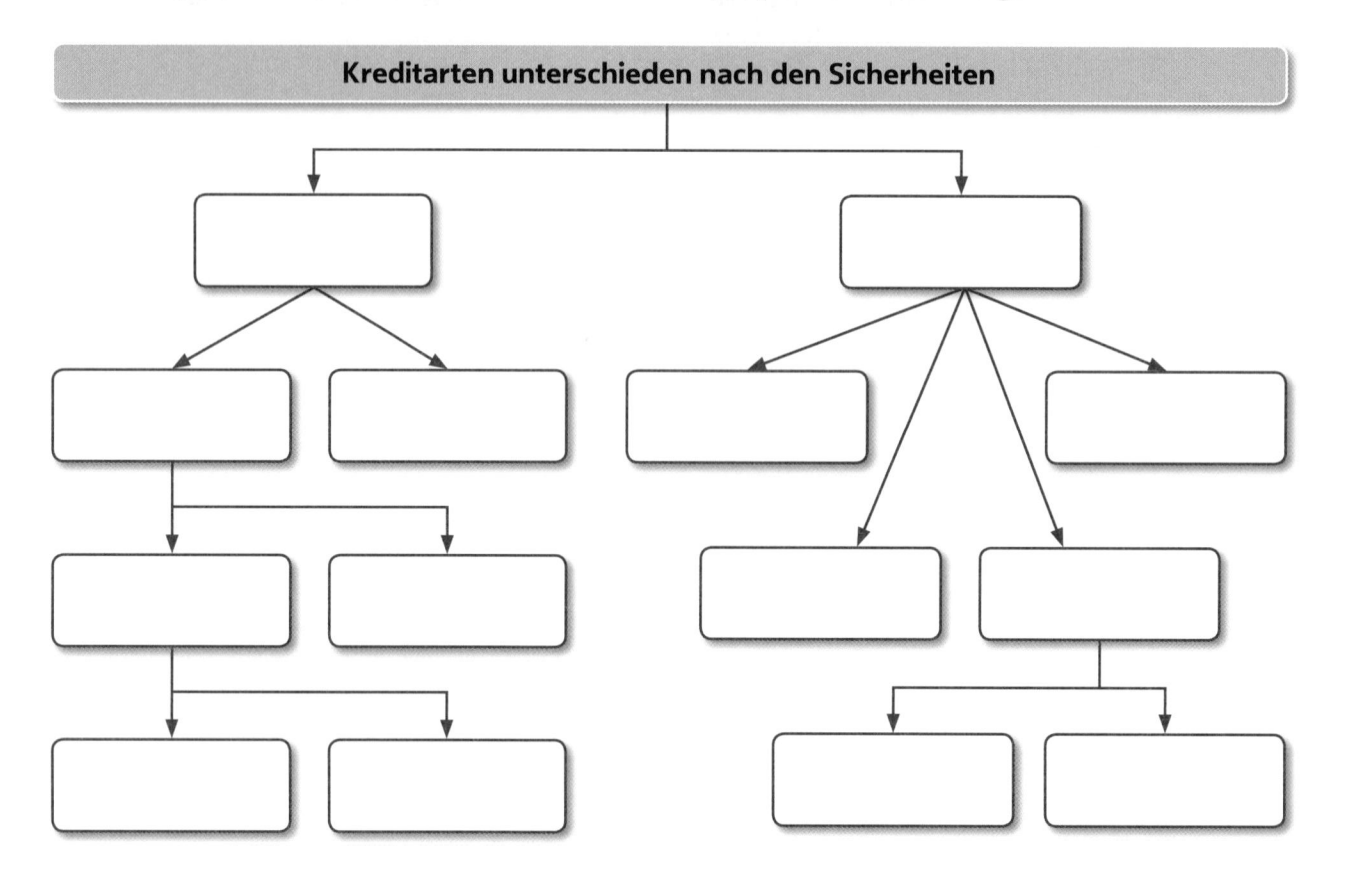

Kreditarten unterschieden nach den Sicherheiten

3. Geben Sie in der folgenden Tabelle an, welche Kreditarten Jana von der Bank nicht angeboten worden sind. Erläutern Sie die Grundlagen jeder Kreditart kurz und finden Sie die Gründe, warum diese Kreditarten nicht infrage kommen oder nicht angeboten worden sind. Bitte geben Sie ausführliche Antworten!

Kreditart	Grundlagen/Funktionsweise der Kreditart	Grund, warum diese Kreditart nicht angeboten wurde

Kreditart	Grundlagen/Funktionsweise der Kreditart	Grund, warum diese Kreditart nicht angeboten wurde

LERNFELD 14

EIN UNTERNEHMEN GRÜNDEN UND ENTWICKELN

4. Nachdem Britta geklärt hat, dass andere Kreditarten als die von Herrn Krone genannten nicht infrage kommen, möchte sie sich nun mit den möglichen Kreditarten genauer befassen. **Informieren Sie sich in Ihrem Lehrbuch über die Möglichkeiten der Bürgschaft und erklären Sie den Ablauf der möglichen Formen von Bürgschaften bezogen auf Janas Fall mit eigenen Worten.**

a) **Ausfallbürgschaft**

b) **Selbstschuldnerische Bürgschaft**

c) Geben Sie mit eigenen Worten wieder, worin genau die Sicherheit für die Bank bei einer Bürgschaft besteht.

d) Geben Sie an, welche Bürgschaft die Bank bevorzugen wird.

e) Geben Sie an, was Jana klären müsste, damit sie eine Bürgschaft in Anspruch nehmen kann.

f) Was würde es für eine Person bedeuten, für Janas geschäftliches Vorhaben zu bürgen?

5. Die zweite Möglichkeit der Absicherung des von Jana benötigten Kredits ist die Absicherung über eine Sicherungsübereignung.

a) Wann kommt eine Sicherungsübereignung als Kreditsicherheit infrage?

LERNFELD 14

EIN UNTERNEHMEN GRÜNDEN UND ENTWICKELN

b) **Beschreiben Sie, wie dieses Kreditgeschäft im Detail ablaufen würde.**

c) **Geben Sie die Vor- und Nachteile der Sicherungsübereignung für Kreditgeber und Kreditnehmer an.**

	Kreditgeber	Kreditnehmer
Vorteile		
Nachteile		

6. Britta hat sich nun ausführlich vorbereitet und sich über die möglichen Kreditarten, die für Jana infrage kommen, informiert. **Bereiten Sie stichpunktartig das Gespräch zwischen Jana und Britta vor und sprechen Sie eine Empfehlung für Jana aus.**

WIR INFORMIEREN UNS ÜBER DIE SICHERUNG VON BANKKREDITEN

VERTIEFUNGS- UND ANWENDUNGSAUFGABEN

1. Die Aufnahme von langfristigem Fremdkapital wird von der Unternehmensleitung der Ambiente Warenhaus AG aufgrund der vorhandenen Sicherheiten als weitere Finanzierungsmöglichkeit angesehen. **Wie könnte das Verwaltungsgrundstück als Sicherheit dienen?**

Beschreiben Sie die Eckpunkte der beiden Möglichkeiten.

Entstehung		
Voraussetzung		
Haftung		
Löschung		

Welche Sicherungsart verlangen die Banken meist und warum?

LERNFELD 14

EIN UNTERNEHMEN GRÜNDEN UND ENTWICKELN

2. Die Noris Bank Hannover ist bereit, der Ambiente Warenhaus AG Kapital in Höhe von 70 % des Anschaffungswerts der neuen elektronischen Lagersteuerungsanlage gegen deren Sicherungsübereignung zur Verfügung zu stellen.
Beschreiben Sie, wie die Sicherungsübereignung der technischen Anlage erfolgt.

Warum beleiht die Noris Bank die Steuerungsanlage nur mit 70 % des Anschaffungswerts?

3. Herr Münch, Inhaber einer Bekleidungsfabrik, wäre bereit, für die Ambiente Warenhaus AG zu bürgen, falls die Noris Bank als Sicherheit eine Bürgschaft verlangen würde. **Zwischen wem kommt der Bürgschaftsvertrag zustande?**

Welche Arten der Bürgschaft sind zu unterscheiden und welche wird die Noris Bank verlangen? Begründen Sie Ihre Antwort.

WIR INFORMIEREN UNS ÜBER DIE SICHERUNG VON BANKKREDITEN

4. Lesen Sie das Kapitel 14.8 des Lehrbuches und ergänzen Sie die folgende Tabelle um die richtigen Begriffe.

Begriff	Erläuterung
	Für diese Art der fast immer kurzfristigen Kredite ist ausschließlich die Kreditwürdigkeit des Schuldners ausschlaggebend.
	Hier haften außer dem Schuldner noch weitere Personen.
	Hier ist die Einrede der Vorausklage ausgeschlossen.
	Die zusätzlich haftende Person muss erst zahlen, wenn gegen den Hauptschuldner die Zwangsvollstreckung erfolglos betrieben wurde.
	Der Drittschuldner wird von der Forderungsabtretung benachrichtigt.
	Der Drittschuldner zahlt – ohne Kenntnis der neuen Situation – nach wie vor an seinen Gläubiger, der das Geld anschließend an den neuen Gläubiger weiterleitet.
	Hier steht die dingliche Sicherung im Vordergrund.
	Zur Sicherung der Forderung schließt der Kreditgeber mit dem Schuldner einen Pfandvertrag.
	Der Schuldner bleibt zwar Besitzer einer Sache, der Kreditgeber wird aber Eigentümer.

Zur weiteren Vertiefung der Lerninhalte und Sicherung der Lernergebnisse empfehlen wir die Bearbeitung der Aufgaben und Aktionen in Kapitel 8 (Wir informieren uns über die Sicherung von Bankkrediten) des Lernfeldes 14 Ihres Lehrbuches „Handeln im Handel, 3. Ausbildungsjahr".

LERNFELD 14

EIN UNTERNEHMEN GRÜNDEN UND ENTWICKELN

6 Wir überwachen den Zahlungseingang zur Sicherung unserer Liquidität und wenden das außergerichtliche (kaufmännische) Mahnverfahren bei Zahlungsverzug an

HANDLUNGSSITUATION

Britta Krombach ist bei Herrn Freiberg im Rechnungswesen der Ambiente Warenhaus AG eingesetzt. Herr Freiberg ist dafür bekannt, dass er von seinen Mitarbeitern viel fordert und stets möglichst effizient arbeiten möchte. Am ersten Tag wird Britta zum Gespräch gebeten.

Herr Freiberg: „Ah, Frau Krombach, guten Tag, schön, dass Sie da sind."

Britta: „Guten Tag, Herr Freiberg."

Herr Freiberg: „Frau Krombach, herzlich willkommen im Rechnungswesen der Ambiente Warenhaus AG. Sie arbeiten nun in einem wichtigen Teil dieses Unternehmens, denn hier wird der Erfolg gesichert."

Britta: „Oh, da bin ich sehr gespannt. Ich kann mir leider noch nicht so viel unter der alltäglichen Arbeit im Rechnungswesen vorstellen."

Herr Freiberg: „Ach, kein Problem, das geht sehr schnell. Daher komme ich auch gleich zur Sache. Die Auszubildenden bekommen bei mir immer einen besonderen Bereich zugewiesen, in dem sie mir direkt zuarbeiten. Sie werden in der nächsten Zeit also unsere O-Pos-Liste verwalten, prüfen, ob unsere Kunden in Verzug geraten sind, und notwendige Maßnahmen vorbereiten, die dafür sorgen, dass wir an unser Geld kommen."

Britta: „Was kann ich mir denn darunter vorstellen und was ist die O-Pos-Liste?"

Herr Freiberg: „Eine Vorstellung müssen Sie sich schon selbst verschaffen. Kurz gesagt: Die O-Pos-Liste ist unsere Liste mit den offenen Positionen, also den Forderungen, die wir noch gegenüber unseren Kunden haben, aber das kennen Sie ja aus dem Schulunterricht ... ist also nichts Neues."

Britta: „Ja, Forderungen kenne ich aus dem Rechnungswesenunterricht. Was soll ich denn mit den offenen Forderungen tun?"

Herr Freiberg: „Sie werden sich innerhalb kürzester Zeit in unser Forderungsmanagement einarbeiten und dafür sorgen, dass die Kunden ihre ausstehenden Beträge bei uns begleichen. Dazu habe ich Ihnen einen dringenden Fall mitgebracht, der mir heute auf den Tisch gekommen ist. Die Zahlung von Herrn Tommy Tacke für das bei uns gekaufte Soundsystem High-Sound 3.7 der Marke Böse in Höhe von brutto 2.499,00 € war am 12. März fällig. Das war bereits vor 7 Tagen. Da müssen wir etwas machen."

Britta: „Sollten wir da nicht eine Mahnung schreiben?"

Herr Freiberg: „Ich sehe, Sie begreifen schnell. Informieren Sie sich bitte zunächst über das Forderungsmanagement und die Möglichkeiten unseres Mahnverfahrens. Schauen Sie, ob Tommy Tacke in Verzug ist und ob wir ihn mahnen können. Veranlassen Sie alles, um dies zu tun."

Britta: „Ich werde sehen, was sich machen lässt, Herr Freiberg."

Herr Freiberg: „Frau Krombach, ich kenne diesen Tommy Tacke. Es wird schwer, an das Geld zu kommen. Bitte prüfen Sie daher sämtliche Rechte, die uns in diesem Fall zustehen. Verfassen Sie die Zahlungserinnerung an Tommy Tacke. Da er in der Vergangenheit keine Verzugszinsen gezahlt hat, möchte ich, dass zukünftig eine genaue Aufstellung der Verzugszinsen in allen Zahlungserinnerungen und Mahnschreiben von uns enthalten ist."

Britta: „Das werde ich tun."

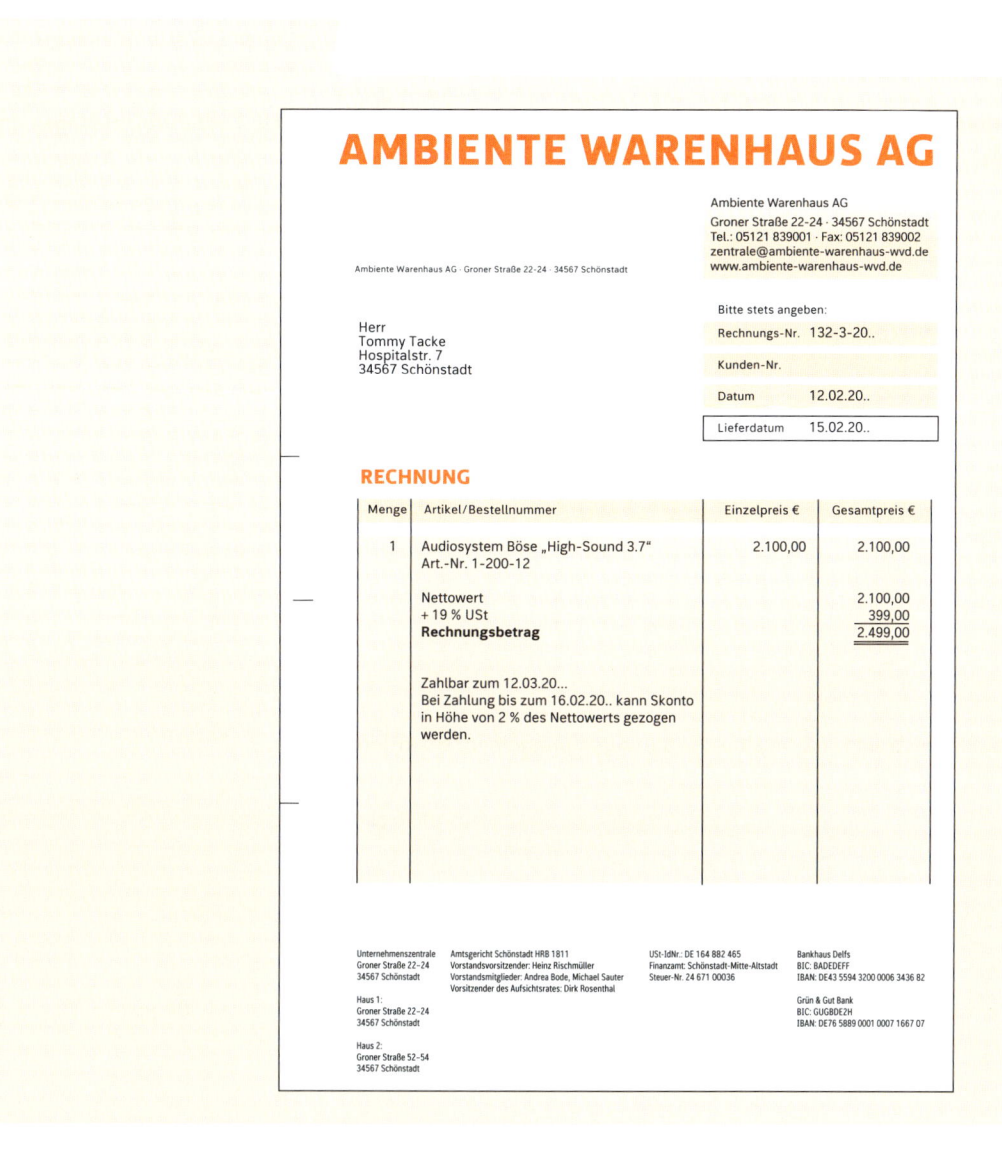

WIR ÜBERWACHEN DEN ZAHLUNGSEINGANG ZUR SICHERUNG UNSERER LIQUIDITÄT

AMBIENTE WARENHAUS AG

Ambiente Warenhaus AG
Groner Straße 22-24 · 34567 Schönstadt
Tel.: 05121 839001 · Fax: 05121 839002
zentrale@ambiente-warenhaus-wvd.de
www.ambiente-warenhaus-wvd.de

Ambiente Warenhaus AG · Groner Straße 22-24 · 34567 Schönstadt

Herr
Tommy Tacke
Hospitalstr. 7
34567 Schönstadt

Bitte stets angeben:

Rechnungs-Nr.	132-3-20..
Kunden-Nr.	
Datum	12.02.20..
Lieferdatum	15.02.20..

RECHNUNG

Menge	Artikel/Bestellnummer	Einzelpreis €	Gesamtpreis €
1	Audiosystem Böse „High-Sound 3.7" Art.-Nr. 1-200-12	2.100,00	2.100,00
	Nettowert		2.100,00
	+ 19 % USt		399,00
	Rechnungsbetrag		**2.499,00**

Zahlbar zum 12.03.20...
Bei Zahlung bis zum 16.02.20.. kann Skonto in Höhe von 2 % des Nettowerts gezogen werden.

Unternehmenszentrale
Groner Straße 22-24
34567 Schönstadt

Haus 1:
Groner Straße 22-24
34567 Schönstadt

Haus 2:
Groner Straße 52-54
34567 Schönstadt

Amtsgericht Schönstadt HRB 1811
Vorstandsvorsitzender: Heinz Rischmüller
Vorstandsmitglieder: Andrea Bode, Michael Sauter
Vorsitzender des Aufsichtsrates: Dirk Rosenthal

USt-IdNr.: DE 164 882 465
Finanzamt: Schönstadt-Mitte-Altstadt
Steuer-Nr. 24 671 00036

Bankhaus Delfs
BIC: BADEDEFF
IBAN: DE43 5594 3200 0006 3436 82

Grün & Gut Bank
BIC: GUGBDEZH
IBAN: DE76 5889 0001 0007 1667 07

Informationen zum Lösen der folgenden Handlungsaufgaben finden Sie im Lehrbuch „Handeln im Handel, 3. Ausbildungsjahr" in Kapitel 9 und 10 (Wir überwachen den Zahlungseingang zur Sicherung unserer Liquidität; Wir wenden das außergerichtliche (kaufmännische) Mahnverfahren bei Zahlungsverzug an) des Lernfeldes 14.

HANDLUNGSAUFGABEN

1. Ermitteln Sie, welche Aufgaben Britta Krombach zu erledigen hat.

LERNFELD 14

EIN UNTERNEHMEN GRÜNDEN UND ENTWICKELN

2. Britta beschließt, dass sie zunächst einmal verstehen möchte, was dieses Forderungsmanagement überhaupt ist. Arbeiten Sie mithilfe Ihres Lehrbuches heraus,

a) **welche Folgen verspätete Zahlungseingänge aufgrund eines mangelhaften oder fehlenden Forderungsmanagements für den Einzelhändler haben können.**

b) **welche Gründe die Kunden für einen Schuldnerverzug haben können.**

c) **an welchen Grundsätzen sich ein erfolgreiches Forderungsmanagement orientieren sollte.**

3. Der § 286 BGB bestimmt, wann ein Schuldner in Zahlungsverzug gerät. **Arbeiten Sie aus dem Gesetzesauszug die drei grundlegenden Voraussetzungen für den Schuldnerverzug heraus.**

> **§ 286 BGB Verzug des Schuldners**
>
> (1) Leistet der Schuldner auf eine Mahnung des Gläubigers nicht, die nach dem Eintritt der Fälligkeit erfolgt, so kommt er durch die Mahnung in Verzug. Der Mahnung stehen die Erhebung der Klage auf die Leistung sowie die Zustellung eines Mahnbescheids im Mahnverfahren gleich.

	Voraussetzung lt. Gesetzestext	Erläuterung der Voraussetzung
1		
2		
3		

4. In bestimmten Fällen kann eine Mahnung des Schuldners unterbleiben und der Verzug tritt trotzdem ein. Diese Ausnahmefälle sind in § 286 (2) und (3) BGB geregelt. **Arbeiten Sie diese Ausnahmetatbestände aus dem Gesetz heraus und vervollständigen Sie den folgenden tabellarischen Überblick unter Nennung eines Beispiels.**

> (2) Der Mahnung bedarf es nicht, wenn
> 1. für die Leistung eine Zeit nach dem Kalender bestimmt ist,
> 2. der Leistung ein Ereignis vorauszugehen hat und eine angemessene Zeit für die Leistung in der Weise bestimmt ist, dass sie sich von dem Ereignis an nach dem Kalender berechnen lässt,
> 3. der Schuldner die Leistung ernsthaft und endgültig verweigert,
> 4. aus besonderen Gründen unter Abwägung der beiderseitigen Interessen der sofortige Eintritt des Verzugs gerechtfertigt ist.
>
> (3) Der Schuldner einer Entgeltforderung kommt spätestens in Verzug, wenn er nicht innerhalb von 30 Tagen nach Fälligkeit und Zugang einer Rechnung oder gleichwertigen Zahlungsaufstellung leistet; dies gilt gegenüber einem Schuldner, der Verbraucher ist, nur, wenn auf diese Folgen in der Rechnung oder Zahlungsaufstellung besonders hingewiesen worden ist. Wenn der Zeitpunkt des Zugangs der Rechnung oder Zahlungsaufstellung unsicher ist, kommt der Schuldner, der nicht Verbraucher ist, spätestens 30 Tage nach Fälligkeit und Empfang der Gegenleistung in Verzug.

	Ausnahmetatbestand	**Gesetzesstelle**
1	Beispiel:	§ 286 (2) Nr. 1 BGB
2	Beispiel:	§ 286 (2) Nr. 2 BGB
3	Beispiel:	§ 286 (2) Nr. 3 BGB
4	Beispiel:	§ 286 (2) Nr. 4 BGB
5	Beispiel:	§ 286 (3) BGB

LERNFELD 14

EIN UNTERNEHMEN GRÜNDEN UND ENTWICKELN

5. Überprüfen Sie, ob Tommy Tacke aufgrund seiner offenen Rechnung über das Soundsystem High-Sound 3.7 von Böse in Verzug geraten ist. Prüfen Sie alle Voraussetzungen, die im Sachverhalt infrage kommen.

zu prüfende Voraussetzung	Wie ist die Situation im Sachverhalt?	Voraussetzung erfüllt?

Ergebnis:

6. Finden Sie mithilfe Ihres Lehrbuches heraus, welche vorrangigen Rechte die Ambiente Warenhaus AG gegenüber Tommy Tacke im vorliegenden Sachverhalt geltend machen kann.

	Vorrangige Rechte bei Zahlungsverzug
1	
2	

7. Die Ambiente Warenhaus AG kann von Tommy Tacke unter anderem Schadenersatz neben der Leistung verlangen. **Geben Sie genau an, welche Bestandteile diese Schadenersatzzahlung im vorliegenden Fall hätte.**

8. Vervollständigen Sie den Überblick über die Bestandteile des Schadenersatzes neben der Leistung.

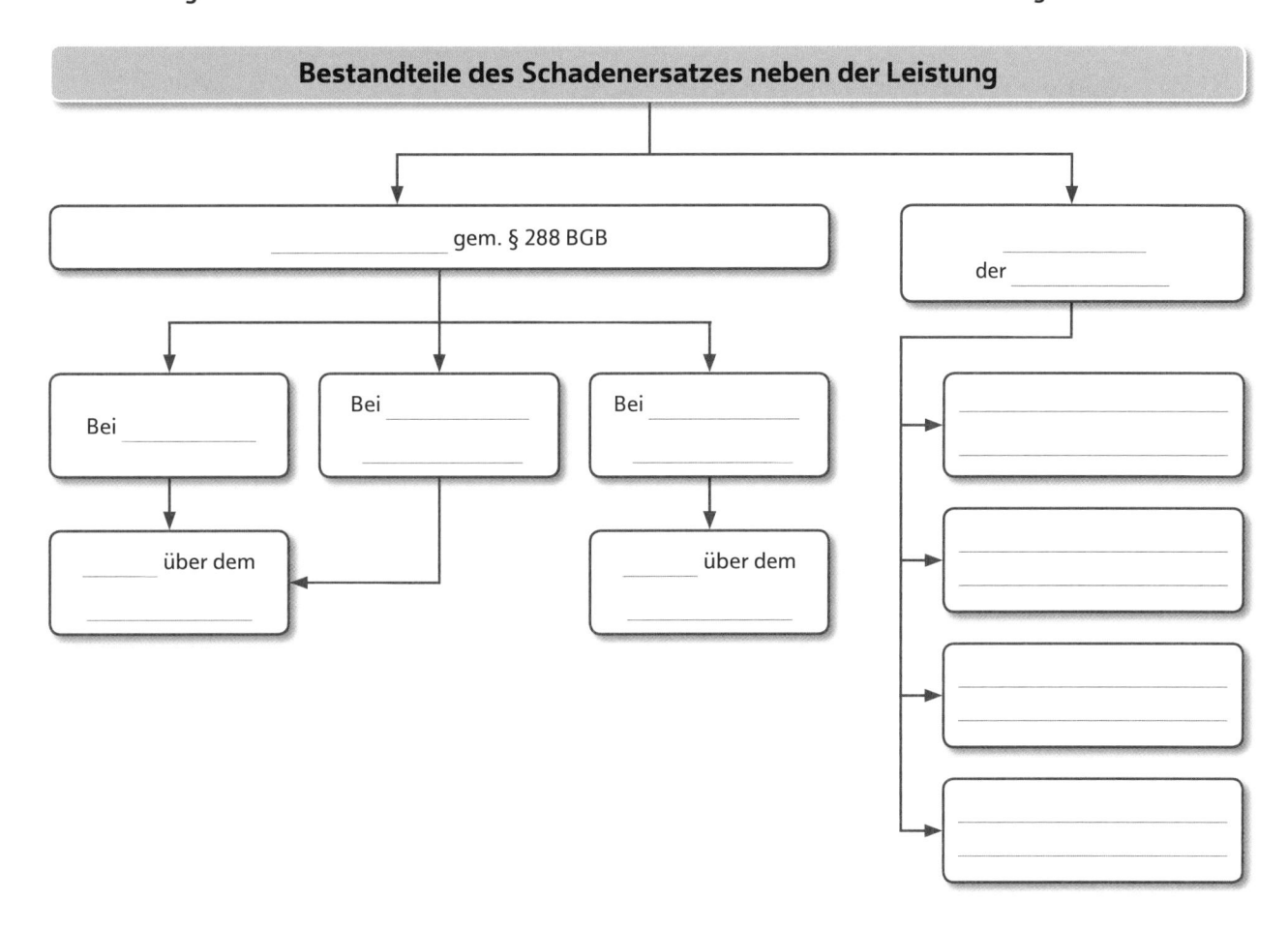

Bestandteile des Schadenersatzes neben der Leistung

- _____ gem. § 288 BGB
  - Bei _____
    - _____ über dem _____
  - Bei _____
  - Bei _____
    - _____ über dem _____

- _____
  der _____
  - _____
  - _____
  - _____
  - _____

LERNFELD 14

EIN UNTERNEHMEN GRÜNDEN UND ENTWICKELN

9. Wenn sich abzeichnet, dass die Ambiente Warenhaus AG den Kaufpreis für das Soundsystem nicht von Tommy Tacke erhalten wird, ergeben sich für sie weitere, nachrangige Rechte aus einem Schuldnerverzug von Tommy Tacke. **Vervollständigen Sie mithilfe Ihres Lehrbuches den folgenden Überblick über die nachrangigen Rechte, die sich ergeben würden.**

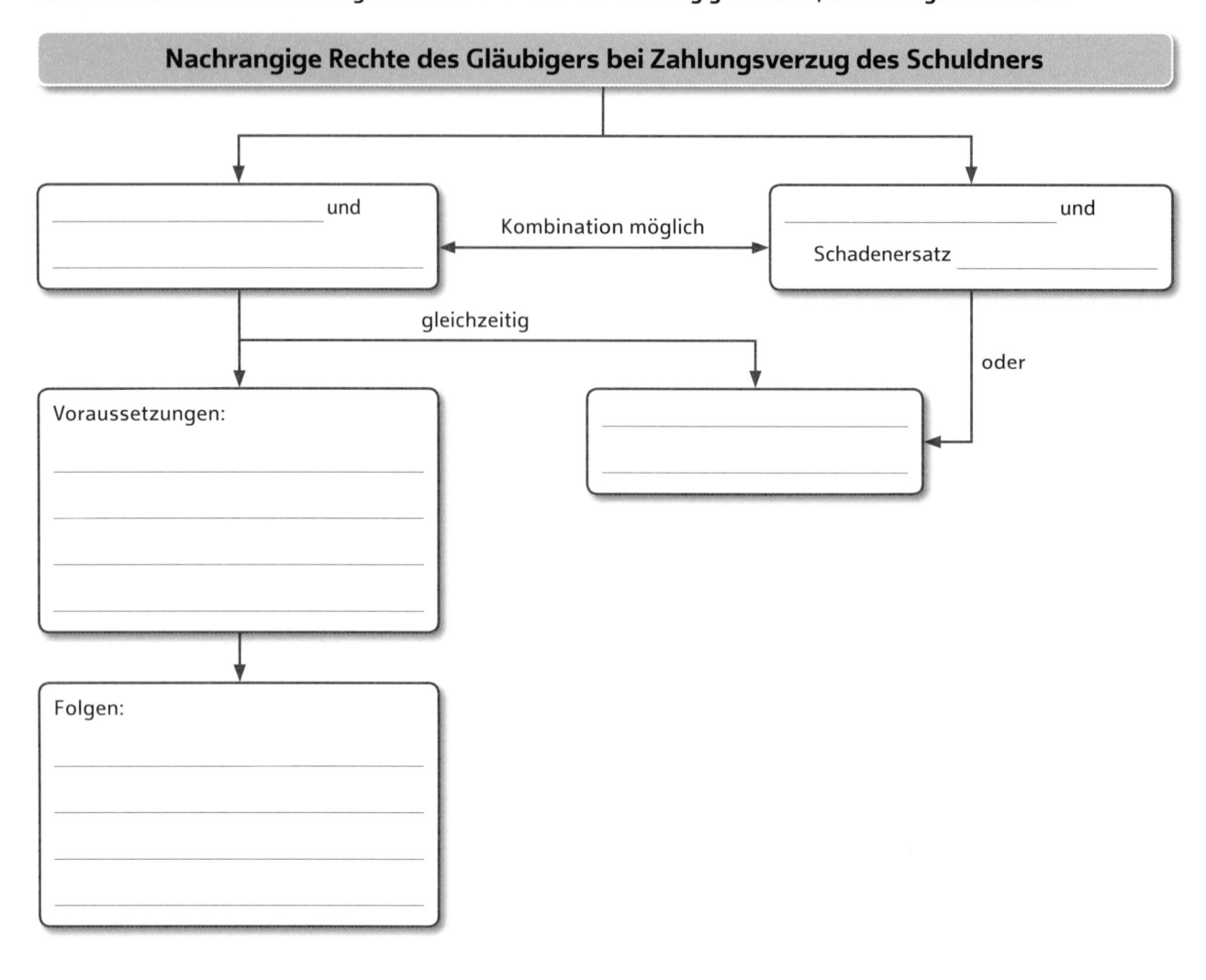

Nachrangige Rechte des Gläubigers bei Zahlungsverzug des Schuldners

[_____ und _____] ←— Kombination möglich —→ [_____ und Schadenersatz _____]

gleichzeitig

Voraussetzungen:
_____
_____
_____
_____

oder

[_____
_____]

Folgen:
_____
_____
_____
_____

---

10. Die Zahlungserinnerung an Herrn Tacke soll verfasst werden. Da ab jetzt eine genaue Berechnung der Verzugszinsen in den Zahlungserinnerungen und Mahnungen der Ambiente Warenhaus AG aufgeführt werden soll, müssen Sie die Berechnung der Verzugszinsen bis zum heutigen Tag vornehmen.

11. **Verfassen Sie die Zahlungserinnerung an Tommy Tacke auf einem gesonderten Blatt Papier. Achten Sie auf die Formulierungen und auch auf die Formvorschriften.** Es handelt sich um ein offizielles Schreiben der Ambiente Warenhaus AG.

12. **Informieren Sie sich mithilfe Ihres Lehrbuches über das kaufmännische Mahnverfahren. Geben Sie an, warum es für die Ambiente Warenhaus AG sinnvoll ist, das außergerichtliche (kaufmännische) Mahnverfahren durchzuführen.**

13. Betrachten Sie das Beispiel für den Ablauf des außergerichtlichen Mahnverfahrens in Ihrem Lehrbuch. So läuft das Mahnverfahren also bei der Ambiente Warenhaus AG ab. **Beschreiben Sie in dem folgenden Lösungsfeld das Mahnverfahren in Ihrem Ausbildungsbetrieb in ähnlich dargestellter Form und bereiten Sie sich darauf vor, es Ihren Klassenkameraden vorzustellen.**

LERNFELD 14

EIN UNTERNEHMEN GRÜNDEN UND ENTWICKELN

VERTIEFUNGS- UND ANWENDUNGSAUFGABEN

1. Berechnen Sie die Anzahl der Tage, die bei den folgenden Versäumnissen (angegeben ist der erste Verzugstag) maßgeblich sind:

   a) 13.01. bis 02.03. _____

   b) 22.04. bis 25.11. _____

   c) 13.06. bis 31.10. _____

   d) 27.02. bis 26.05. _____

   e) 06.03. bis 01.10. _____

   f) 09.01. bis 07.07. _____

   g) 19.11. bis 28.02. _____

2. Geben Sie an, warum eine Mahnung in dem Fall, dass die ursprüngliche Rechnung an Tommy Tacke kein Zahlungsziel und keine Erläuterungen dazu enthalten hätte, zusätzliche Bedeutung gewinnen würde.

   _____
   _____
   _____
   _____

3. Beschreiben Sie die Unterschiede zwischen einer Zahlungserinnerung und einer Mahnung.

   _____
   _____
   _____
   _____
   _____
   _____

Zur weiteren Vertiefung der Lerninhalte und Sicherung der Lernergebnisse empfehlen wir die Bearbeitung der Aufgaben und Aktionen in Kapitel 9 und 10 (Wir überwachen den Zahlungseingang zur Sicherung unserer Liquidität; Wir wenden das außergerichtliche (kaufmännische) Mahnverfahren bei Zahlungsverzug an) des Lernfeldes 14 in Ihrem Lehrbuch „Handeln im Handel, 3. Ausbildungsjahr".

7 Wir informieren uns über das gerichtliche Mahnverfahren bei nicht rechtzeitiger Zahlung

HANDLUNGSSITUATION

Britta Krombach hat den Fall Tommy Tacke schon fast wieder vergessen. Sie hatte ja damals die Zahlungserinnerung verfasst und danach hat sie nie wieder etwas von Tommy Tacke gehört. Offensichtlich hat er gezahlt.

Doch heute, am 21.05.20.., kommt Herr Freiberg in ihr Büro:

Herr Freiberg:	„Guten Morgen, Frau Krombach!"
Britta:	„Guten Morgen, Herr Freiberg. Was kann ich für Sie tun?"
Herr Freiberg:	„Sie erinnern sich an den Fall Tommy Tacke und das Soundsystem für 2.499,00 €?"
Britta:	„Ja, hat er schon wieder etwas nicht bezahlt?"
Herr Freiberg:	„Schon wieder?!? Er hat das Soundsystem immer noch nicht bezahlt."
Britta:	„Was? Aber ich habe doch seit der Zahlungserinnerung gar nichts mehr von dem Fall gehört."
Herr Freiberg:	„Das ist auch richtig. Alle weiteren Schritte des außergerichtlichen Mahnverfahrens werden von unserem System automatisch generiert. Erst wenn das gerichtliche Mahnverfahren ansteht, müssen wir uns wieder mit dem Fall befassen. Und deshalb bin ich nun wieder bei Ihnen."
Britta:	„Ach, das ist ja sehr praktisch, dass so viel automatisiert ist. Schade ist nur, dass Herr Tacke noch nicht gezahlt hat."
Herr Freiberg:	„Das sehe ich auch so. Daher möchte ich Sie bitten, nun die nächsten Schritte einzuleiten. Informieren Sie sich auch gleich über das gesamte weitere Verfahren, da davon auszugehen ist, dass Herr Tacke nicht bezahlen wird."

Informationen zum Lösen der folgenden Handlungsaufgaben finden Sie im Lehrbuch „Handeln im Handel, 3. Ausbildungsjahr" in Kapitel 11 und 12 (Wir informieren uns über das gerichtliche Mahnverfahren; Wir informieren uns über Voraussetzungen und Durchführung der Zwangsvollstreckung) des Lernfeldes 14.

HANDLUNGSAUFGABEN

1. Ermitteln Sie, welche Aufgaben Britta Krombach zu erledigen hat.

2. Stellen Sie fest, wie Britta vorgehen muss, wenn sie die nächsten Schritte des Verfahrens einleiten will.

LERNFELD 14

EIN UNTERNEHMEN GRÜNDEN UND ENTWICKELN

3. Erstellen Sie den Antrag auf Erlass eines Mahnbescheids gegen Tommy Tacke. Bei Fragen und Problemen verwenden Sie auf der Homepage www.online-mahnantrag.de die Funktion Hilfe | Online Mahnantrag. Dort finden Sie Erläuterungen zu sämtlichen Zeilen des Antrags.

Gehen Sie von bereits angefallenen Mahnkosten von 13,50 € aus. Zusätzlich sind Kosten für den Vordruck und das Porto in Höhe von 3,30 € angefallen. Ein Rechtsanwalt wird nicht eingeschaltet. Die Kosten für dieses gerichtliche Mahnverfahren betragen 54,00 €.

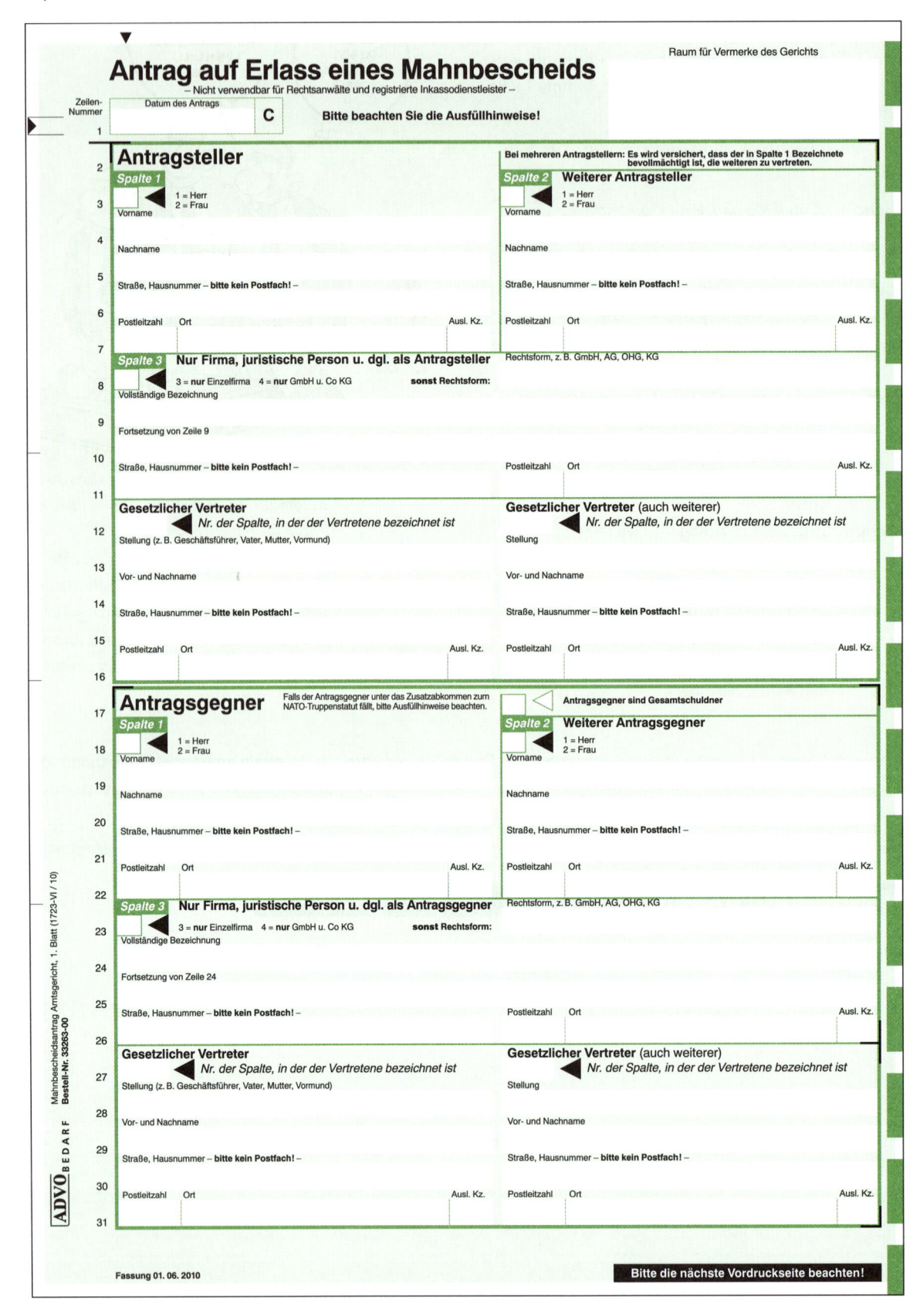

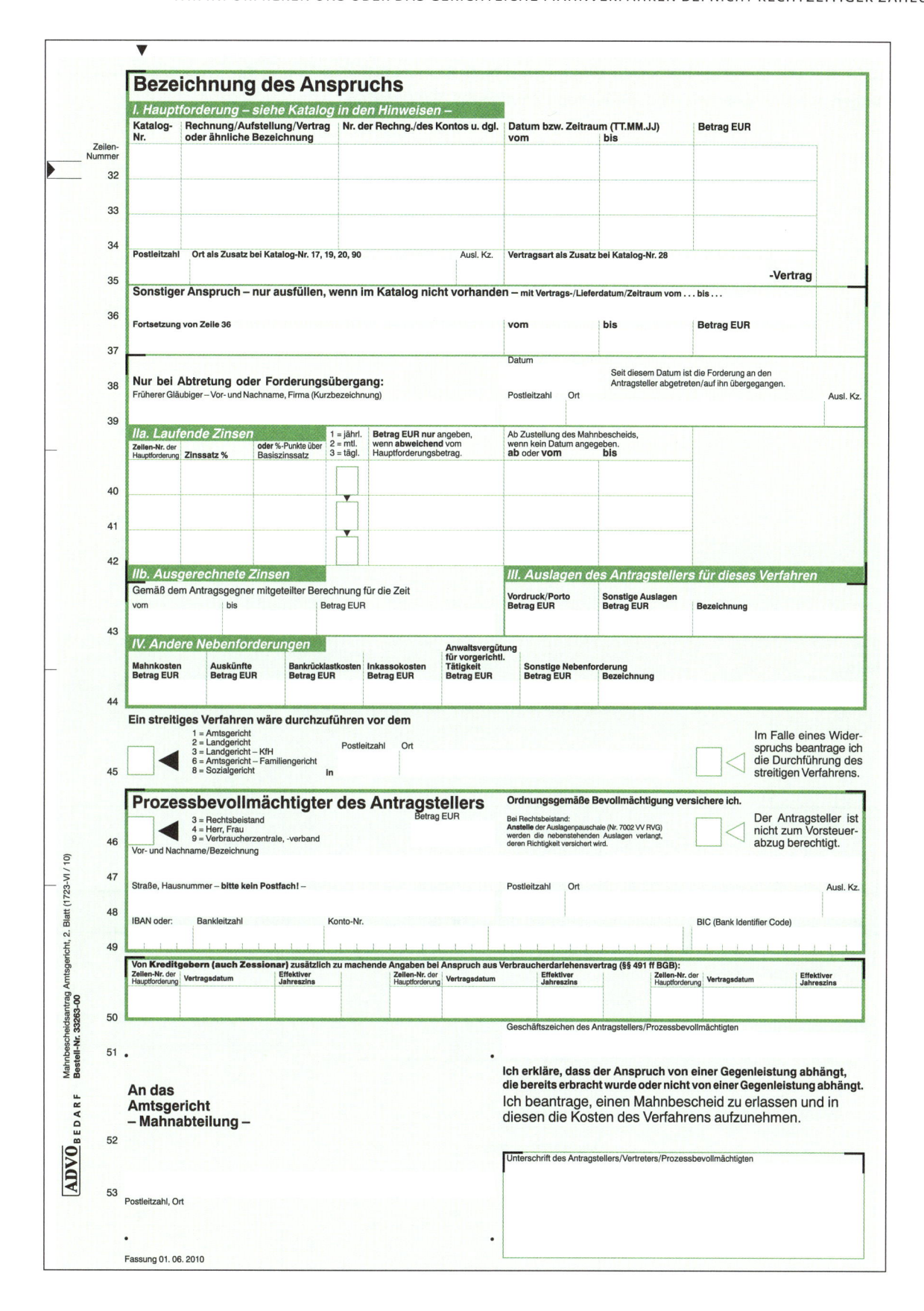

WIR INFORMIEREN UNS ÜBER DAS GERICHTLICHE MAHNVERFAHREN BEI NICHT RECHTZEITIGER ZAHLUNG

LERNFELD 14

EIN UNTERNEHMEN GRÜNDEN UND ENTWICKELN

4. Geben Sie mithilfe Ihres Lehrbuches die Wirkung des Mahnbescheids im Fall Tommy Tacke wieder. Gehen Sie auch auf Wirkungen des Mahnbescheids ein, die im vorliegenden Fall nicht greifen.

_____

5. Vervollständigen Sie das folgende Schaubild zum Verlauf des gerichtlichen Mahnverfahrens nach Zustellung des Mahnbescheids.

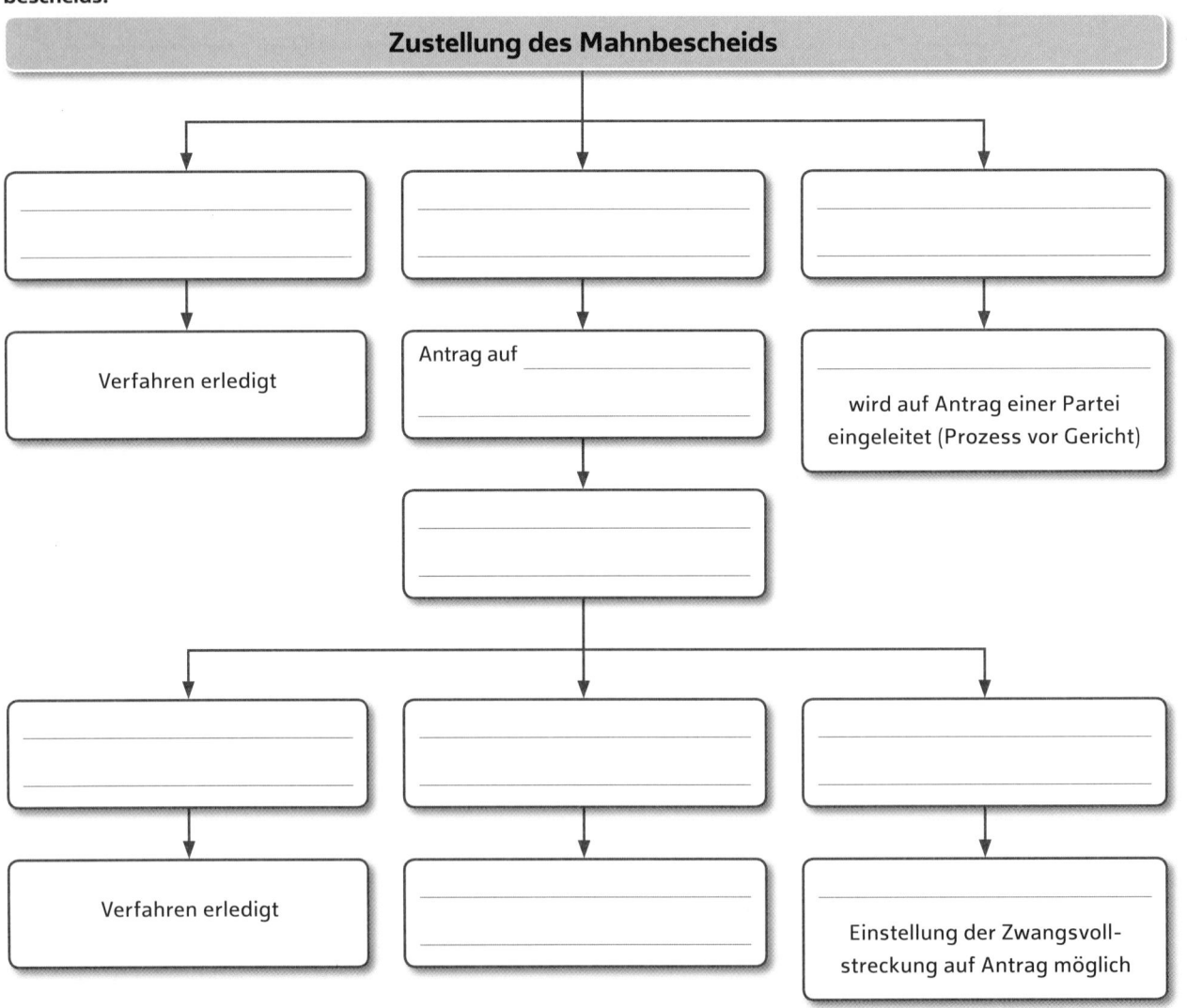

Zustellung des Mahnbescheids

↓ ↓ ↓

[___] [___] [___]

↓ ↓ ↓

Verfahren erledigt | Antrag auf ___ | wird auf Antrag einer Partei eingeleitet (Prozess vor Gericht)

↓

[___]

↓ ↓ ↓

[___] [___] [___]

↓ ↓ ↓

Verfahren erledigt | [___] | Einstellung der Zwangsvollstreckung auf Antrag möglich

WIR INFORMIEREN UNS ÜBER DAS GERICHTLICHE MAHNVERFAHREN BEI NICHT RECHTZEITIGER ZAHLUNG

VERTIEFUNGS- UND ANWENDUNGSAUFGABEN

1. Gegen Tommy Tacke wurde ein Vollstreckungsbescheid über 2.650,00 € erwirkt. Die Voraussetzungen für die Zwangsvollstreckung liegen vor. Der Gerichtsvollzieher ist bei dem allein in der Innenstadt von Schönstadt lebenden Tommy Tacke (angestellter Tischler) zu Hause und findet Gegenstände vor. **Entscheiden Sie, ob und wie der Gerichtsvollzieher die Gegenstände pfänden wird.**

Gegenstand/Wert/Neupreis	Pfändbar	Pfändungshandlung	Pfandwert
Kühltruhe (Kühlschrank ist vorhanden) Wert: 75,00 € Neupreis: 299,00 €			
Bargeld i.H.v. 123,00 €			
Kleidung, Wäsche, Bettwäsche Wert: 750,00 € Neupreis: 2.985,00 €			
eigene Werkzeuge, z. B. Sägen, Hämmer usw. Wert: 250,00 € Neupreis: 520,00 €			
LCD-Fernseher Wert: 1.000,00 € Neupreis: 2.250,00 €			
Böse-Soundsystem High-Sound 3.7 Wert: 1.250,00 € Neupreis: 2.499,00 €			

2. Was wird der Gerichtsvollzieher tun, wenn Tommy Tacke die Forderung nach der Pfändung nicht bezahlt?

LERNFELD 14 — EIN UNTERNEHMEN GRÜNDEN UND ENTWICKELN

3. Tragen Sie mithilfe der Kapitel 14.9 bis 14.11 des Lehrbuches die fehlenden Begriffe in die Mindmap ein.

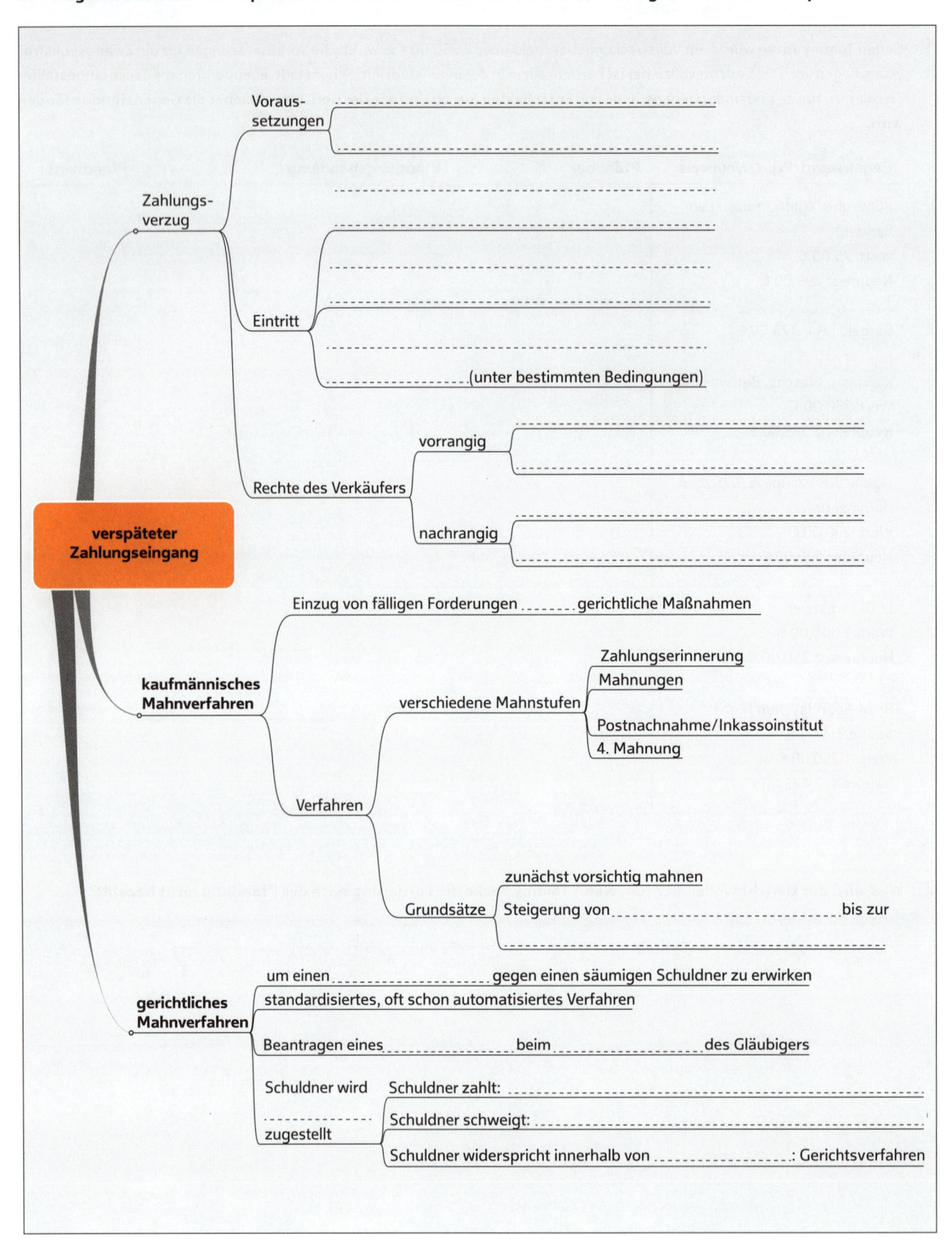

verspäteter Zahlungseingang

- **Zahlungsverzug**
  - Voraussetzungen
    - ....
    - ....
  - Eintritt
    - ....
    - ....
    - ....
    - ....
    - .... (unter bestimmten Bedingungen)
  - Rechte des Verkäufers
    - vorrangig
      - ....
      - ....
    - nachrangig
      - ....
      - ....

- **kaufmännisches Mahnverfahren**
  - Einzug von fälligen Forderungen .... gerichtliche Maßnahmen
  - Verfahren
    - verschiedene Mahnstufen
      - Zahlungserinnerung
      - Mahnungen
      - Postnachnahme/Inkassoinstitut
      - 4. Mahnung
  - Grundsätze
    - zunächst vorsichtig mahnen
    - Steigerung von .... bis zur ....

- **gerichtliches Mahnverfahren**
  - um einen .... gegen einen säumigen Schuldner zu erwirken
  - standardisiertes, oft schon automatisiertes Verfahren
  - Beantragen eines .... beim .... des Gläubigers
  - Schuldner wird .... zugestellt
    - Schuldner zahlt: ....
    - Schuldner schweigt: ....
    - Schuldner widerspricht innerhalb von ....: Gerichtsverfahren

WIR INFORMIEREN UNS ÜBER DAS GERICHTLICHE MAHNVERFAHREN BEI NICHT RECHTZEITIGER ZAHLUNG

4. Lesen Sie das Kapitel 14.11 des Lehrbuches und ergänzen Sie den folgenden Text um die fehlenden Begriffe.

> Amtsgericht – Amtsgerichts – Antragsgegners – Antragstellers – Basiszinssatz – Basiszinssatz – Beweiserhebung – billiger – Fälligkeit – Forderung – Formular – Geldeingang – handschriftlich – Internet – Klageschrift – normales – Schreibwarenfachhandel – sechs – Unternehmern – Verhandlung – Verjährungsfrist – Verzugszinsen – Vollstreckungsbescheid – Vollstreckungsbescheid – Vollstreckungstitel – www.online-mahnantrag.de – Widerspruch – Zahlungen – Zahlungsverzug – Zustellung – Zwangsvollstreckung – zwei

Das Mahnverfahren ist ein zivilgerichtliches Spezialverfahren ohne mündliche _____, ausführliche _____ und _____. Es bietet sich an, wenn es um Geldforderungen geht (z. B. Kaufpreis-, Werklohn- oder Darlehensforderungen). Es ist erheblich _____ als eine normale Klage.

Voraussetzung eines erfolgreichen Mahnverfahrens ist, dass sich der Schuldner in _____ befindet. Erste Voraussetzung dafür ist nach § 286 BGB, dass die Leistung des Schuldners fällig ist. Die _____ ergibt sich aus den zwischen Gläubiger und Schuldner getroffenen Absprachen, seien es vertragliche Vereinbarungen oder vom Vertragspartner akzeptierte Allgemeine Geschäftsbedingungen. Ab Verzugseintritt kann der Gläubiger _____ vom Schuldner fordern. Diese liegen 5 % über dem _____, bei Kaufverträgen zwischen _____ 9 % über dem _____.

Nach der Zivilprozessordnung ist örtlich zuständig das Gericht am Sitz des _____, nicht des _____. Die Durchführung des Mahnverfahrens liegt in der ausschließlichen sachlichen Zuständigkeit des _____. Auf die Höhe des Streitwerts kommt es nicht an.

Der Erlass eines Mahnbescheids kann nur mit dem offiziellen _____ beantragt werden. Der Antrag kann zugleich den Antrag auf Durchführung eines Streitverfahrens für den Fall des Widerspruchs durch den Schuldner enthalten. Beide Angaben stehen bereits vorgedruckt im Antragsformular, das im _____ (nicht beim _____!) erhältlich ist oder im _____ unter _____ abgerufen werden kann.

Der Antragsteller hat den Geldbetrag, getrennt nach Haupt- und Nebenforderung, und den Anspruchsgrund (z. B. Kaufpreis) anzugeben. Die _____ ist nicht zu begründen.

Ferner muss der Antrag die Bezeichnung der Parteien, gegebenenfalls des gesetzlichen Vertreters oder des bestellten Prozessbevollmächtigten, enthalten. Neben dem Mahngericht muss zusätzlich das Gericht benannt werden, das für ein streitiges Verfahren örtlich und sachlich zuständig ist.

Schließlich muss der Mahnantrag _____ unterzeichnet sein, per Internet mit Signaturkarte.

Mit der Bearbeitung des Mahnantrags fordert das Gericht beim Antragsteller die Kosten an.
Entspricht der Antrag den Voraussetzungen, erlässt das Amtsgericht nach _____ einen Mahnbescheid. Dieser enthält den Hinweis, dass das Gericht die Anspruchsberechtigung nicht geprüft hat. Er weist weiter auf die Folge hin, dass ein _____ ergehen kann, wenn nicht innerhalb von zwei Wochen Widerspruch erhoben wird.

Der Mahnbescheid wird dem Antragsgegner vom Gericht automatisch „von Amts" wegen zugestellt. Mit der Zustellung des Mahnbescheids wird die laufende _____ unterbrochen.

LERNFELD 14

EIN UNTERNEHMEN GRÜNDEN UND ENTWICKELN

Der Antragsgegner kann gegen den Mahnbescheid _____ einlegen. Damit geht das Mahnverfahren in ein _____ (das ordentliche oder streitige) Gerichtsverfahren über. In diesem Verfahren kann sich der Antragsgegner gegen den behaupteten Anspruch sachlich zur Wehr setzen. Eine Begründung ist nicht erforderlich. Die Widerspruchsfrist beträgt _____ Wochen ab der _____ des Mahnbescheids.

Hat der Antragsgegner nicht oder nicht rechtzeitig gegen den gesamten Anspruch Widerspruch eingelegt, so erlässt das Amtsgericht auf Antrag des Gläubigers einen _____ auf Grundlage des nicht angefochtenen Mahnbescheids (bzw. dessen nicht angefochtenen Teils). Der Antrag muss spätestens _____ Monate nach Zustellung des Mahnbescheids gestellt werden und die Erklärung enthalten, ob und welche _____ inzwischen auf den per Mahnbescheid geltend gemachten Anspruch geleistet worden sind. Der vom Amtsgericht erlassene Vollstreckungsbescheid dient als eigenständiger und vorläufig vollstreckbarer _____. Mit ihm kann die _____ betrieben werden.

Zur weiteren Vertiefung der Lerninhalte und Sicherung der Lernergebnisse empfehlen wir die Bearbeitung der Aufgaben und Aktionen in Kapitel 11 und 12 (Wir informieren uns über das gerichtliche Mahnverfahren; Wir informieren uns über Voraussetzungen und Durchführung der Zwangsvollstreckung) des Lernfeldes 14 in Ihrem Lehrbuch „Handeln im Handel, 3. Ausbildungsjahr".

8 Wir wirken bei der Lösung von Unternehmenskrisen mit

HANDLUNGSSITUATION

Nachdem Britta Krombach jetzt schon einige Aufgaben für Herrn Freiberg erfolgreich erledigt hat, kommt er heute mit einem neuen Anliegen.

Britta: „Guten Morgen, Herr Freiberg."

Herr Freiberg: „Guten Morgen, Frau Krombach. Heute hat mich eine schreckliche Nachricht ereilt. Eine solche Situation hatten wir noch nie! Sie müssen mich dabei unterstützen. Unsere Tochterfirma, der Möbelhersteller Ambi-Living GmbH, steckt in ernsten Schwierigkeiten. Die Geschäftsführung sieht im Moment leider keine andere Möglichkeit, als einen Teil der Arbeitnehmer zu entlassen. Die Umsätze sind stark rückläufig und in diesem Monat – und wer weiß, was danach kommt – kann der Möbelhersteller voraussichtlich seinen laufenden Zahlungsverpflichtungen nicht nachkommen, sodass auch der Verschuldungsgrad steigt."

Britta: „Oh je, das ist ja schrecklich. Aber was können denn die Arbeitnehmer dafür? Es gibt doch sicher noch weitere Gründe für die schlechte Situation, oder?"

Herr Freiberg: „Hm, ... ja ... die Arbeitnehmer können nichts dafür. Das ist richtig. Es werden auch große Teile der Geschäftsführung ausgetauscht, da auch Fehler des Managements zu der aktuellen Situation geführt haben. Das Produktsortiment der Ambi-Living GmbH ist nicht an die veränderte Marktnachfrage angepasst worden und die alten Produktionsmaschinen sind nicht in der Lage, die geforderte Qualität der produzierten Möbel zu gewährleisten. Hier hätte das Management früher und nachhaltiger investieren müssen. Allerdings gab es durch die schlechte Konjunkturlage auch hohe Forderungsausfälle."

Britta: „Na, da ist ja alles auf einmal zusammengekommen bei der Ambi-Living GmbH."

Herr Freiberg: „Das können Sie laut sagen. Und jetzt einfach so investieren ist nicht möglich, da in den letzten Jahren sämtliche Gewinne entnommen wurden, anstatt eine solide Eigenkapitalbasis zu schaffen. Und nur über Kredite kann man ein Unternehmen halt nicht finanzieren. Tja, und zu guter Letzt ist jetzt auch noch durch die Neueröffnung der WohnART OHG in Schönstadt enorme Konkurrenz erwachsen, sodass unser Stammhaus als einziger Großabnehmer der Ambi-Living GmbH nicht mehr so viel verkaufen kann."

Britta: „Und was sollen wir jetzt tun?"

Herr Freiberg: „Wir halten ja die Anteile an der Ambi-Living GmbH und prüfen, wie wir weiter vorgehen. Zunächst einmal sollten wir die Gründe für die Situation analysieren und dann überlegen, wie wir die Gesellschaft aus der Krise bringen können."

Britta: „Muss in solchen Fällen nicht Insolvenz angemeldet werden?"

Herr Freiberg: „Genau das müssen wir unter anderem prüfen. Bitte informieren Sie sich schon einmal über das Insolvenzverfahren und dann geben Sie mir heute Nachmittag einen Überblick. Anschließend sehen wir weiter. In der Zwischenzeit werde ich mir in der Buchführung der Living einen Überblick über die Situation verschaffen."

Informationen zum Lösen der folgenden Handlungsaufgaben finden Sie im Lehrbuch „Handeln im Handel, 3. Ausbildungsjahr" in Kapitel 13 (Wir wirken bei der Lösung von Unternehmenskrisen mit) des Lernfeldes 14.

HANDLUNGSAUFGABEN

1. Ermitteln Sie, welche Aufgaben Britta Krombach für Herrn Freiberg zu erledigen hat.

LERNFELD 14

EIN UNTERNEHMEN GRÜNDEN UND ENTWICKELN

2. Verschaffen Sie sich mithilfe Ihres Lehrbuches einen Überblick über mögliche Anzeichen von Unternehmenskrisen, indem Sie das folgende Schaubild vervollständigen.

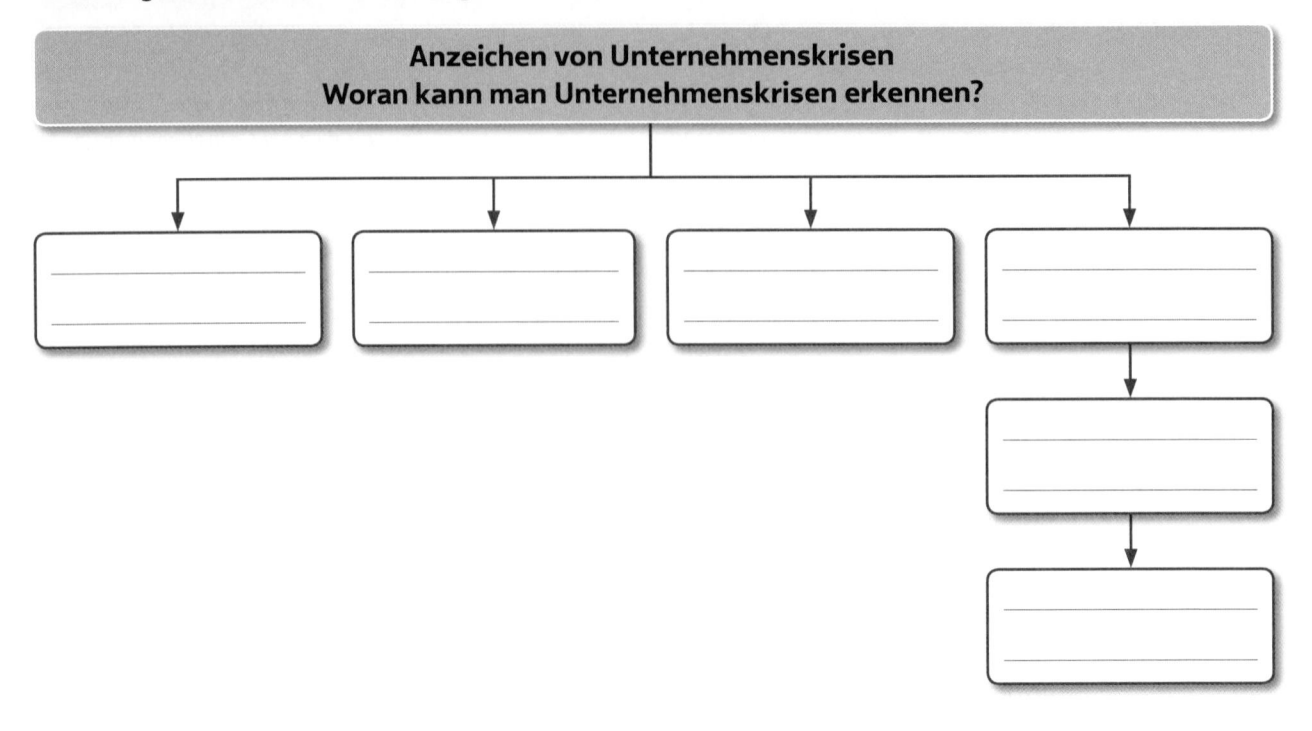

```
Anzeichen von Unternehmenskrisen
Woran kann man Unternehmenskrisen erkennen?
```

3. Überprüfen Sie mithilfe der vorliegenden Informationen von Herrn Freiberg, ob bei der Ambi-Living GmbH Anzeichen für eine Unternehmenskrise vorliegen, und falls ja, geben Sie diese an.

WIR WIRKEN BEI DER LÖSUNG VON UNTERNEHMENSKRISEN MIT

4. **Verschaffen Sie sich mithilfe Ihres Lehrbuches einen Überblick über mögliche Gründe, die für Unternehmenskrisen verantwortlich sein können, indem Sie das folgende Schaubild vervollständigen.** *Hinweis: Nummerieren Sie die Gründe durchgehend.*

```
┌─────────────────────────────────────────────┐
│        Gründe von Unternehmenskrisen        │
│     Wie kommt es zu Unternehmenskrisen?     │
└─────────────────────────────────────────────┘
    │           │            │            │
    ▼           ▼            ▼            ▼
┌───────┐   ┌───────┐    ┌───────┐    ┌───────┐
│       │   │       │    │       │    │       │
└───────┘   └───────┘    └───────┘    └───────┘
    │           │            │            │
    ▼           ▼            ▼            ▼
┌───────┐   ┌───────┐    ┌───────┐    ┌───────┐
│ z.B.: │   │ z.B.: │    │ z.B.: │    │ z.B.: │
│       │   │       │    │       │    │       │
└───────┘   └───────┘    └───────┘    └───────┘
```

5. Im Fall von Unternehmenskrisen ist es immer wichtig, ob die Gründe, die für die Krise verantwortlich sind, „hausgemacht" sind oder ob sie von dem Unternehmen nicht beeinflusst werden konnten. Daher wird häufig auch eine Unterteilung der Gründe in interne und externe Gründe für Unternehmenskrisen vorgenommen. **Unterteilen Sie die in Handlungsaufgabe 4 gefundenen Gründe in interne und externe Faktoren, indem Sie die Nummern in die Tabelle eintragen.**

Interne Gründe für Unternehmenskrisen	Externe Gründe für Unternehmenskrisen

LERNFELD 14

EIN UNTERNEHMEN GRÜNDEN UND ENTWICKELN

6. Geben Sie an, welche internen und externen Gründe für die Unternehmenskrise bei der Ambi-Living GmbH bekannt sind.

Gründe für die Krise der Ambi-Living GmbH:

7. Beurteilen Sie begründet, ob die Krise der Ambi-Living GmbH eher selbst verschuldet oder fremdverschuldet ist.

8. Informieren Sie sich mithilfe Ihres Lehrbuches über die möglichen Maßnahmen zur Lösung der Krise bei der Ambi-Living GmbH. Vervollständigen Sie mit den Informationen das folgende Schaubild.

Wozu kann ein Insolvenzverfahren führen?

In der Regel werden _____ ergriffen, die dazu geeignet sind, das Unternehmen aus den Zahlungsschwierigkeiten herauszuführen und die alte _____ wiederherzustellen.	Das Unternehmen wird _____. Hierbei wird das gesamte _____ des Insolvenzschuldners verwertet (verkauft) und die Gläubiger werden aus dem Erlös nach den Vorschriften der _____ befriedigt (Regelverfahren).

9. Arbeiten Sie aus dem Lehrbuch heraus, welche Gründe für die Eröffnung des Insolvenzverfahrens vorliegen können, und geben Sie auch an, wann diese Gründe vorliegen und wer das Insolvenzverfahren beantragen kann.

	Insolvenzgrund	Anzeichen	Antragstellung durch
1.			
2.			
3.			

10. Welcher Insolvenzgrund liegt bei der Ambi-Living GmbH aktuell vor und durch wen dürfte ein Insolvenzverfahren beantragt werden?

LERNFELD 14

EIN UNTERNEHMEN GRÜNDEN UND ENTWICKELN

11. Wie Sie in Handlungsaufgabe 8 herausgefunden haben, gibt es zwei Möglichkeiten für ein Insolvenzverfahren bei der Ambi-Living GmbH. Für beide Verfahren muss zunächst die Insolvenzmasse festgestellt werden. **Geben Sie an, was man unter Insolvenzmasse versteht, indem Sie die folgende Tabelle vervollständigen.**

Berechnungsschema	Erläuterung der Begrifflichkeiten
gesamtes Vermögen	Vermögen des Schuldners zum Zeitpunkt ...
–	z. B.
–	
= Insolvenzmasse	

12. Mittlerweile hat Britta eine E-Mail von Herrn Freiberg bekommen:

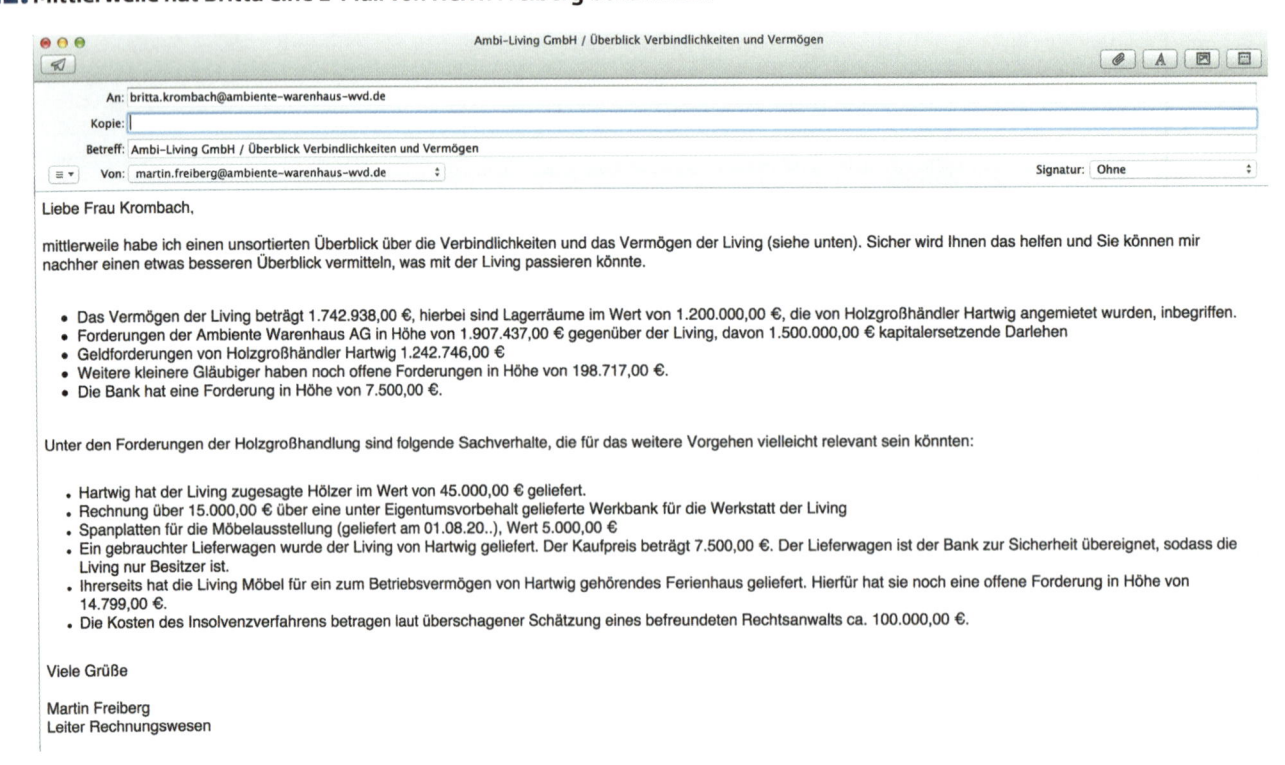

An: britta.krombach@ambiente-warenhaus-wvd.de
Kopie:
Betreff: Ambi-Living GmbH / Überblick Verbindlichkeiten und Vermögen
Von: martin.freiberg@ambiente-warenhaus-wvd.de
Signatur: Ohne

Liebe Frau Krombach,

mittlerweile habe ich einen unsortierten Überblick über die Verbindlichkeiten und das Vermögen der Living (siehe unten). Sicher wird Ihnen das helfen und Sie können mir nachher einen etwas besseren Überblick vermitteln, was mit der Living passieren könnte.

- Das Vermögen der Living beträgt 1.742.938,00 €, hierbei sind Lagerräume im Wert von 1.200.000,00 €, die von Holzgroßhändler Hartwig angemietet wurden, inbegriffen.
- Forderungen der Ambiente Warenhaus AG in Höhe von 1.907.437,00 € gegenüber der Living, davon 1.500.000,00 € kapitalersetzende Darlehen
- Geldforderungen von Holzgroßhändler Hartwig 1.242.746,00 €
- Weitere kleinere Gläubiger haben noch offene Forderungen in Höhe von 198.717,00 €.
- Die Bank hat eine Forderung in Höhe von 7.500,00 €.

Unter den Forderungen der Holzgroßhandlung sind folgende Sachverhalte, die für das weitere Vorgehen vielleicht relevant sein könnten:

- Hartwig hat der Living zugesagte Hölzer im Wert von 45.000,00 € geliefert.
- Rechnung über 15.000,00 € über eine unter Eigentumsvorbehalt gelieferte Werkbank für die Werkstatt der Living
- Spanplatten für die Möbelausstellung (geliefert am 01.08.20..), Wert 5.000,00 €
- Ein gebrauchter Lieferwagen wurde der Living von Hartwig geliefert. Der Kaufpreis beträgt 7.500,00 €. Der Lieferwagen ist der Bank zur Sicherheit übereignet, sodass die Living nur Besitzer ist.
- Ihrerseits hat die Living Möbel für ein zum Betriebsvermögen von Hartwig gehörendes Ferienhaus geliefert. Hierfür hat sie noch eine offene Forderung in Höhe von 14.799,00 €.
- Die Kosten des Insolvenzverfahrens betragen laut überschagener Schätzung eines befreundeten Rechtsanwalts ca. 100.000,00 €.

Viele Grüße

Martin Freiberg
Leiter Rechnungswesen

a) Informieren Sie sich mithilfe Ihres Lehrbuches darüber, wie hoch die zu verteilende Insolvenzmasse der Ambi-Living GmbH im Rahmen eines möglichen Regelverfahrens ist.

	Wert in €	Erläuterung
Vermögen:		
– Aussonderung		
= Insolvenzmasse:		
– Absonderung		
– Aufrechnung		
= zu verteilende Masse (Restmasse):		

b) Ermitteln Sie zunächst die Forderungen der Gläubiger der Ambi-Living GmbH, die über eine zu ermittelnde Insolvenzquote befriedigt werden müssen. Berücksichtigen Sie dabei auch die Informationen von Herrn Freiberg.

Gläubiger	Anmerkung	Wert in €
Ambiente Warenhaus AG	gesamt vor Insolvenz	
Holzgroßhändler Hartwig	gesamt (inkl. vermieteter Halle)	
	–	
	–	
	–	
weitere Händler		
Bank		
	–	
Gesamtforderungen:		

LERNFELD 14

EIN UNTERNEHMEN GRÜNDEN UND ENTWICKELN

c) **Verteilen Sie unter Berücksichtigung der Angaben aus der Nachricht von Herrn Freiberg die Restmasse gemäß den Vorschriften der Insolvenzordnung.**

Hinweis: Berechnen Sie die Insolvenzquote bitte auf vier Nachkommastellen! Runden Sie die errechneten Ansprüche der Gläubiger auf volle Euro.

Ermittlung der Insolvenzquote	
Forderungen	
Restmasse	

Verteilung der Restmasse nach Insolvenzquote:	
Gläubiger	**Berechnung**

13. Britta hat etwas darüber gehört, dass das Insolvenzverfahren nicht zwangsläufig so ablaufen muss, wie bisher bekannt. Um Herrn Freiberg umfassende Informationen geben zu können, informiert sie sich in ihrem Lehrbuch über das weitere Verfahren im Insolvenzfall.

Informieren Sie sich auch. Nennen Sie das mögliche Verfahren für die Ambi-Living GmbH und geben Sie die Besonderheiten dieses Verfahrens wieder.

WIR WIRKEN BEI DER LÖSUNG VON UNTERNEHMENSKRISEN MIT

14. Vervollständigen Sie den folgenden Überblick über die möglichen Ausprägungen des Insolvenzplanverfahrens bei der Ambi-Living GmbH.

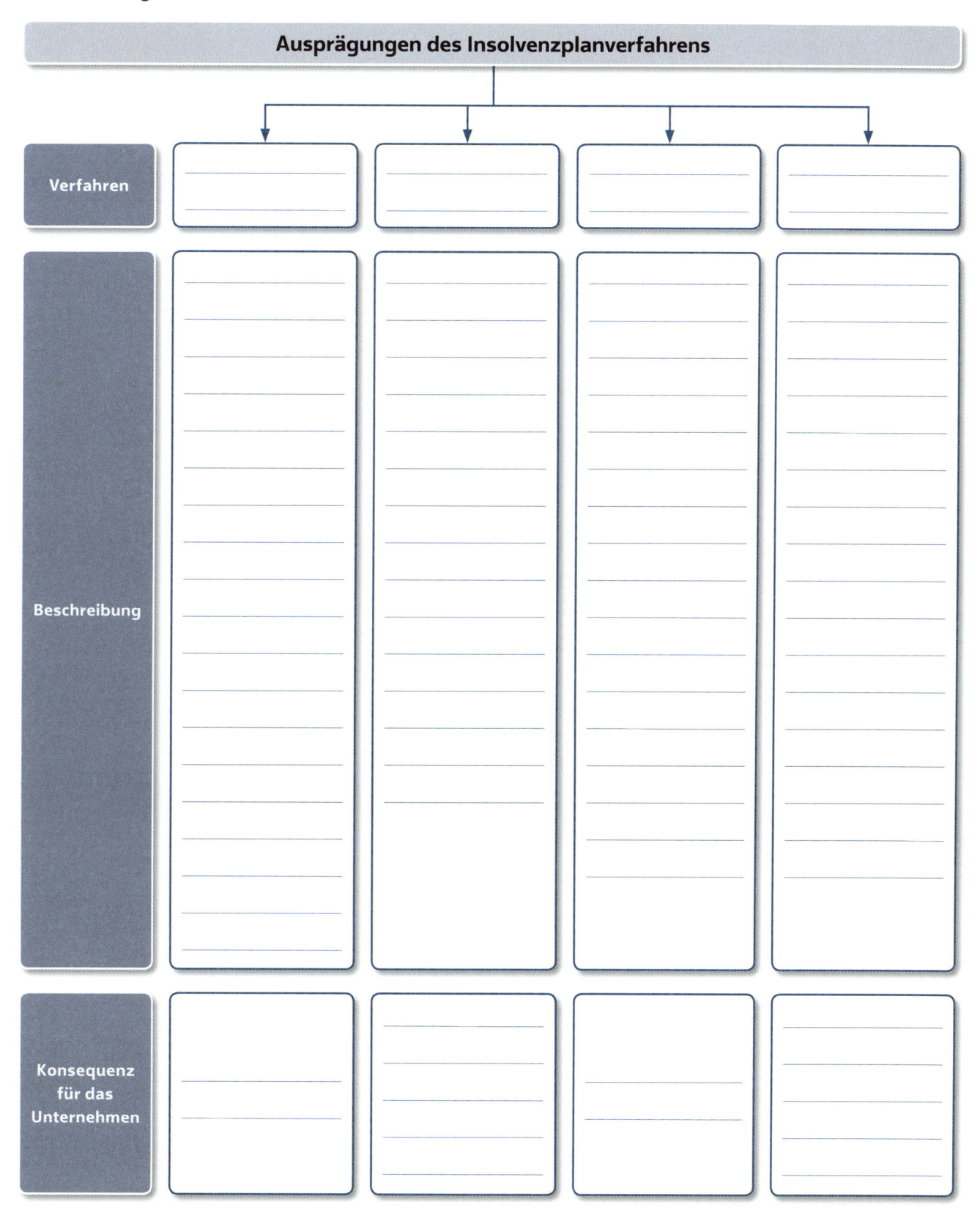

Ausprägungen des Insolvenzplanverfahrens

Verfahren				
Beschreibung				
Konsequenz für das Unternehmen				

LERNFELD 14

EIN UNTERNEHMEN GRÜNDEN UND ENTWICKELN

15. Bereiten Sie nun das Gespräch mit Herrn Freiberg vor. Machen Sie sich stichpunktartige Notizen in dem folgenden Lösungsfeld, damit Sie im Gespräch möglichst frei Ihre Ergebnisse vortragen können.

VERTIEFUNGS- UND ANWENDUNGSAUFGABEN

1. Beantworten Sie die folgenden Fragen zum Insolvenzverfahren:

  a) **Welche Auswirkung hat die Bestätigung des Insolvenzplans durch das Insolvenzgericht?**

  b) **Für welche Personen ist das Verbraucherinsolvenzverfahren zulässig?**

c) **Was versteht man unter einer „Restschuldbefreiung" im Verbraucherinsolvenzverfahren?**

d) **Wie kommt man im Verbraucherinsolvenzverfahren zur Restschuldbefreiung?**

2. Entscheiden Sie mithilfe des Kapitels 14.13 des Lehrbuches, ob die folgenden Aussagen richtig oder falsch sind.

Aussage	richtig	falsch
Zahlungsunfähigkeit ist ein Insolvenzgrund.		
Drohende Zahlungsunfähigkeit ist dagegen kein Grund, das Insolvenzverfahren zu eröffnen.		
Aussonderung bedeutet, dass Gegenstände, die nicht im Besitz des Schuldners sind, ihm aber gehören, zurückgegeben werden.		
Bei der Verteilung der Insolvenzmasse erfolgt erst die Aussonderung, dann die Aufrechnung.		
Bei der Verteilung der Insolvenzmasse erfolgt am Schluss die Befriedigung der Kosten des Insolvenzverfahrens.		
Der Liquidationsplan ist eine Art des Insolvenzplans.		
Ein Insolvenzplan gliedert sich in einen darstellenden, einen gestaltenden und einen unterhaltenden Plan.		
Das Verbraucherinsolvenzverfahren besteht aus 5 Stufen.		
Die erste Stufe des Verbraucherinsolvenzverfahrens ist der Versuch einer außergerichtlichen Einigung mit den Gläubigern.		
In der Wohlverhaltensperiode lebt der Schuldner 9 Jahre vom pfändungsfreien Teil seines Einkommens und nimmt jede zumutbare Arbeit an.		

Zur weiteren Vertiefung der Lerninhalte und Sicherung der Lernergebnisse empfehlen wir die Bearbeitung der Aufgaben und Aktionen in Kapitel 13 (Wir wirken bei der Lösung von Unternehmenskrisen mit) des Lernfeldes 14 in Ihrem Lehrbuch „Handeln im Handel, 3. Ausbildungsjahr".